AKAL BÁSI

Maqueta de portada: Sergio Ramírez
Diseño interior y cubierta: RAG

Primera edición en Básica de Bolsillo, 2010

Título original
Le Socialisme

© Ediciones Akal, S. A., 1987

Sector Foresta, 1
28760 Tres Cantos
Madrid - España

Tel.: 918 061 996
Fax: 918 044 028

www.akal.com

ISBN: 978-84-460-3121-5
Depósito legal: SE-1995-2010

Impreso en Publidisa
Sevilla

Émile Durkheim

El socialismo

Traducción
Esther Benítez

akal

DATOS BIOGRAFICOS

1858	15 de abril. Nace en Épinal, en el seno de una familia judía. Su padre muere siendo él muy joven.
1879	Durkheim ingresa en l'École Normale Supérieure, donde sigue las lecciones de Fustel de Coulanges y de Boutroux.
1882	Con la licenciatura de Filosofía es nombrado profesor en Sens y Saint-Quentin.
1885-1886	Solicita durante un año la excedencia para cursar estudios de ciencias sociales en París. Prosigue los mismos en Alemania.
1886-1887	Al regreso de su viaje a Alemania publica en la «Revue Philosophique» tres artículos sobre: *Los estudios recientes de la ciencia social, La ciencia positiva de la moral en Alemania, La filosofía en las universidades alemanas.*
1887	Es nombrado profesor de Pedagogía y de Ciencia Social en la Facultad de Letras de la Universidad de Burdeos. Este curso es el primero de Sociología que fue creado en las universidades francesas.
1888	Publica en la «Revue Philosophique» un artículo sobre *Suicidio y natalidad.*

1891	Durkheim da un curso para los candidatos a la agregaduría de filosofía con el fin de estudiar con ellos los grandes precursores de la Sociología (Aristóteles, Montesquieu, Comte).
1893	Notas sobre la definición de socialismo, artículo en la «Revue Philosophique». *De la división del trabajo social* (tesis de doctorado). *La contribución de Montesquieu a la constitución de la ciencia social.*
1895	*Las reglas del método sociológico.*
1896	Su curso de Sociología se convierte en cátedra. Fundación del «Année Sociologique». Los primeros artículos publicados por él tratan sobre: *La prohibición del incesto y sus orígenes* y *La definición de los fenómenos religiosos.*
1897	*El Suicidio.*
1900	Artículo sobre *El totemismo*, en *L'Année sociologique.*
1902	Es designado suplente a la cátedra de Pedagogía de la Sorbonne.
1906	Es nombrado titular en la cátedra de Pedagogía de la Facultad de Letras de París; paralelamente enseña Sociología y Pedagogía. Comunicación a la sociedad francesa de Filosofía sobre *La determination du fait moral.*
1909	Curso en el Collège de France sobre *Las grandes doctrinas pedagógicas en Francia después del siglo XVIII.*
1911	Comunicación al Congreso de Filosofía de Bolonia sobre *Juicios de realidad y juicios de valor.*

1912	*Las formas elementales de la vida religiosa.*
1913	Su cátedra cambia de nombre y se denomina «Cátedra de Sociología de la Sorbonne». Comunicación a la sociedad francesa de Filosofía sobre *El problema religioso y la dualidad de la naturaleza humana.*
1915	Durkheim pierde su único hijo, muerto en el frente de Salónica.
1917	17 de noviembre. Muere en París.

LIBRO I

DEFINICION Y ORIGENES DEL SOCIALISMO

CAPÍTULO PRIMERO

DEFINICIÓN DEL SOCIALISMO

Primera lección

Se pueden concebir dos maneras muy diferentes de estudiar el socialismo. Se puede ver en él una doctrina científica sobre la naturaleza y la evolución de las sociedades en general y, más especialmente, de las sociedades contemporáneas más civilizadas. En este caso, el examen que de él se hace no difiere de aquel al que los sabios someten las teorías y las hipótesis de sus respectivas ciencias. Se le considera en abstracto, al margen del tiempo y el espacio, al margen del devenir histórico, no como un hecho cuya génesis pretendemos hallar sino como un sistema de proposiciones que expresan, o se supone que expresan, hechos, y nadie se pregunta qué hay en él de verdadero y de falso, si se adecúa o no a la realidad social y en qué medida está de acuerdo consigo mismo y con las cosas. Es el método, por ejemplo, seguido por Leroy-Beaulieu en su libro sobre el *Colectivismo*. No será tal nuestro enfoque. La razón estriba en que, sin disminuir por ello la importancia y el interés del socialismo, no podríamos reconocerle un carácter propiamente científico. En efecto, una investigación sólo puede denominarse así cuando tiene un objeto actual, realizado, y su meta consiste simplemente en traducirlo a un lenguaje inteligible. Una ciencia es un estudio referido a una porción determinada de lo real que hay que conocer y, si es posible comprender. Su única tarea consiste en explicar lo que es y lo que ha sido. Las especulaciones sobre el futuro no son asunto suyo, aunque tenga como último objetivo hacerlas posibles.

Ahora bien, el socialismo, por el contrario, está enteramente orientado hacia el futuro. Es ante todo un plan de reconstrucción de las sociedades actuales, un programa de una vida colectiva que no existe aún o que no existe tal como es soñada, y que se propone a los hombres como digna de sus preferencias. Es un ideal. Se ocupa mucho menos de lo que es o ha sido que de lo que debe ser. No ha desdeñado nunca, sin duda, ni siquiera en sus formas más utópicas, el apoyo de los hechos e incluso, en los tiempos más recientes, se ha revestido crecientemente de un aspecto científico. Es indudable que al hacerlo así ha prestado más servicios a la ciencia social de los que de ella ha recibido. Pues ha despertado la reflexión, ha estimulado la actividad científica, ha provocado investigaciones y planteado problemas, hasta el extremo de que en más de un punto su historia se confunde con la de la sociología. Pero, ¿cómo no impresionarse con la enorme desproporción que existe entre los escasos y débiles datos que toma prestados de las ciencias y la amplitud de las conclusiones prácticas que de ellos deduce y que son, sin embargo, el meollo del sistema? El socialismo aspira a una completa refundición del orden social. Pero, para saber en qué pueden y deben convertirse, incluso en un futuro próximo, la familia, la propiedad, la organización política, moral, jurídica y económica de los pueblos europeos, es indispensable haber estudiado el pasado de esa multitud de instituciones y prácticas, haber investigado la manera en que han variado en el curso de la historia, las principales condiciones que han producido esas variaciones; sólo entonces será posible preguntarse racionalmente en qué deben convertirse hoy, dadas las condiciones presentes de nuestra historia colectiva. Ahora bien, todas esas investigaciones están aún en mantillas. Algunas de ellas acaban de emprenderse apenas, las más avanzadas no han superado aún una fase muy rudimentaria. Y como, por otra parte, cada uno de estos problemas es un mundo, su solución no puede hallarse en un instante, por mucho que se sienta su necesidad. No se dan las bases de una inducción metódica concerniente al futuro, sobre todo de una inducción de tal amplitud. Es preciso que las construya el propio teórico. El socialismo no se ha tomado tiempo y quizá pueda decirse incluso que no ha tenido tiempo.

Por eso mismo no puede haber, propiamente hablando, un socialismo científico. Y es que, para que tal socialismo fuera posible, serían necesarias unas ciencias que no están hechas y que no pueden improvisarse. La única actitud que permite la ciencia frente a estos problemas es la reserva y la circunspección, y el socialismo no puede reducirse a ellas sin mentirse a sí mismo. Y en realidad no se ha reducido. Véase la obra más inteligente, más sistemática, más rica en ideas que ha producido la Escuela: *El Capital* de Marx. ¡Cuántos datos estadísticos, cuántas comparaciones históricas, cuántos estudios serían indispensables para zanjar una cualquiera de las innumerables cuestiones tratadas por él! ¿Será preciso recordar que toda una teoría del valor es establecida en unas cuantas líneas? La verdad es que los hechos y las observaciones así reunidos por los teóricos preocupados por documentar sus afirmaciones sólo desempeñan allí un papel de argumentos. Las investigaciones que estos han hecho se han emprendido para establecer la doctrina cuya idea habían tenido previamente; la doctrina está lejos de ser el resultado de la investigación. Casi todos tenían tomado su partido antes de pedir a la ciencia el apoyo que pudiera prestarles. Es la pasión la inspiradora de todos esos sistemas; lo que los ha engendrado, y lo que constituye su fuerza, es la sed de una justicia más perfecta, es la compasión por la miseria de las clases laboriosas, es un vago sentimiento de la turbación que erosiona las sociedades contemporáneas, etc. El socialismo no es una ciencia, una sociología en miniatura: es un grito de dolor y a veces de cólera lanzado por los hombres que sienten con más viveza nuestro malestar colectivo. Es a los hechos que lo suscitan lo que son los gemidos del enfermo al mal de que sufre y a las necesidades que lo atormentan. Ahora bien, ¿qué diríamos de un médico que tomase las respuestas o los deseos de su paciente por aforismos científicos? Por otra parte, las teorías que se suelen oponer al socialismo no son de otra naturaleza ni merecen más que aquél la calificación que les negamos. Cuando los economistas reclaman el *laissez faire*, piden que se reduzca a nada la influencia del Estado, que la competencia se vea liberada de todo freno, no apoyan tampoco sus reivindicaciones en leyes científicamente inducidas. Las ciencias sociales son aún demasiado jóvenes para servir de base a unas doctrinas prácticas tan sistemáticas y de tal amplitud. Lo que mantiene a estas últimas son necesidades de muy otro género, es el celoso sentimiento de la autonomía individual, es el amor al orden, el temor a las novedades, el misoneísmo, como se dice hoy. El individualismo, al igual que el socialismo, es ante todo una pasión que se afirma, aunque pueda eventualmente pedir a la razón razones para justificarse.

Si esto es así, estudiar el socialismo como un sistema de proposiciones abstractas, como un cuerpo de teorías científicas, y discutirlo doctrinalmente, equivale a verlo y a mostrarlo por el lado en el que presenta sólo mediocre interés. Quien quiera que tenga conciencia de lo que debe ser la ciencia social, de la lentitud de sus procedimientos, de las laboriosas investigaciones que supone resolver incluso las cuestiones más restringidas, no puede sentir curiosidad por esas soluciones apresuradas y esos vastos sistemas tan sumariamente esbozados. Se advierte demasiado la distancia que hay entre la sencillez de los medios puestos en práctica y la amplitud de los resultados y se tiende por consiguiente a desdeñar estos últimos. Pero el socialismo puede ser examinado bajo otro aspecto. Aunque no sea una expresión científica de los hechos sociales, es en sí un hecho social, y de la más alta importancia. Aunque no sea obra de ciencia, es objeto de ciencia. Esta no tiene que ocuparse de él para tomar prestada tal o cual proposición acuñada, sino para conocerlo, para saber lo que es, de dónde viene, a dónde tiende.

Es interesante estudiarlo desde este punto de vista, por una doble razón. En primer lugar, podemos esperar que nos ayude a entender los estados sociales que lo han suscitado. Pues, cabalmente porque se deriva de ellos, los manifiesta y expresa a su manera y, por eso mismo, nos proporciona un medio más para alcanzarlos. Y no es, con toda seguridad, que los refleje con exactitud. Muy al contrario, por los motivos que hemos dicho antes, podemos estar seguros de que los refracta involuntariamente y nos da de ellos una impresión infiel, al igual que el enfermo interpreta mal las sensaciones que experimenta y las atribuye a menudo a una causa que no es la verdadera. Pero esas mismas sensaciones, tales como son, tienen su interés, y el clínico las recoge cuidadosamente y las tiene muy en cuenta. Son un elemento de diagnóstico y un elemento muy importante. No es indiferente, por ejemplo, saber dónde se sienten ni cuándo han empezado. De igual manera es de suma importancia determinar la época en la que empezó a producirse el socialismo. Es un grito de angustia colectivo, decíamos:

pues bien, es esencial fijar el momento en que ese grito fue lanzado por primera vez. Pues según se vea en él un hecho reciente, que depende de condiciones totalmente nuevas de la vida colectiva, o, por el contrario, una simple reedición, una variante a lo sumo de las quejas que los miserables de todas las épocas y todas las sociedades han dejado oír, de las eternas reivindicaciones de los pobres contra los ricos, se juzgarán de muy distinta forma las tendencias que el socialismo manifiesta. En el segundo caso se tenderá a creer que no tienen salida, que la miseria humana no puede acabar; se considerarán como una especie de enfermedad crónica de la humanidad que, de cuando en cuando, en el curso de la historia, bajo la influencia de circunstancias pasajeras, parece agudizarse y volverse más dolorosa, pero que siempre acaba por calmarse a la larga; habrá que dedicarse entonces únicamente a buscar algunos calmantes para adormecerlo de nuevo. Si, por el contrario, se opina que es de fecha reciente, que se deriva de una situación sin analogía en la historia, no se puede llegar a la conclusión de su cronicidad y resulta más complicado tomar un partido. Pero este estudio del socialismo promete ser instructivo no sólo para determinar la naturaleza del mal, sino también para hallar los remedios apropiados. Podemos tener de antemano la seguridad de que no serán idénticos a ninguno de los que reclaman los sistemas, al igual que la bebida reclamada por el calenturiento no es la que le conviene. Pero, por otra parte, las necesidades que éste siente no dejan de guiar el tratamiento. Nunca dejan de tener su causa y a veces ocurre incluso que lo mejor es satisfacerlas. Igualmente, y por la misma razón, es importante saber cuáles son los reajustes sociales, es decir, los remedios que a las masas sufrientes de la sociedad se les han ocurrido espontánea e instintivamente, por poco científica que haya sido su elaboración. Ahora bien, eso es lo que expresan las teorías socialistas. Las indicaciones que podamos recoger al respecto serán útiles sobre todo si, en vez de encerrarnos en un sistema, hacemos un estudio ampliamente comparativo de todas las doctrinas. Pues entonces hay más posibilidades de eliminar de todas esas aspiraciones lo que necesariamente tienen de individual, de subjetivo, de contingente, para desprender y retener sólo sus caracteres más generales, más impersonales y, por tanto, más objetivos.

Tal examen no sólo tiene su utilidad, sino que parece mucho más fecundo que aquél al que se somete de ordinario al socialismo. Cuando se le estudia sólo para discutirlo desde un punto de vista doctrinal, y puesto que se basa en una ciencia muy imperfecta, es fácil mostrar hasta qué punto supera los mismos hechos en que se apoya, o bien oponerles hechos contrarios: en una palabra, destacar todas sus imperfecciones teóricas. Se puede así, sin lograr trabajo, pasar revista a todos los sistemas; no hay ninguno cuya refutación no sea relativamente fácil, porque no hay ninguno que esté científicamente fundado. Sólo que tal crítica, por sabia que sea y por bien llevada que esté, sigue siendo superficial, pues desprecia lo esencial. Se aferra únicamente a la forma exterior y aparente del socialismo y, por consiguiente, no percibe lo que constituye su fondo, y su sustancia, a saber, esa diátesis colectiva, ese malestar profundo de los que las teorías particulares no son sino síndromes y manifestaciones episódicas y a flor de piel. Aunque no haya arremetido a fondo contra Saint Simon, Fourier o Carlos Marx, no por ello se está informado sobre el estado social que suscitó a unos y otros, que ha sido y es aún su razón de ser, que mañana suscitará otras doctrinas si aquéllas caen en descrédito. Por eso todas esas hermosas refutaciones constituyen un auténtico trabajo de Penélope, que hay que recomenzar incesantemente, pues sólo alcanzan al socialismo por fuera y su interior se les escapa. Se limitan a los efectos, no a las causas.

17

Ahora bien, a lo que hay que llegar es a las causas, aunque sólo sea para comprender bien los efectos. Pero, para ello, es preciso no considerar el socialismo en abstracto, al margen de toda condición de tiempo y lugar; es preciso, por el contrario, relacionarlo con los medios sociales en los que nació; es preciso, no someterlo a una discusión dialéctica, sino hacer su historia.

Nosotros nos situaremos en este punto de vista. Consideraremos el socialismo como una cosa, como una realidad, e intentaremos comprenderla. Nos esforzaremos por determinar en qué consiste, cuándo ha comenzado, por qué transformaciones ha pasado y qué ha determinado esas transformaciones. Una investigación de este género no difiere, pues, sensiblemente de las que hemos hecho en años anteriores. Vamos a estudiar el socialismo como estudiamos el suicidio, la familia, el matrimonio, el delito, la pena, la responsabilidad y la religión (1). La diferencia está en que esta vez vamos a encontrarnos ante un hecho social que, al ser muy reciente, no tiene aún sino un desarrollo muy corto. De ello resulta que el campo de las posibles comparaciones es muy reducido, lo que hace que el fenómeno resulte más difícil de conocer, tanto más cuanto que es muy complejo. Por eso, para entenderlo más completamente, no será inútil cotejarlo con ciertas informaciones que debemos a otras pesquisas. Pues el estado social al que corresponde el socialismo no se nos presenta por primera vez. Al contrario, lo hemos encontrado todas las veces que hemos podido seguir hasta la época contemporánea los fenómenos sociales de que nos ocupábamos, al finalizar cada uno de nuestros estudios anteriores. Es cierto que así sólo pudimos llegar a él de una forma fragmentaria, y quizá el socialismo nos permita, en cierto sentido, cap-

---

(1) Alusión a los cursos que Durkheim había enseñado en Burdeos de 1887 a 1895.

tarlo mejor, porque lo expresa en bloque, por así decirlo. Pero no podremos dejar de utilizar, llegado el caso, los resultados parciales que hemos obtenido.

Para poder emprender este estudio tenemos, ante todo, que determinar el objeto al que va a referirse. No basta con decir que vamos a considerar el socialismo como una cosa. Tenemos que indicar además por qué signos se reconoce esta cosa, es decir, dar una definición que nos permita percibirla allá donde se encuentre y no confundirla con lo que no es.

* * *

¿De qué manera vamos a proceder a esa definición?

¿Bastará con reflexionar atentamente sobre la idea que nos hacemos del socialismo, analizarla y expresar los productos de este análisis con el lenguaje más claro posible? Es muy cierto, en efecto, que para otorgar un sentido a esa palabra que empleamos sin cesar no hemos esperado a que la sociología se plantease metódicamente la cuestión. ¿No convendría, pues, replegarnos sobre nosotros mismos, interrogarnos con cuidado, apoderarnos de esa noción que tenemos y desarrollarla en una fórmula definida? Si así procediéramos, podríamos llegar a saber lo que entendemos personalmente por socialismo, no lo que es el socialismo. Y como cada cual lo entiende a su manera, según su humor, su talante, sus hábitos mentales, sus prejuicios, sólo obtendríamos así una noción subjetiva, individual, incapaz de servir de materia a un examen científico. ¿Con qué derecho impondría yo a los otros mi manera personal de concebir el socialismo y con qué derecho los otros me impondrían la suya? ¿Sería mejor eliminar de esas concepciones, variables según los individuos, lo que tienen de individual, para no conservar sino lo que les es común? Dicho de otro modo, ¿definir el socialismo sería no ya expresar la idea que yo me hago de él, sino la idea media que de él tienen los hombres de mi tiempo? ¿Llamaremos así no ya lo que yo llamo así, sino lo que se designa generalmente con esa palabra? ¡Ya sabemos lo indeterminadas e inconscientes que son esas concepciones comunes! Se han ido haciendo día tras día, empíricamente, al margen de toda lógica y de todo método; como resultado, ora se aplican igualmente a cosas muy distintas, ora excluyen, por el contrario, cosas que son muy próximas parientes de aquéllas a las que se aplican. El vulgo, al construir sus conceptos, ora se deja guiar por semejanzas externas y engañosas, ora se deja engañar por diferencias aparentes. Por consiguiente, si siguiéramos esa vía correríamos el riesgo de llamar socialismo a toda suerte de doctrinas contrarias, o, a la inversa, de dejar fuera del socialismo doctrinas que poseen todos sus rasgos esenciales, pero que la gente no está acostumbrada a llamar así. En un caso, nuestro estudio se referiría a una masa confusa de hechos heterogéneos y sin unidad; en el otro, no abarcaría todos los hechos que son comparables y capaces de iluminarse mutuamente. En ambos casos, se hallaría en malas condiciones para desembocar en algo.

Por lo demás, para darnos cuenta de lo que vale este método basta con ver sus resultados, es decir, con examinar las definiciones que más corrientemente suelen darse del socialismo. Este examen es utilísimo, porque, como esas definiciones expresan las ideas más difundidas sobre el socialismo, las maneras más comunes de concebirlo, conviene desembarazarnos cuanto antes de esos prejuicios que, si no, podrían impedir que nos entendiéramos y obstaculizar nuestra investigación. Si no nos libramos de ellos antes de seguir adelante, se intercalarán entre nosotros y las cosas y nos harán ver éstas distintas de lo que son.

De todas las definiciones, acaso la que de forma más constante y general reaparece siempre que se habla de socialismo es la que lo hace consistir en una negación pura y simple de la propiedad individual. No conozco, es cierto, ningún pasaje de un escritor autorizado donde se proponga explícitamente esta fórmula, pero se encuentra implícitamente en la base de más de una de las discusiones a las que ha dado lugar el socialismo. Por ejemplo, el señor Janet cree, en su libro sobre *Les origines du socialisme* (p. 2) que, para establecer que la Revolución Francesa no tuvo ningún carácter socialista, basta con mostrar «que no violó el principio de la propiedad». Y, sin embargo, puede decirse que no hay una sola doctrina socialista a la que se aplique tal definición. Consideremos, por ejemplo, la que más restringe la propiedad privada, la doctrina colectivista de Carlos Marx. Priva a los individuos, sí, del derecho a poseer los instrumentos de producción, pero no toda clase de riquezas. Conservan un derecho absoluto sobre los productos de su trabajo. ¿Este limitado ataque al principio de la propiedad individual puede considerarse como característica del socialismo? Nuestra organización económica actual presenta restricciones del mismo tipo y sólo se distingue del marxismo, a este respecto, por una diferencia de grados. ¿Acaso no es retirado del dominio privado cuanto, directa o indirectamente, es monopolio estatal? Ferrocarriles, correos, tabacos, fabricación de moneda, de pólvora, etc. no pueden ser explotados por particulares, o sólo pueden serlo en virtud de una concesión expresa del Estado. ¿Diremos que el socialismo, efectivamente, comienza allí donde comienza la práctica de los monopolios? Entonces habría que verlo en todas partes: es de todos los tiempos y de todos los países, pues nunca existió una sociedad sin monopolios. Es decir, tal definición es demasiado amplia. Y hay más, lejos de negar el principio de la propiedad individual, el socialismo puede, no sin razón, pretender que es la afirmación más completa y más radical que jamás se haya hecho de esa propiedad. En efecto, lo contrario de la propiedad privada es el comunismo; ahora bien, hay aún en nuestras actuales instituciones un resto del viejo comunismo familiar, y es la herencia. El derecho de los parientes a sucederse unos a otros en la propiedad de sus bienes no es sino el último vestigio del antiguo derecho de copropiedad que antaño tenían colectivamente todos los miembros de la familia sobre el conjunto de la fortuna doméstica. Ahora bien, uno de los artículos que reaparece más a menudo en las teorías socialistas es la abolición de la herencia. Tal reforma surtiría el efecto de liberar la institución de la propiedad individual de toda mezcla comunista, y, por consiguiente, de hacerla más auténtica. En otros términos, se puede razonar así: para que la propiedad pueda llamarse realmente individual es preciso que sea obra del individuo y sólo de él. Ahora bien, el patrimonio transmitido por herencia no tiene ese carácter: es sólo una obra colectiva de la que se ha apropiado un individuo. La propiedad individual, puede decirse aún, es la que comienza con el individuo para acabar con él; ahora bien, la que recibe en virtud de un derecho sucesorio existía antes de él y se ha hecho sin él. Al reproducir este razonamiento no pretendo, por lo demás, defender la tesis de los socialistas, sino mostrar que hay comunismo entre sus adversarios y que así no es, por consiguiente, cómo se puede definirlos.

Lo mismo diremos de esa otra concepción, no menos difundida, según la cual el socialismo consiste en una estrecha subordinación del individuo a la colectividad. «Podemos definir como socialista, dice Adolphe Held, toda tendencia que reclama la subordinación del bien individual a la comunidad». También Roscher, mezclando en su definición un juicio, una crítica, denomina socialistas a las tendencias «que reclaman una consideración del bien común superior a lo que permite la naturaleza humana». Pero no ha existido ninguna sociedad en la que los bienes privados no hayan estado subordinados a los fines sociales, pues esa subordinación es la condición misma de toda vida común. ¿Diremos, con Roscher, que la abnegación que nos pide el socialismo se caracteriza por sobrepasar nuestras fuerzas? Eso es apreciar la doctrina, y no definirla, y tal apreciación no puede servir de criterio para distinguirla de lo que no es ella, pues deja demasiado lugar a lo arbitrario. Ese límite extremo de los sacrificios que tolera el egoísmo individual no puede determinarse objetivamente. Cada cual lo adelanta o lo atrasa según su humor. Cada cual, por consiguiente, sería libre de entender el socialismo a su manera. Y hay más: esta sumisión del individuo al grupo entra muy poco en el ánimo de ciertas escuelas socialistas, y de las más importantes, que más bien presentan una tendencia a la anarquía. Es sobre todo el caso del fourierismo y del mutualismo de Proudhon, que llevan sistemáticamente el individualismo hasta sus más paradójicas consecuencias. ¿Y el propio marxismo no se propone, según una célebre frase de Engels, la destrucción del Estado como Estado? Con razón o sin ella, Marx y sus discípulos estiman que el día que se constituya la organización socialista ésta podrá funcionar por sí sola, automáticamente, sin ninguna coerción, idea que encontramos ya en Saint Simon. En una palabra, si hay un socialismo autoritario, también hay uno que es esencialmente democrático. ¿Cómo podría ser de otro modo, en efecto? El socialismo brotó, como veremos, del individualismo revolucionario, al igual que las ideas del siglo XIX brotaron de las del XVIII y, por consiguiente, no puede no llevar la huella de sus orígenes. Sigue en pie, es cierto, la cuestión de saber si esas diferentes tendencias son susceptibles de conciliarse lógicamente. Pero de momento no tenemos que estimar el valor lógico del socialismo. Tratamos simplemente de saber en qué consiste.

Pero hay una última definición que parece más adecuada al objeto definido. Muy a menudo, si no siempre, el socialismo ha tenido la finalidad principal de mejorar la condición de las clases laboriosas, introduciendo una mayor igualdad en las relaciones económicas. Por eso se le llama la filosofía económica de las clases que sufren. Pero esta tendencia no basta por sí sola para caracterizarlo, ya que no es exclusiva de él. También los economistas aspiran a una menor desigualdad de las condiciones sociales, sólo que creen que ese progreso puede y debe realizarse mediante el juego natural de la oferta y la demanda y que toda intervención legislativa es inútil. ¿Diremos, entonces, que lo que distingue al socialismo es que éste quiere obtener el mismo resultado por otros medios, a saber por la acción de la ley? Esa era la definición de Laveleye. «Toda doctrina socialista, dice, aspira à introducir más igualdad en las condiciones sociales y, en segundo lugar, a realizar esas reformas mediante la acción de la ley o del Estado». Pero, por una parte, aunque este objetivo sea efectivamente uno de los perseguidos por las doctrinas, dista mucho de ser el único. La incorporación al Estado de las grandes industrias, de las grandes explotaciones económicas que, por su importancia, abarcan toda la sociedad, minas, ferrocarriles, banco, etc., tiene la finalidad de proteger los intereses colectivos contra ciertas influencias particulares, y no la de mejorar la suerte de los trabajadores. El socialismo supera la cuestión obrera. E incluso ésta no ocupa más que un lugar bastante secundario en ciertos sistemas. Es el caso de Saint Simon, es decir, del pensador a quien se mira concordemente como fundador del socialismo. Es también el caso de los socialistas de la Cátedra, mucho más preocupados por salvaguardar los intereses del Estado que por proteger a los desheredados de la fortuna. Por otra parte, hay una doctrina que aspira a realizar esta igualdad mucho más radicalmente que el socialismo: es el comunismo, que niega toda propiedad individual y, por ende, toda desigualdad económica. Ahora bien, aunque la confusión se haya cometido a menudo es imposible hacer de él una simple variedad del socialismo. Pronto volveremos sobre esta cuestión. Platón y Moro, por una parte, y Marx por otra, no son discípulos de una misma escuela. Incluso, a priori, no es posible que una organización social ideada con vistas a las sociedades industriales que tenemos actualmente ante los ojos haya sido concebida ya cuando esas sociedades no habían nacido. Por último, hay muchas medidas legislativas que no podrían considerarse como exclusivamente socialistas y que, sin embargo, surten el efecto de disminuir la desigualdad de las condiciones sociales. El impuesto progresivo sobre la herencia y sobre las rentas tiene necesariamente ese resultado, y, sin embargo, no es privativo del socialismo. ¿Qué decir de las bolsas concedidas por el Estado, de las instituciones públicas de beneficiencia, de previsión, etc.? Si se las califica de socialistas, como a veces ocurre, en el curso de las discusiones corrientes, la palabra pierde todo su sentido y adquiere una acepción extensa e indeterminada.

Vemos así a lo que nos exponemos cuando, para encontrar la definición de socialismo, nos contentamos con expresar con cierta precisión la idea que nos hacemos de él. Lo confundimos entonces con tal o cual aspecto particular, tal o cual tendencia especial de ciertos sistemas, simplemente porque, por una razón cualquiera, nos llama más la atención esa particularidad que otras. El único medio de no incurrir en esos errores consiste en practicar el método que hemos seguido siempre en similares circunstancias. Olvidemos por un instante la idea que tenemos del objeto que hay que definir. En lugar de mirar al interior de nosotros mismos, miremos hacia fuera; en lugar de interrogarnos, interroguemos a las cosas. Existe cierto número de doctrinas concernientes a las cosas sociales. Observémoslas y comparémoslas. Clasifiquemos juntas las que presentan caracteres comunes. Si entre los grupos de teorías así formados hay uno que, por sus caracteres distintivos, recuerda suficientemente lo que se designa de ordinario con la palabra socialismo, le aplicaremos, sin cambiarla, esa misma denominación. Dicho de otro modo, llamaremos socialistas a todos los sistemas que presenten esos caracteres, y tendremos así la definición buscada. Es posible, sin duda, que no englobe todas las doctrinas que vulgarmente se llaman así; o, por el contrario, que englobe algunas que, en las conversaciones corrientes, son llamadas de otro modo. Pero no importa. Esas divergencias probarán sólo, de nuevo, cuán groseras son las clasificaciones que están en la base de la terminología usual, cosa que ya sabemos, por lo demás. Lo esencial es que tengamos ante nosotros un orden único de hechos y netamente circunscrito y al que se pueda dar el nombre de socialismo sin violentar por ello la lengua. En esas condiciones será posible nuestro estudio, pues tendremos como materia una naturaleza de cosas determinada; y, por otra parte, ese estudio elucidará la noción común en la medida en que ésta pueda ser aclarada, es decir, en la medida en que sea consistente, o exprese algo definido. Encaminada así, la investigación responderá a todo lo que podemos lógicamente preguntarnos cuando nos planteamos la cuestión: ¿qué es el socialismo?

Apliquemos ese método.

*   *   *

Las doctrinas sociales se dividen, en primer lugar, en dos grandes géneros. Unas pretenden únicamente expresar lo que es o lo que ha sido; son puramente especulativas y científicas. Otras, por el contrario, tienen sobre todo, por objeto modificar lo que existe; no proponen leyes, sino reformas. Son las doctrinas prácticas. Lo que antecede basta para advertirnos de que, si la palabra socialismo responde a algo definible, ha de pertenecer al segundo género.

Y ahora, ese género comprende especies. Las reformas así propuestas conciernen ora a la política, ora a la enseñanza, ora a la administración, ora a la vida económica. Detengámonos en esta última especie. Todo nos permite presumir que el socialismo forma parte de ella. Sin duda se puede decir, en sentido amplio, que hay un socialismo político, pedagógico, etc.; veremos incluso que, por la fuerza de las cosas, se extiende a estos diferentes terrenos. Es cierto, empero, que la palabra se creó para designar teorías que apuntan ante todo al estado económico y reclaman su transformación. No obstante, hay que guardarse de creer que esta observación basta para caracterizarlo, porque también los economistas individualistas protestan contra la organización presente, exigen que sea desembarazada de toda restricción social. Las reformas que reclama de Molinari en su *Evolution économique* no son menos subversivas del actual orden social que aquéllas a las que aspira el socialismo más intemperante. Es preciso, pues, llevar más lejos nuestra clasificación y ver si, entre las transformaciones económicas reclamadas por las diferentes sectas reformistas, las hay que sean distintivas del socialismo.

Para entender bien lo que seguirá son necesarias algunas definiciones.

Suele decirse que las funciones ejercidas por los miembros de una misma sociedad son de dos tipos: sociales unas, privadas otras. Las del ingeniero del Estado, del administrador, del diputado, del sacerdote, etc., son de la primera especie; el comercio y la industria, es decir, las funciones económicas (con la reserva de los monopolios) pertenecen a la segunda. A decir verdad, las denominaciones así empleadas no son irreprochables porque, en cierto sentido, todas las funciones de la sociedad son sociales, las funciones económicas y las otras. En efecto, si dichas funciones no actúan normalmente, se resiente la sociedad entera y, a la inversa, el estado general de la salud social afecta al funcionamiento de los órganos económicos. Esta distinción, sin embargo, abstracción hecha de las palabras, que la expresan, no deja de ser fundada. En efecto, las funciones económicas tienen de particular el no hallarse en relaciones definidas y reguladas con el órgano encargado de representar y dirigir al cuerpo social en su conjunto, es decir, lo que normalmente se llama Estado. Esta ausencia de relaciones puede comprobarse tanto en la manera en que la vida industrial y comercial actúa sobre el Estado como en la manera en que éste actúa sobre aquélla. Por una parte, lo que pasa en las manufacturas, en las fábricas, en los comercios privados escapa en principio a su conocimiento. No está directa y especialmente informado de lo que se produce en ellos. Puede, sí, en ciertos casos, sufrir las repercusiones, pero no está advertido de otra manera ni en otras condiciones que los demás órganos de la sociedad. Es preciso, por ello, que el estado económico se halle perturbado con bastante gravedad para que el estado general de la sociedad se vea sensiblemente modificado. En ese caso, el Estado se resiente y, en consecuencia, toma vagamente conciencia de ello, como las otras partes del organismo, pero no diferentemente. Dicho de otro modo, no hay una comunicación especial entre él y esa esfera de la vida colectiva. En principio, la actividad económica se halla al margen de la conciencia social; funciona silenciosamente; los centros conscientes no la notan mientras sea normal. Ni tampoco la accionan, asimismo, de una manera especial y regular. No hay un sistema de cauces determinados y organizados por los cuales se deje sentir la influencia estatal sobre ella. Dicho de otro modo, no hay un sistema de funciones encargadas de imponerle la acción llegada de los centros superiores. Todo lo que pasa en las diferentes administraciones, en las asambleas deliberativas locales, en la enseñanza pública, en el ejército, etc., es susceptible de llegar hasta lo que se denomina el cerebro social, por vías especialmente destinadas a asegurar esas comunicaciones, hasta el punto de que el Estado es mantenido al corriente sin que las partes ambientes de la sociedad sean advertidas. Y hay también otras vías del mismo tipo por las cuales él remite a esos centros secundarios su acción. Entre ellos y él hay intercambios continuos y diversos. Podemos decir, pues, que estas últimas funciones están organizadas, pues, lo que constituye la organización de un cuerpo vivo es la institución de un órgano central y el enlace de los órganos secundarios con aquél. Por oposición, diremos que las funciones económicas, en el estado en que se encuentran, son difusas (la difusión consiste en la ausencia de organización).

Sentado esto, es fácil comprobar que entre las doctrinas económicas hay unas que reclaman la incorporación de las funciones comerciales e industriales a las funciones directrices y conscientes de la sociedad, y que esas doctrinas se oponen a otras que reclaman, por el contrario, una difusión mayor de las primeras. Parece indudable que al dar a las primeras doctrinas el nombre de socialistas no violentaremos el sentido ordinario de la palabra. Pues todas las doctrinas que normalmente se llaman socialistas concuerdan en esta reivindicación. Por supuesto, esa incorporación es concebida de diversa manera según las escuelas. Según unas, todas las funciones económicas deben ser incorporadas a los centros superiores; según otras, basta con que lo sean algunas. Para éstos, el enlace debe hacerse por medio de intermediarios, de centros secundarios dotados de cierta autonomía, grupos profesionales, gremios, etc.; para los otros, debe ser inmediato. Pero todas estas diferencias son secundarias y por consiguiente podemos centrarnos en la definición siguiente, que expresa los caracteres comunes a todas estas teorías: *Se denomina socialista toda doctrina que reclama la incorporación de todas las funciones económicas, o de algunas de ellas que en la actualidad son difusas, a los centros directores y conscientes de la sociedad.* Es importante observar de inmediato que decimos incorporación, y no subordinación. Y es que, en efecto, este lazo entre la vida económica y el Estado no implica, en nuestra opinión, que toda la *acción* venga de este último. Es natural, por el contrario, que éste reciba tanto como imprima. Puede preverse que la vida industrial y comercial, una vez puesta en contacto *permanente* con él, afectará su funcionamiento, contribuirá a determinar las manifestaciones de su actividad mucho más que hoy, desempeñará en la vida gubernamental un papel mucho más importante, y eso es lo que explica cómo hay sistemas socialistas que tienden a la anarquía, pese a responder a la definición que acabamos de obtener. Y es que, para ellos, esta transformación, lejos de poner en manos del Estado las funciones económicas, debe surtir el efecto de colocarlo bajo su dependencia.

Segunda lección

Aunque cotidianamente se hable de socialismo, hemos podido ver, por las definiciones que de él se dan, cuán inconsistente y hasta contradictoria es la noción que comúnmente nos hacemos de él. Los adversarios de la doctrina no son los únicos en hablar de ella sin tener una idea definida; los propios socialistas prueban a menudo, por la manera en que lo entienden, que sólo tienen una conciencia imperfecta de sus propias teorías. Constantemente ocurre que toman esta o aquella tendencia particular por la totalidad del sistema, por la simple razón de que dicha particularidad les impresiona personalmente más que cualquier otra. Así se ha acabado casi en general por reducir la cuestión social a la cuestión obrera. Si queremos alcanzar el estado de ánimo necesario para abordar desde un punto de vista científico el estudio que vamos a emprender no podremos pensar demasiado en esas innumerables confusiones. Al demostrarnos lo que valen las ideas corrientes sobre el socialismo nos advierten de que tenemos que hacer tabla rasa de lo que creemos saber de él, si es que queremos, al menos, exigir de la investigación que iniciamos otra cosa que una pura y simple confirmación de nuestros prejuicios. Hay que situarse ante el socialismo como ante una cosa que no conocemos, un orden de fenómenos inexplorados, y estar dispuestos a verlo presentarse a nosotros con un aspecto más o menos diferente de aquél bajo el que se le considera de ordinario. Además, desde un punto de vista no ya teórico sino práctico, tal método, si se practicara más generalmente, tendría la ventaja de aportar al menos una tregua a las encontradas pasiones que suscita este problema, puesto que opone tanto a unas como a otras la misma negativa categórica y las mantiene igualmente a distancia. En lugar de intimar a los espíritus a elegir en el acto una solución y una etiqueta, y por consiguiente, dividirlos de entrada, los reúne, al menos por un tiempo, en un común sentimiento de ignorancia y reserva. Haciéndoles comprender que antes de juzgar al socialismo, antes de hacer su apología o su crítica, es necesario conocerlo, y esto por medio de una pesquisa de amplio aliento, les ofrece un terreno común en el que pueden encontrarse y trabajar juntos, y con ello los prepara a considerar con mucha más calma, serenidad e imparcialidad incluso las cuestiones irritantes, cuando llegue la hora de examinarlas. Porque cuando, en esta clase de materias, uno se obliga a desconfiar de su punto de vista y a salirse de él, aunque sólo sea provisionalmente y por método, se es menos proclive a soluciones exclusivas y simplistas y se está en condiciones mucho mejores, en cambio, de tener en cuenta toda la complejidad de las cosas.

Tras haber discutido las definiciones recibidas y haber mostrado su insuficiencia, hemos buscado por cuáles signos se podría reconocer el socialismo y distinguirlo de lo que no lo es, y, mediante una comparación objetiva de las diversas doctrinas cuyo objeto son las cosas sociales, hemos llegado a la fórmula siguiente: se denominan teorías socialistas todas las que reclaman la incorporación más o menos completa de todas las funciones económicas o de algunas de ellas, incluso difusas, a los órganos directores y conscientes de la sociedad. Esta definición exige algunos comentarios.

Ya hemos observado que decíamos incorporación y no subordinación y nunca insistiremos demasiado sobre esta diferencia, que es esencial. Los socialistas no piden que la vida económica sea puesta en manos del Estado, sino que esté en contacto con éste; estiman, por el contrario, que la vida económica debe reaccionar sobre el Estado al menos tanto, si no más, de lo que el Estado debe actuar sobre ella. Según su idea, esta relación debe surtir el efecto, no de subordinar los intereses industriales y comerciales a los intereses llamados políticos, sino más bien de elevar los primeros al rango de los segundos. Pues, una vez asegurada la comunicación constante, esos intereses afectarían mucho más profundamente que hoy al funcionamiento del órgano gubernamental y contribuirían en mucha mayor medida a determinar su marcha. Lejos de relegarlos a un segundo plano, se trata más bien de llamarlos a desempeñar en el conjunto de la vida social un papel mucho más importante que el que hoy les corresponde, pues cabalmente a causa del alejamiento en que se hallan respecto a los centros directores de la sociedad sólo pueden accionar éstos débilmente y de forma intermitente. Incluso, siguiendo a los teóricos más célebres del socialismo, lo que desaparecería sería el Estado tal como lo conocemos, para convertirse sólo en el punto central de la vida económica, en lugar de verse absorbida la vida económica por el Estado. Por esa razón nos hemos servido, en nuestra definición, no de esta palabra, sino de la expresión, desarrollada y un poco figurada, «los órganos conscientes y directores de la sociedad». Porque en la doctrina de Marx, por ejemplo, el Estado en cuanto tal, es decir, en cuanto que tiene un papel específico que representa intereses *sui generis* superiores a los del comercio y la industria, tradiciones históricas, creencias comunes de naturaleza religiosa o de otra naturaleza, etc., no existiría ya. Las funciones propiamente políticas, que son actualmente su especialidad, no tendrían ya razón de ser, y sólo tendría funciones económicas. Ya no debería ser llamado con el mismo nombre, y por eso hemos debido recurrir a una denominación más general. En fin, una última observación que conviene hacer a propósito de la fórmula propuesta es que en ella se emplea una palabra importante en su acepción común y sin haber sido definida metódicamente, en contra del propio principio que hemos sentado. Hablamos, en efecto, de cosas o de funciones económicas, sin haber dicho previamente en qué consiste, por qué signo exterior se las reconoce. La culpa es de la ciencia económica, que no ha determinado mejor su concepto fundamental, por lo que debemos tomarlo prestado en el mismo estado en que nos lo transmite. Por lo demás, eso no presenta mayores inconvenientes porque, aunque no se sepa muy bien cuáles son los límites exactos del terreno económico, en general nos entendemos sobre la naturaleza de las cosas esenciales que comprende, y eso nos basta de momento.

Comparando esta definición con la concepción que generalmente nos hacemos del socialismo se pueden comprobar divergencias, como era de esperar. Así, según los términos de nuestra fórmula, las teorías que recomiendan, como remedio de los males que sufren las sociedades actuales, un desarrollo más considerable de las instituciones de caridad y de previsión, no sólo privadas sino públicas, no podrían ser llamadas socialistas, aunque muy a menudo se las denomine así, tanto para atacarlas como para defenderlas. Pero la culpa no la tiene nuestra definición; es que, al llamarlas así, se les atribuye un nombre que no les conviene. Porque, por generosas que puedan ser, por útil que pueda resultar por otra parte ponerlas en práctica —eso no se discute—, no responden en absoluto a las necesidades y preocupaciones que han despertado el socialismo y que éste expresa. Al aplicarles tal calificación se confunden en una misma clase y con la misma palabra cosas muy diferentes. Instituir obras de asistencia al lado de la vida económica no equivale a incorporar ésta a la vida pública. El estado de difusión en que se encuentran las funciones industriales y comerciales no disminuye porque éstas creen cajas de socorro para dulcificar la suerte de los que, temporalmente o para siempre, han cesado de cumplir esas funciones. El socialismo es, en esencia, una tendencia a organizar; pero la caridad no organiza nada. Deja las cosas como están y se limita a atenuar los sufrimientos privados que engendra la desorganización. Este nuevo ejemplo muestra la importancia de determinar bien el sentido de la palabra, si no queremos equivocarnos sobre la naturaleza de las cosas y sobre el alcance de las medidas prácticas que se toman y que se aconsejan.

Otra observación importante a la que nuestra definición da lugar es que ni la lucha de clases, ni la preocupación por hacer más equitativas, y por ende más favorables para los trabajadores, las relaciones económicas, figuran expresamente. Y es que estos caracteres no solamente no son todo el socialismo, sino que no representan un elemento especial ni *sui generis* de éste. Cierto que estamos tan acostumbrados a una concepción muy diferente que, a primera vista, tal comprobación sorprende un poco y podría despertar dudas sobre la exactitud de nuestra definición. Partidarios y adversarios nos presentan sin cesar al socialismo como la filosofía de las clases obreras. Y, sin embargo, es fácil percibir que esta tendencia no sólo no es su única inspiradora, sino que constituye sólo una forma particular y derivada de aquélla, más general, en función de la cual lo hemos expresado. En realidad esta mejora de la suerte de los obreros no es sino una de las consecuencias que el socialismo espera de la organización económica que reclama, al igual que la lucha de clases es sólo uno de los medios de los que esta concentración debe resultar, uno de los aspectos del desarrollo histórico que estaría a punto de engendrarla.

En efecto, ¿cuál es la causa según los socialistas, de la inferioridad de las clases obreras y de la injusticia de la que las declara víctimas? Es que están situadas bajo la dependencia inmediata, no de la sociedad en general, sino de una clase particular, bastante poderosa para imponerles sus propias voluntades: me refiero a los capitalistas. En efecto, los trabajadores no tienen que ver directamente con la sociedad, no es ésta la que los remunera inmediatamente, es el capitalista. Pero éste es un simple particular que, como tal, se preocupa y legítimamente, no de los intereses sociales sino de los suyos propios. Los servicios que compra así trata de pagarlos, no según lo que valen socialmente, es decir, según el grado exacto de utilidad que para la sociedad tienen, sino lo menos caros posible. Ahora bien, tiene entre manos un arma que le permite forzar a quienes sólo viven de su trabajo a venderle el producto por debajo de lo que realmente vale. Es su capital. Puede, si no siempre, al menos durante mucho tiempo, vivir de la riqueza acumulada de la que dispone, en lugar de emplearla en dar trabajo a los obreros. No compra, por tanto, su concurso más que si quiere, cuando quiere, mientras que ellos, por el contrario, no pueden esperar; necesitan vender sin tardanza la única cosa que tienen que vender, pues, por definición, no poseen otro medio de subsistencia. Se ven, pues, obligados a ceder, en cierta medida, a las exigencias de quien les paga y a rebajar las suyas por debajo de lo que debería ser si el interés público sirviera de medida para el valor de las cosas, y por consiguiente se ven forzados a dejarse perjudicar. No voy a apreciar aquí si esa preponderancia del capital es real o si, como dicen los economistas ortodoxos, la competencia que los capitalistas se hacen entre sí la reduce a nada; me contento con reproducir el argumento socialista, sin valorarlo. Una vez sentadas estas premisas, está claro que la única manera de dulcificar al menos esa servidumbre y de mejorar ese estado de cosas consiste en moderar el poder del capital con otro que tenga una fuerza igual o superior y que, además, pueda dejar sentir su acción conforme a los intereses generales de la sociedad. Pues sería totalmente inútil la intervención en el mecanismo económico de otra fuerza particular y privada; sería sustituir la esclavitud que sufren los proletarios por otra, y no suprimirla. Sólo el Estado puede, por tanto, desempeñar ese papel moderador; pero, para ello, es preciso que los órganos económicos dejen de funcionar al margen de él, sin que él tenga conciencia; es preciso que, gracias a una comunicación constante, perciba lo que pasa y pueda, a su vez, dejar sentir su acción. Y si se quiere llegar más lejos, si se pretende no sólo atenuar sino eliminar radicalmente esa situación, hay que suprimir completamente ese intermediario del capitalista que, intercalándose entre el trabajador y la sociedad, impide que el trabajo sea exactamente apreciado y remunerado según su valor social. Es preciso que el trabajo sea estimado y retribuido directamente, si no por la colectividad, lo cual es prácticamente imposible, al menos por el órgano social que la representa normalmente. Es decir, que en estas condiciones la clase de los capitalistas debe desaparecer, que el Estado debe cumplir sus funciones y al mismo tiempo debe entrar en relaciones inmediatas con la clase obrera, convirtiéndose por consiguiente, en el centro de la vida económica. La mejora de la suerte de los obreros no es, pues, un objetivo especial, es sólo una de las consecuencias que debe necesariamente producir la incorporación de las funciones económicas a los órganos directores de la sociedad y, en el pensamiento socialista, esta mejora será tanto más completa cuanto más radical sea esa incorporación. No hay en esto dos tendencias, una que tendría por objeto organizar la vida económica y otra que aspiraría a hacer menos mala la condición de la mayoría: la segunda no es sino una variedad de la primera. En otros términos, según el socialismo, hay actualmente toda una parte del mundo económico que no está real y directamente integrada en la sociedad. Son los trabajadores no capitalistas. Estos no son plenamente societarios, pues sólo participan en la vida social a través de un medio interpuesto que, al tener su naturaleza propia, les impide obrar sobre la sociedad y recibir sus beneficios en la medida y de la manera que estaría en relación con la importancia social de sus servicios. Eso es lo que conforma la situación que ellos dicen sufrir. Lo que piden, por consiguiente, cuando reclaman un trato mejor, es no verse mantenidos así a distancia de los centros que presiden la vida colectiva, es estar enlazados con ellos más o menos íntimamente; los cambios materiales que esperan no son sino una forma y una consecuencia de esa más completa integración.

Nuestra definición tiene en cuenta, pues, en realidad, esas preocupaciones especiales que, a primera vista, parecían no entrar en ella; sólo que las pone en su lugar, que es secundario. El socialismo no se reduce a una cuestión de salarios o, como suele decirse, de estómago. Es ante todo una aspiración a recomponer el cuerpo social, cuyo efecto ha de ser una distinta inserción del aparato industrial en el conjunto del organismo, sacándolo de la sombra donde funcionaba automáticamente, llamándolo a la luz y al control de la conciencia. Se puede incluso, ya percibir que esa aspiración no es privativa de las clases inferiores, sino que la siente el propio Estado que, a medida que la actividad económica se convierte en un factor más importante de la vida general, se ve inducido, por la fuerza de las cosas, por necesidades vitales de la mayor importancia, a vigilar y regular más sus manifestaciones. Al igual que las poblaciones obreras tienden a acercarse a él, él tiende también a acercarse a ellas, aunque sólo sea porque extiende cada vez más lejos sus ramificaciones y su esfera de influencia. ¡El socialismo no es cosa exclusivamente obrera, ni mucho menos! Hay, en realidad, dos corrientes bajo cuya influencia se ha formado la doctrina socialista, una que viene de abajo y se dirige hacia las regiones superiores de la sociedad, otra que viene de éstas y que sigue la dirección opuesta. Pero, como en el fondo, no son la una sino prolongación de la otra, como se implican mutuamente, como no son sino aspectos diferentes de una misma necesidad de organización, no se puede definir al socialismo por una sola de ellas, sin la otra. Sin duda, estas corrientes no inspiran por igual a los diferentes sistemas; según la posición ocupada por el teórico, según esté más en contacto con los trabajadores o más atento a los intereses generales de la sociedad, una u otra influirán mayormente en su espíritu. De eso nacen diferentes especies de socialismos: socialismo obrero, socialismo de Estado, a los que separan simples diferencias de grado. No existe socialismo obrero que no reclame un desarrollo más considerable del Estado; no existe socialismo de Estado que desinterese de los obreros. No son sino variedades de un mismo género, y lo que estamos definiendo es el género.

Sin embargo, aunque toda doctrina socialista se plantea las cuestiones económicas, la mayoría de los sistemas no se han limitado a ellas. Casi todos han extendido más o menos su reivindicaciones a otras esferas de la actividad social, a la política, a la familia, al matrimonio, a la moral, al arte y la literatura, etc. Y hay incluso una escuela que se ha fijado por norma aplicar el principio socialista a la entera vida colectiva. Es lo que Benoît Malon (2) denominaba el *socialismo integral*. ¿Será preciso, pues, para estar de acuerdo con nuestra definición, dejar fuera del socialismo esas diferentes teorías, considerarlas como inspiradas por otro espíritu, procedentes de un muy distinto origen, por el mero hecho de que no atañen directamente a las funciones económicas? Tal exclusión resultaría arbitraria, pues, aunque haya doctrinas donde no se encuentren estas especulaciones, aunque el socialismo llamado realista se las prohíba, son, sin embargo, comunes a un número bastante grande de escuelas; además, como presentan importantes semejanzas en todas las variedades del socialismo en que se las observa, podemos tener la seguridad de que están colocadas bajo la dependencia del pensamiento socialista. Coinciden en general, por lo menos hoy, en reclamar una organización más democrática de la sociedad, más libertad en las relaciones conyugales, la igualdad jurídica de los dos sexos, una moral más altruista, una simplificación de las formas jurídicas, etc. Tienen así un aire de familia que manifiesta que, sin ser esenciales al socialismo, no dejan de relacionarse con él. Y, en efecto, es fácil concebir que una transformación como la que el socialismo reclama entraña necesariamente otras recomposiciones en toda la extensión del cuerpo social. Las relaciones que un órgano tan complejo como el industrial mantiene con los otros y sobre todo con los más importantes de todos no pueden

---

(2)   Véase Benoît Malon, *Le socialisme intégral*. París, 1882.

ser modificados hasta ese punto sin que todas sean afectadas. Imagínense ustedes que una de las funciones vegetativas del organismo individual, situada hasta el momento al margen de la conciencia, resultara enlazada con ella por vías de comunicación directas: el propio fondo de nuestra vida psíquica se vería profundamente cambiado por esta afluencia de sensaciones nuevas. De igual modo, una vez comprendido lo que es el socialismo, nos explicamos que no pueda circunscribirse a una región determinada de la sociedad, sino que los teóricos, lo bastante intrépidos para llevar hasta el final las consecuencias de su pensamiento, se hayan visto impulsados a salir del campo puramente económico. Estos proyectos de reformas particulares no están, pues, en el sistema de las piezas recogidas, pero se deben a la misma inspiración y, por consiguiente, conviene darles un lugar en nuestra definición. Por ello, tras haber definido las teorías socialistas como hemos hecho en primer lugar, agregaremos: «Secundariamente, se denominan también socialistas las teorías que, sin referirse directamente al orden económico, están, sin embargo, en conexión con las precedentes». El socialismo quedará definido así esencialmente por sus concepciones económicas, aunque pudiendo extenderse más allá de ellas.

CAPÍTULO II

SOCIALISMO Y COMUNISMO

Segunda lección

(Continuación)

Tras haber definido así el socialismo es preciso, para tener una idea bien clara, distinguirlo de otro grupo de teorías con el cual se le ha confundido a menudo. Son las teorías comunistas, de las que Platón fue el primero en dar, en la Antigüedad, una fórmula sistemática, y que fueron recogidas en época moderna en la *Utopía* de Tomás Moro y en *La ciudad del sol* de Campanella, por citar sólo los más ilustres.

Tanto los amigos como los enemigos del socialismo han incurrido con frecuencia en esa confusión. «Desde que el hombre, dice Laveleye, tuvo suficiente cultura para que le llamaran la atención las iniquidades sociales... debieron de germinar en su espíritu sueños de reforma. Por doquier se han visto, en todas las épocas y todos los países, una vez que desapareció la igualdad primitiva, aspiraciones socialistas, ora en forma de protestas contra el mal existente, ora en la de planes utópicos de reconstrucción social. El más perfecto modelo de estas utopías es... la República de Platón» *(Socialisme contemporaine;*

pref., p. V). En su *Socialisme intégral* (p. I, 86), Benoît Malon expresa la misma idea y, remontándose más allá de Platón, presenta al comunismo de los pitagóricos como precursor del socialismo contemporáneo. En sus *Etudes sur les réformateurs contemporins*, Louis Reybaud, ya en 1840, había procedido con un método análogo. Para él el problema que se planteó Platón no difiere del que suscitaron Saint Simon y Fourier; sólo la solución no es idéntica. A veces incluso se confunden entre sí las palabras socialismo y comunismo. En su libro *El socialismo en el siglo XVIII* Lichtenberger, queriendo dar una definición del socialismo, se expresa así: «Se llama socialistas a los autores que, en nombre del poder del Estado y en un sentido igualitario y comunista, se han propuesto modificar la organización tradicional de la propiedad» (Prefacio, p. I). Otros, aun reconociendo que era preciso distinguir entre comunismo y socialismo, entre Tomás Moro y Carlos Marx, no han visto entre ellos sino diferencias de grado y simples matices. Es lo que hace Woolesley en su libro *Comunism and Socialism;* para él el socialismo es el género, el comunismo la especie y, finalmente, reclama el derecho de usar casi indiferentemente ambas expresiones. Por último, en el programa obrero de Marsella, Guesde y Lafargue, para demostrar que el colectivismo marxista no tenía nada de irrealizable, lo han presentado como una simple extensión del comunismo antiguo.

¿Hay, realmente, entre estos dos tipos de sistemas una identidad de naturaleza o, por lo menos, un estrecho parentesco? La cuestión es muy importante porque, según la solución que se le dé, el socialismo aparece con un aspecto muy distinto. Si no es más que una forma del comunismo, o se confunde con éste, no se puede ver en él sino una vieja concepción más o menos remozada, y se tiende a juzgarlo como a las utopías comunistas del pasado. Si, por el contrario, es distinto, constituye una manifestación *sui generis* que reclama un examen especial.

Un primer hecho que, sin ser demostrativo, debe ponernos en guardia contra la confusión, es que la palabra socialismo es totalmente nueva. Fue acuñada en Inglaterra, en 1835. Ese año se fundó, bajo los auspicios de Robert Owen, una sociedad que adoptó el nombre, un tanto enfático, de *Asociación de todas las clases de todas las naciones;* las palabras socialista y socialismo se emplearon por vez primera en el curso de las discusiones que tuvieron lugar en aquella ocasión. En 1839, Reybaud se sirvió de ellas en su libro sobre los *Reformadores modernos,* donde se estudian las doctrinas de Saint Simon, Fourier y Owen. Reybaud reclama incluso para sí la paternidad del término que, de todas maneras, no databa de más de cincuenta años. Pero pasemos de la palabra a la cosa.

Una primera diferencia, aún muy externa, pero que no deja de ser sorprendente, es que las teorías comunistas sólo aparecen en la historia de forma esporádica. Son manifestaciones aisladas unas de otras, con largos períodos de tiempo entre sí en la mayoría de los casos. De Platón a Tomás Moro han transcurrido cerca de diez siglos * y las tendencias comunistas que se pueden observar en ciertos Padres de la Iglesia no bastan para colmar esa solución de continuidad. De la *Utopía* (1518) a la *Ciudad del Sol* (1623) hay más de un siglo de distancias y después de Campenella hemos de aguardar al siglo XVIII para ver renacer el comunismo. En otros términos, el comunismo no se esparce. Los pensadores inspirados por él son solitarios que surgen de tarde en tarde, pero

---

(*) Eso dice el texto: *près de dix siècles se sont écoulés,* aunque un simple cálculo nos diga que entre la muerte de Platón (347 a. J. C.) y el nacimiento de Tomás moro (1478) hayan transcurrido más de dieciocho siglos (N. de la T.).

que no hacen escuela. Sus teorías parecen, pues, expresar la personalidad de cada teórico, más que un estado general y constante de la sociedad. Son sueños en los que se complacen unos espíritus generosos, que atraen la atención y sostienen el interés cabalmente a causa de esta generosidad y esta elevación, pero que, el no responder a necesidades actualmente sentidas por el cuerpo social, sólo actúan sobre las imaginaciones y son prácticamente infecundos. Por lo demás, así es como los presentan quienes los han concebido. Ellos mismos apenas los tienen por otra cosa que por hermosas ficciones, que es preciso poner de vez en cuando ante los ojos de los hombres, pero que no están destinadas a convertirse en realidades. «Si, dice Sir Tomás Moro al acabar su libro, no puedo adherirme por entero a cuanto acaba de ser referido de la isla de Utopía, reconozco que en ella pasan muchas cosas que deseo, más que espero, ver imitadas por nuestras sociedades.» Por otra parte, el propio método de exposición seguido por estos autores indica cuál es el carácter que atribuyen a su obra. Todos, más o menos, escogen el marco de un país absolutamente imaginario, situado al margen de toda condición histórica. Eso prueba que sus sistemas sólo se refieren débilmente a la realidad social y sólo débilmente aspiran a reaccionar contra ella. La forma en que se ha desarrollado el socialismo es muy distinta. A partir de comienzos de siglo se suceden sin interrupción las teorías que llevan ese nombre; es una corriente continua que, a pesar de cierto frenazo hacia 1850, se intensifica cada vez más. Y aún hay más: no sólo unas escuelas suceden a otras, sino que se las ve aparecer simultáneamente, sin ningún entendimiento previo ni ninguna influencia recíproca, como una especie de oleada que atestigua que responden a una necesidad colectiva. Por ejemplo, en el mismo momento aparecen Saint Simon y Fourier en Francia y Owen en Inglaterra, por recordar sólo los nombres más importantes. El triunfo al que aspiran tampoco es ya meramente sentimental y artístico; no les basta ya con elevar el alma meciéndola con hermosos sueños, pretenden llegar a algo práctico. No hay uno de ellos que no considere fácilmente realizables sus concepciones; por utópicas que puedan parecernos, para sus autores no lo son. Y es porque piensan impulsados, no por su sensibilidad privada, sino por aspiraciones sociales que exigen una satisfacción eficaz y que no podrían contentarse con simples novelas, por seductoras que sean. Tal contraste en la manera en que estas dos clases de doctrinas se manifiestan no puede dejar de derivarse de una diferente naturaleza.

En efecto, una está en las antípodas de la otra en ciertos puntos esenciales. El socialismo, ya lo hemos dicho, consiste en una incorporación de las funciones industriales al Estado (nos servimos de este último término, pese a su inexactitud, por abreviar). El comunismo tiende más bien a poner la vida industrial al margen del Estado.

Esto es especialmente evidente en el comunismo platónico. La ciudad concebida por Platón se compone de dos partes muy diferenciadas: de un lado la clase de los labriegos y los artesanos; de otro, las de los magistrados y los guerreros. A estas dos últimas corresponden las funciones propiamente políticas; la una se encarga de defender con la fuerza los intereses generales de la sociedad si están amenazados interna o externamente; la otra, de regular el funcionamiento interno. Reunidas constituyen el Estado, pues sólo ellas tienen capacidad para obrar en nombre de la comunidad. A la tercera clase, en cambio, se le atribuyen las funciones económicas: debe subvenir, en frase de Platón, a la alimentación de la comunidad. Ahora bien, el principio fundamental de la política platónica es que la clase inferior debe estar radicalmente separada de las otras dos, o, en otros términos, que el órgano económico debe situarse al margen del

Estado, en lugar de incorporarse a él. Artensanos y labriegos no participan ni en la administración ni en la legislación; están excluidos en las funciones militares. No tienen, pues, ninguna vía de comunicación que los enlace con los centros directores de la sociedad. Y, a la inversa, éstos deben ser ajenos a cuanto concierne a la vida económica. No sólo no han de tomar parte activa en ella, sino que les es indiferente todo lo que en ella ocurra. Con este fin tienen prohibido poseer personalmente nada; la propiedad privada les está vedada y se permite sólo a la última clase. En estas condiciones, magistrados y guerreros no tienen ningún motivo para interesarse en que el comercio y la agricultura prosperen más o menos, pues no les corresponde nada. Todo cuanto piden es que se les facilite el alimento estrictamente indispensable. Y como desde la infancia se les forma en el odio a la vida fácil y al lujo, como no necesitan casi nada, tienen la seguridad de contar siempre con lo que necesitan, sin tener que ocuparse de nada. Así, al igual que labriegos y artesanos, llamados por Platón γένος χρηματιστικόν, no tienen acceso a la vida política, los guardianes del Estado, κηδεμόνες τῆς πλεως, no tienen que intervenir en la vida económica. Platón pone una solución de continuidad entre estos dos aparatos de la vida de la ciudad. E incluso, para hacerla lo más completa posible, exige que los primeros habiten apartados de los segundos. Todo el personal de los servicios públicos (civiles o militares) deberá vivir en un campamento desde donde se pueda vigilar fácilmente lo que pasa dentro y fuera del Estado. Así, mientras que la reforma socialista tiene por objeto situar el organismo económico en el mismo centro del organismo social, el comunismo platónico le asigna la situación más excéntrica posible. La razón de esta separación es que, según Platón, la riqueza y cuanto con ella se relaciona es la gran fuente de la corrupción pública. Ella es la que, estimulando los egoísmos individuales, enfrenta a los ciudadanos y desencadena los conflictos internos que arruinan a los Estados. También es ella la que, creando intereses particulares al lado del interés general, despoja a éste de la preponderancia que debe tener en una sociedad bien regulada. Es preciso, pues, ponerla al margen de la vida pública, lo más lejos posible del Estado, al que sólo· puede pervertir.

Ahora bien, todas las teorías comunistas formuladas con posterioridad se derivan del comunismo platónico, del que no son sino variantes. Sin necesidad, pues, de examinarlas todas con detalle podemos estar seguros de que presentan ese mismo carácter, que las opone al socialismo, en lugar de confundirlas con él. Véase, por ejemplo, la *Utopía* de Tomás Moro. Se aparta en un punto del sistema de Platón: Moro no admite clases en su sociedad ideal. Todos los ciudadanos participan en la vida pública; todos eligen a los magistrados y todos pueden ser elegidos. Asimismo todos han de trabajar, contribuyendo al mantenimiento material de la comunidad como agricultores y artesanos. Parece, pues, que esta doble difusión de las funciones políticas y las funciones económicas debería surtir el efecto de unirlas estrechamente. ¿Cómo podrían estar separadas, si cada cual cumple igualmente unas y otras? Y, sin embargo, la separación, aunque obtenida por otros medios que en la República de Platón, no es menos completa. No tiene lugar en el espacio, es cierto, sino en el tiempo. No hay ya dos órdenes de ciudadanos, entre los cuales exista solución de continuidad. Pero Moro establece dos partes en la vida de cada ciudadano, una que está consagrada al trabajo agrícola e industrial y otra a la cosa pública y, entre las dos, interpone una barrera, de suerte que la primera no pueda tener una acción sobre la segunda. El procedimiento que para ello emplea está tomado de Platón, por otra parte. Para situar a los directores del Esta-

47

do al margen de las cosas económicas, Platón les negaba el derecho a poseer. Moro extiende esta prohibición a todos los ciudadanos, ya que en su sistema todos participan en la dirección del Estado. Tienen prohibido apropiarse de los productos de su trabajo; deberán ponerlo todo en común y consumirlo todo en común. Las comidas serán colectivas. En estas condiciones, los intereses económicos ya no podrán afectar a las resoluciones que tomen los habitantes cuando deliberen sobre asuntos públicos, pues no tendrán intereses económicos. Al no poder enriquecerse, serán indiferentes a producir más o menos; lo único que necesitan es que las subsistencias estén aseguradas. Y como, a semejanza de los magistrados y guerreros de la ciudad platónica, se les educa para que tengan muy pocas necesidades, como su vida debe ser muy sencilla, precisan muy poca cosa y por ese lado carecen de preocupaciones. La manera en que dirigen la sociedad, ya eligiendo a los magistrado, ya ejerciendo las magistraturas si son elegidos, está sustraída enteramente a las influencias económicas. Y hay más: Moro no sólo dispone todo de manera que las funciones alimenticias no actúen en absoluto sobre las funciones públicas, sino que se esfuerza por reducir la importancia de las primeras con objeto de que no ocupen un gran lugar en la existencia. La extremada frugalidad que es obligatoria en la sociedad utópica le permite reducir a seis horas diarias el trabajo que cada cual debe proporcionar para asegurar la existencia material de la comunidad. Campanella, más adelante, llegará a reclamar sólo cuatro horas. En cuanto a la razón que determina estas diferentes disposiciones es la que inspiraba ya a Platón: la influencia antisocial que se atribuye a la riqueza.

Identificar el socialismo con el comunismo es pues, identificar contrarios. Para el primero, el órgano económico debe convertirse casi en el órgano director de la sociedad; para el segundo, toda distancia es poca entre esos dos órganos. Entre estas dos manifestaciones de la actividad colectiva, los unos ven una estrecha afinidad y casi identidad de naturaleza; los otros, en cambio, no perciben sino antagonismo y repulsión. Para los comunistas, el Estado sólo puede cumplir su papel si se le substrae por entero al contacto de la vida industrial; para los socialistas, ese papel es esencialmente industrial y el acercamiento nunca será demasiado completo. Para aquellos, la riqueza es maléfica y hay que ponerla al margen de la sociedad; para éstos, en cambio, sólo es temible cuando no está socializada. No cabe duda de que una y otra parte propugnan una reglamentación y, sin duda, eso es lo que induce a engaño; pero esa reglamentación se ejerce en sentido opuesto. Aquí, tiene por objeto moralizar la industria incorporándola al Estado; allá, moralizar el Estado excluyéndolo de la industria.

Es cierto que uno y otro sistema hacen entrar en el terreno colectivo modalidades de actividad que, según las concepciones individualistas, deberían corresponder al terreno privado; y, sin duda, eso es lo que mayormente ha contribuido a la confusión. Pero también en este punto hay una tajante oposición. Según el socialismo, las funciones económicas propiamente dichas, es decir, las funciones productoras de servicios (comercio e industria) deben estar organizadas socialmente; pero el consumo debe seguir siendo privado. No hay, como hemos visto, doctrina socialista que niegue al individuo el derecho de poseer y emplear como guste lo que ha adquirido legítimamente. En el comunismo por el contrario, el consumo es común y la producción sigue siendo privada. En la *Utopía* cada cual trabaja por su lado, como quiere, y está obligado simplemente a no permanecer ocioso. Cultiva su jardín, se ocupa de su oficio, como podría hacerlo en la sociedad más individualista. No hay. regla común que determine las relaciones de los diferentes trabajadores entre sí, la forma en que todas esas actividades diversas deben concurrir a los fines colectivos. Como cada cual hace lo mismo, o casi, no hay que reglamentar ninguna cooperación. Sólo que lo que cada uno ha producido no le pertenece. No puede disponer de ello a placer. Es preciso que lo aporte a la comunidad, y sólo lo usa cuando ésta misma lo usa colectivamente. Entre estos dos tipos de ordenación social hay, pues, la misma distancia que separa la organización de ciertas colonias de pólipos de la de los animales superiores. En la primera, cada uno de los individuos asociados caza por su cuenta, a título privado; pero lo que atrapa va a parar a un estómago común y el individuo no puede tener su parte de la riqueza común, es decir, su parte de comida, sin que toda la sociedad coma al mismo tiempo. En cambio, entre los vertebrados, cada órgano está obligado, en su funcionamiento, a adecuarse a reglas destinadas a armonizarlo con los otros; es el sistema nervioso el que asegura este acuerdo. Pero cada órgano, y en cada órgano cada tejido, y en cada tejido cada célula, se alimentan aparte, libremente, sin depender para ello de los demás. Incluso cada una de las grandes partes del organismo tiene su alimentación especial. La distancia entre las dos concepciones sociales que con tanta frecuencia se han emparejado no es menos considerable.

Tercera lección

Para poder hacer la historia del socialismo era preciso, ante todo, determinar que designamos con esa palabra. Hemos dado pues, una definición que, expresando los caracteres externos comunes a todas las doctrinas que convenimos en llamar así, nos permite reconocerlas allá donde las encontremos. Hecho esto, sólo nos quedaba averiguar en que época empieza a aparecer en la historia la cosa así definida, y seguir su desarrollo. Nos encontramos entonces ante una confusión que, cuando se comete, surte el efecto de retrotraer los orígenes del socialismo hasta los mismos orígenes del desarrollo histórico, convirtiéndole en un sistema casi tan viejo como la humanidad. Si el comunismo antiguo no es, en efecto, como se ha dicho, sino una forma más general o más particular del socialismo, para comprender éste, para trazar su evolución integral, tendríamos que remontarnos a Platón e incluso aún más lejos, a las doctrinas pitagóricas, hasta las prácticas comunistas de las sociedades inferiores, que no serían sino su aplicación. Pero hemos visto que, en realidad, estas dos doctrinas, lejos de poder entrar en una misma definición, se oponían entre sí por caracteres esenciales. Mientras que el comunismo consiste en una excomunión de las funciones económicas, el socialismo, por el contrario, tiende a integrarlas más o menos estrechamente en la comunidad y se define por esa tendencia. Para el uno, habrían de relegarse lo más lejos posible de los órganos esenciales de la vida pública; para el otro deberían constituir su centro de gravedad. Para el primero, la tarea del Estado es específica, esencialmente moral, y sólo puede llevarla a cabo si se substrae a las influencias económicas; para el segundo, el Estado debe, ante todo, servir de nexo entre las diferentes relaciones industriales y comerciales, de las que sería como el *sensorium commune*.

Pero las dos escuelas no se oponen sólo por las conclusiones a las que llegan, sino también por sus puntos de partida. Aunque a comienzos de este Curso no podamos hablar sino por anticipación de lo que seguirá sobre el método socialista, se nos concederá fácilmente, y las futuras lecciones así lo establecerán, que el socialismo tiene como base unas observaciones —exactas o no, no importa— que conciernen todas al estado económico de sociedades determinadas. Por ejemplo, como le parece que en las sociedades más civilizadas de la Europa actual la producción no se regula lo bastante sobre las necesidades del consumo, o como piensa que la centralización industrial ha originado empresas demasiado grandes para que la sociedad pueda desinteresarse de ellas, o como las incesantes transformaciones de las máquinas, con la inestabilidad que de ellas resulta, despojan al trabajador de toda seguridad y lo sitúan en un estado de inferioridad que le impide ultimar contratos equitativos, sobre la base de estas consideraciones y de otras similares el socialismo reclama la reforma del orden actual. En suma, echa la culpa a los países con una gran industria y sólo a ellos y, en esos países, ataca exclusivamente las condiciones en que funcionan el intercambio y la producción de valores. Muy distinto es el principio de los comunistas. Su idea fundamental, que aparece idéntica en todas partes, con formas apenas diferentes, es que la propiedad privada es fuente de egoísmo y que del egoísmo se deriva inmoralidad. Ahora bien, tal proposición no apunta a ninguna organización social en particular. Si es cierta, se aplica a todos los tiempos y a todos los países; conviene por igual al régimen de la gran industria y al de la pequeña. Tampoco apunta a ningún hecho económico, pues la institución de la propiedad en un hecho jurídico y moral, que afecta a la vida económica pero sin formar parte de ella. En suma, el comunismo cabe por entero en un tópico de moral abstracta, que no es de ningún tiempo ni de ningún país. Lo que pone en tela de juicio son las consecuencias morales de la propiedad privada en general y no, como hace el socialismo, la oportunidad de una organización económica determinada que se ve aparecer en un momento concreto de la historia. Los dos problemas son totalmente distintos. Por un lado, se propone estimar el valor moral de la riqueza *in abstracto*, y se niega; por otro, se pregunta si tal tipo de comercio y de industria guarda relación con las condiciones de existencia de los pueblos que lo practican, si es normal o morboso. Por ello, mientras que el comunismo sólo se ocupa accesoriamente del ordenamiento económico y no lo modifica sino en la medida necesaria para ponerlo de acuerdo con su principio, la abolición de la propiedad individual, el socialismo, a la inversa, sólo afecta a la propiedad privada indirectamente, en la medida en que es necesario cambiarla para armonizarla con los reajustes económicos que son el objeto esencial de sus reivindicaciones.

Eso es, por otra parte, lo que explica la gran diferencia que hemos señalado en la manera en que uno y otro sistema se manifiestan históricamente. Los teóricos del comunismo, decíamos, son solitarios que aparecen sólo de vez en cuando y cuyas palabras parecen despertar sólo débiles ecos en las masas sociales que los rodean. Y es que, en efecto, son filósofos que tratan desde su escritorio un problema de moral general, más que hombres de acción que especulan sólo para calmar unos dolores que perciben actualmente a su alrededor. ¿De dónde vienen el egoísmo y la inmoralidad? He aquí lo que se preguntan, y la cuestión es eterna. Pero sólo puede ser planteada por pensadores y para éstos; ahora bien, un carácter del pensamiento filosófico es que éste se desarrolla sólo de forma discontinua. Para que la idea comunista pueda abrirse paso es preciso que surja una mente que se vea inducida, por sus disposiciones naturales y el cariz de los tiempos, a plantear este problema y a resolverlo en un sentido ascético. Entonces se la ve encarnar en un sistema, pero las combinaciones contingentes de circunstancias aptas para suscitarla sólo pueden producirse de tarde en tarde. En el intervalo, la idea dormita sin llamar la atención e incluso en los momentos en que brilla con su más vivo resplandor es demasiado especulativa para ejercer mucha acción.

En esa misma razón estriba el carácter sentimental y artístico de todas esas teorías. Incluso las que tratan la cuestión perciben perfectamente que ésta no entraña soluciones prácticas. El egoísmo es demasiado esencial a la naturaleza humana para ser arrancado de ésta, por muy deseable que eso sea. Pero, en la medida en que se ve en él un mal, se sabe que es un mal crónico de la humanidad. Por tanto, cuando nos preguntamos en qué condiciones podría extirparse, no podemos dejar de tener conciencia de que nos situamos al margen de las condiciones de lo real, y que no podemos sino desembocar en un idilio cuya poesía puede resultar grata a la imaginación, pero que no podrá aspirar a pasar a los hechos. Aun sabiendo que la regeneración es imposible, se experimenta cierta fascinación al representarse un mundo así regenerado. El único efecto útil que se puede esperar de tales ficciones es que éstas moralicen en la medida en que puede hacerlo una buena novela. El socialismo, en cambio, al ser solidario de un estado social determinado, se muestra de entrada ante nosotros en forma de una corriente social y duradera. Los sentimientos que él traduce son generales y por ende se manifiestan simultáneamente en diversos puntos de la sociedad y se asientan con persistencia mientras no hayan desaparecido las situaciones que los engendraron. Eso es lo que le da también una orientación práctica. Y ello se debe a que el estado al que responde, al ser reciente, es demasiado agudo para tolerar que se le declare incurable. No se trata de un mal inveterado, como la inmoralidad humana en general, a la que una larga costumbre ha acabado casi por volver insensible. Con razón o sin ella, los hombres no han tenido aún tiempo de hacerse a él y de resignarse; aunque de hecho no hubiera posibles remedios, los reclaman con insistencia y suscitan así, casi sin interrupción, pensadores que se esfuerzan por hallarlos.

Así, sea cual sea la manera en que consideremos el comunismo y el socialismo, comprobamos entre ellos más bien un contraste que una identidad de naturaleza.

El problema que se plantean no es el mismo; las reformas que piden uno y otro se contradicen más de lo que se asemejan. Hay un punto, sí, en el que parecen acercarse, y es que ambos temen para la sociedad lo que podría denominarse particularismo económico. Ambos están preocupados por los peligros que el interés particular puede hacer correr al interés general. Uno y otro están animados por la doble sensación de que el libre juego de los egoísmos no basta para producir automáticamente el orden social y que, por otra parte, las necesidades colectivas deben predominar sobre las comodidades individuales. He aquí lo que les imprime cierto aire de parentesco, que explica la confusión que a menudo se comete. Pero en realidad el particularismo que las dos escuelas combaten no es el mismo. La una declara antisocial todo lo que es propiedad individual, de manera general. La otra sólo juzga peligrosa la apropiación privada de las grandes empresas que se ven constituirse en un momento dado de la historia. Tampoco los motivos que los determinan son exactamente los mismos. El comunismo se mueve por razones morales e intemporales, el socialismo por consideraciones de orden económico. Para el primero, la propiedad privada debe ser abolida, por ser la fuente de toda inmoralidad; para el segundo, las vastas empresas industriales y comerciales no pueden ser abandonadas a sí mismas, porque afectan muy gravemente a toda la vida económica de la sociedad. Por eso, sus conclusiones son tan diferentes; el uno sólo ve el remedio en la supresión lo más completa posible de los intereses económicos, el otro, en su socialización. Sólo se asemejan, pues, por una vaga tendencia a atribuir a la sociedad cierta preponderancia sobre el individuo, pero sin que exista nada en común en las razones por las que se reclama esta preponderancia, ni en la manera en que se pretende que ésta se manifieste. Si ésto bastara para no ver en estos sistemas sino dos aspectos de una misma doctrina y para reunirlos bajo una misma apelación, entonces habría que extender el sentido de la palabra a toda teoría moral, política, pedagógica, económica y jurídica que estime que el interés social debe predominar más o menos sobre el interés particular y el término perdería toda acepción definida. En resumen, el socialismo y el comunismo se parecen en que se oponen igualmente al individualismo radical e intransigente; pero esa no es razón para confundirlos, pues entre sí también son muy opuestos.

De esta distinción resulta que, para explicar el socialismo y hacer su historia, no hemos de remontarnos a los orígenes comunistas. Se trata de dos órdenes de hechos históricos que deben ser estudiados por separado. Además, si nos remitimos a la definición que hemos dado del socialismo, veremos que, lejos de haberse constituido, aunque fuera en forma embrionaria, en la ciudad antigua, sólo pudo aparecer en un momento muy avanzado de la evolución social. En efecto, los elementos esenciales por los que lo hemos definido dependen de varias condiciones que sólo se han producido tardíamente.

En primer lugar, para poder incorporar el comercio y la industria al Estado era preciso que el valor atribuido a estos dos tipos de órganos sociales por la conciencia pública fuera sensiblemente igual; que fueran concebidos por todos como del mismo orden y del mismo rango. Ahora bien, durante mucho tiempo existió entre ellos un verdadero abismo. Por una parte, como la vida comercial e industrial estaba poco desarrollada, mientras que la política era ya relativamente intensa, las oscilaciones por las que atravesaba la primera no afectaban mucho a la segunda. Para ser fuertes y poderosas no necesitan entonces las naciones ser muy ricas. La riqueza parecía, pues, interesar sólo a los individuos. Ahora bien, en ese momento el individuo y lo que le concernía importaban poco. La sociedad era la única cosa a la que la moral

56

concedía un valor. Tanto si se la representaba, como el vulgo, con ayuda de símbolos religiosos, como en formas más racionales, a la manera de los filósofos como Platón, la sociedad aparecía marcada por un carácter sacrosanto que la situaba infinitamente por encima del mundo inferior de los intereses individuales; y por consiguiente el Estado, su más alta encarnación, participaba de ese mismo carácter. Puesto que éste tiene a su cargo perseguir los fines sociales por excelencia, y éstos estaban considerados como pertenecientes a esferas ideales, superiores a los fines humanos, también estaba él investido de una dignidad religiosa. Así las cosas, y puesto que, por el contrario, el aparato económico estaba desprovisto de todo valor social, pues concernía sólo a los egoísmos privados no podía pensarse en incorporar el uno al otro, y mucho menos en confundirlos. La mera idea de tal confusión repugnaba como un sacrilegio. Existía, pues, una incompatibilidad entre estos dos órdenes de intereses. Estaban situados en las antípodas de la vida moral. Entre ellos había la misma distancia que entre lo divino y lo profano. Era impensable, por tanto, encargar a un mismo órgano la administración de unos y otros. Esa es la razón de que la solución comunista rechace lo más lejos posible del Estado todo lo que es de orden económico y lo proscriba, por así decirlo, de la sociedad. Para que pudiera finalizar tal estado de cosas y para que la idea socialista pudiera despertar, por consiguiente, era preciso, por una parte, que las funciones económicas adquirieran más importancia social y, por otra, que las funciones sociales adquirieran un carácter más humano. Era preciso que el comercio y la industria se convirtieran en engranajes más esenciales de la máquina colectiva, y que la sociedad cesase de ser considerada un ser transcendente, muy por encima de los hombres, para que el Estado pudiera, sin rebajarse a sí mismo, sin degradarse, acercarse más a ellos y ocuparse de sus necesidades. Era preciso que el Estado se despojase de su carácter místico, que se convirtiera en una potencia profana para poder mezclarse más íntimamente, sin contradecirse, en las cosas profanas. Sólo a medida que la separación disminuye, y en los dos sentidos, pudo aparecer por fin la idea de enlazarlos y unirlos.

Pero esta primera condición no basta. No es suficiente que la opinión pública no vea nada contradictorio en que el Estado se encargue de tal papel; es preciso también que aparezca en condiciones de encargarse de él, para que se pueda tener la idea de confiárselo. Pero para ello son necesarias otras dos condiciones. En primer lugar, el Estado ha de haber adquirido el suficiente desarrollo para que tal empresa no sobrepase sus fuerzas. Su esfera de influencia tiene que haberse extendido mucho para que se haya podido pensar en extenderla aún más, y sobre todo en ese sentido. Se trata, en efecto, de hacerlo intervenir en un orden de manifestaciones sociales que su complejidad y su movilidad hacen refractarias a una reglamentación invariable y simple. Por lo tanto, mientras no se vio al Estado cumplir con tareas de complejidad similar no se pudo pensar en asignarle ésta. En segundo lugar, por desarrollado que esté un Estado no puede hacer nada si la organización de las empresas económicas no ofrece asideros para su influencia. Mientras éstas, a causa de la poca extensión de cada una de ellas, se multipliquen hasta el infinito, mientras casi cada ciudadano tenga la suya, esta dispersión imposibilita toda dirección común. Mientras cada una de ellas se encierre en el recinto doméstico, escapan a todo control social. El Estado no puede penetrar en cada casa para regular las condiciones en las que deben hacerse los intercambios y la producción. Es preciso pues, que el comercio y la industria hayan ya alcanzado, por un movimiento espontáneo, un inicio de centralización, para que ciertos centros directores de la sociedad puedan llegar a ellos y dejar sentir su acción de manera regular. En una palabra, es preciso que se constituya el régimen de la gran industria.

Tales son las tres condiciones que supone el socialismo tal y como lo hemos definido. Ahora bien, las tres son de fecha reciente. La gran industria es de ayer, y sólo cuando adoptó esa forma adquirió una importancia verdaderamente social. Mientras estaba dispersa en multitud de pequeñas empresas independientes entre sí, como cada una de ellas sólo podía ejercer su acción en un círculo muy limitado, la manera en que funcionaban no podía afectar gravemente, al menos en principio, a los intereses generales de la sociedad. Por otra parte, hasta época reciente el orden religioso y público predominaba de tal modo sobre el orden temporal y económico que éste se veía relegado a lo más bajo de la jerarquía social. Por último, el propio desarrollo del Estado es un fenómeno nuevo. En la ciudad, es aún muy rudimentario. Su poder es absoluto, sin duda, pero sus funciones son muy simples. Se reducen casi a administrar la justicia y a hacer o preparar las guerras. Al menos eso es lo esencial. Su acción, cuando se ejerce, es violenta e irresistible, porque carece de contrapeso, pero no es ni variada ni compleja. Era una máquina pesada y opresiva, pero cuyos toscos engranajes no podían producir ni producían sino movimientos de fuerzas elementales y muy generales. Ahora bien, dada la complejidad de la vida económica, para llamar al Estado a convertirse en su eje era preciso que se hubiera mostrado capaz de una acción a la vez unida y variada, felxible y amplia; y lo que necesitaba para ello no era una potencia coercitiva enorme, sino una vasta y sabia organización. Sólo cuando los grandes pueblos europeos se constituyeron y centralizaron se vio al Estado administrar a la vez multitud de pueblos y de servicios diversos, ejército, armada, flotas, arsenales, vías de comunicación y de transporte, hospitales, centros de enseñanza, bellas artes, etc., ofrecer, en una palabra, el espectáculo de una actividad infinitamente diversificada. He aquí, añadida a las precedentes, una nueva razón que no permite ver en el comunismo una primera forma de socialismo. Y es que las condiciones esenciales de este último no se habían dado cuando se formularon las grandes teorías comunistas. Es cierto que se podría suponer que los pensadores de esta escuela anticiparon con la imaginación los futuros resultados del desarrollo histórico; que construyeron con el pensamiento un estado de cosas muy diferente del que tenían ante los ojos y que no debía realizarse hasta una época más tardía. Pero, amén de que es poco científico admitir la posibilidad de tales anticipaciones, que son auténticas creaciones *ex nihilo*, resulta que los teóricos del comunismo orientan todo su pensamiento hacia el pasado, no hacia el futuro. Son retrógrados. Lo que piden no es que se precipite la evolución y adelantarse a ella en cierto sentido, sino volver atrás. Buscan sus modelos detrás de sí. Por ejemplo, la ciudad platónica no hace sino reproducir abiertamente la antigua organización de Esparta, es decir, lo más arcaico que había en las formas constitucionales de Grecia. Y, en este punto como en los demás, los sucesores de Platón se limitaron a repetir a su maestro. Lo que nos presentan como ejemplo son los pueblos primitivos.

CAPÍTULO III

EL SOCIALISMO EN EL SIGLO XVIII (1)

Tercera lección
(Fin)

De lo que antecede se deduce que no podía hablarse de socialismo antes del siglo XVIII. Pero, en ese momento, y al menos en Francia, las tres condiciones enumeradas se dan, sin lugar a dudas. La gran industria está en vías de desarrollo; la importancia atribuida a la vida económica se ha asentado suficientemente, por el propio hecho de convertirse entonces en materia de una ciencia; el Estado se ha vuelto laico y se ha rematado la centralización de la sociedad francesa. Podría pensarse, pues, que a partir de esa época vamos a encontrar doctrinas que presenten los caracteres distintivos del socialismo. Se

---

(1) No vamos a disimular que estas dos lecciones tienen, más que las precedentes, un carácter de notas de clase.

En realidad parte de ellas siguen de cerca el libro, concienzudo e inteligente, de André Lichtenberger, citado además por Durkheim. Por otra parte, Durkheim pasa con excesiva rapidez sobre otros puntos, por ejemplo, sobre Baboeuf y el babeuvismo, casi tan mal conocidos aún como en la época en la que Durkheim enseñó (Burdeos, 1895-1896).

ha sostenido eso, en efecto, y recientemente se ha creído poder hacer, en un libro muy concienzudamente estudiado, historia del socialismo en el siglo XVIII (2). Pero en realidad, aunque las teorías a las que se ha dado ese nombre encierran gérmenes de lo que más adelante será el socialismo, en sí y en conjunto no superan la concepción comunista.

Se han presentado, en particular, dos doctrinas como pertenecientes directamente a la historia del socialismo. Son las de Morelly y Mably. El primero expone sus ideas en la *Basiliada* (1753) y el *Código de la Naturaleza* (1755); el otro, en un número bastante grande de obras, las principales de las cuales son: *Las dudas propuestas a los filósofos económicos sobre el orden natural y esencial de las sociedades políticas* (París, 1768); *De la legislación o principios de las leyes* (Amsterdam, 1776); *Conversaciones de Foción sobre las relaciones de la moral y la política; De los derechos y deberes del ciudadano* (1758). Ahora bien, ateniéndonos solamente a lo externo, uno y otro sistema presentan ya un signo característico del comunismo, y es que el marco de la exposición es puramente imaginario. La organización social que se nos describe en la *Basiliada* es atribuida a un pueblo ficticio que Morelly sitúa en una isla perdida en medio de un vasto mar, alejada de todo continente. Su libro es un poema alegórico y utópico, al que presenta como traducido del hindú. También Mably, cuando en *Los derechos y deberes del ciudadano (Obras*, XI, 383) (3), expone por boca de Stanhope su Estado modelo, se traslada con la imaginación a una isla desierta y allí funda su República.

En uno y otro el problema se plantea en los mismos

---

(2) A. Lichtenberger, *Le socialisme au XVIIIᵉ siècle*, 1985.
(3) Durkheim debió de servirse de la misma edición que Lichtenberger, la del año III.

términos que en Platón, Moro y Campanella. Se trata de saber cuáles son las causas del vicio y cuál es el medio de suprimirlas. «Los moralistas, dice Morelly, han supuesto siempre que el hombre nacía vicioso y malvado, sin advertir que se podía proponer y resolver este excelente problema; ¡encontrar una situación en la que sea casi imposible que el hombre sea depravado y malo!» *(Código de la Naturaleza,* 14.) Y se dedica a resolver ese problema. Mably no se expresa de muy distinta forma. Los hombres sólo pueden ser felices gracias a la virtud; se trata de saber, pues, cuáles son los obstáculos que impiden el reinado de la virtud, para eliminarlos. Esa es la meta que ha de proponerse el teórico de la política. «¿No es cierto, dice Mably, que la política debe hacernos amar la virtud, y que ese es el solo objeto que deben proponerse los legisladores, las leyes y los magistrados?» *(Conversaciones de Foción, Obras,* X, 54.) Nos hallamos, pues, en presencia de una cuestión de moral, y de moral abstracta, independiente de toda condición de tiempo y lugar, y no ante una cuestión de economía política.

El remedio es también el propuesto por los comunistas de todos los tiempos. La causa del mal es el egoísmo; lo que mantiene el egoísmo es el interés particular; el interés particular sólo puede desaparecer con la propiedad privada, por lo que ha de abolirse ésta; en la sociedad ideal la igualdad económica entre los ciudadanos debe ser completa. «El único vicio que conozco en el universo, dice Morelly, es la avaricia; todos los demás, sea cuál sea el nombre que se les dé, no son sino tonos, sino grados de éste... Ahora bien, esa peste universal, el interés privado, ¿habría podido arraigar allá donde no hubiera encontrado, no solamente alimento, sino ni el menor fermento peligroso? Creo que nadie discutirá la evidencia de esta proposición: que allá donde no existe ninguna propiedad privada no puede existir ninguna de sus perniciosas consecuencias» *(Código de la Naturaleza,*

29 y 30) (4). Y, en otro pasaje: «Eliminad la propiedad, el ciego y despiadado interés que la acompaña... ya no hay pasiones furiosas, acciones feroces, ideas de mal moral» *(ibíd.,* 132). A la distinción entre lo tuyo y lo mío se le llama el «fatal cuchillo de los lazos de toda sociedad, que apenas pueden unirse cuando han experimentado ese tajo mortal» *(Basiliada,* I, 189) (5). Mably usa el mismo lenguaje. Los términos son casi idénticos. La madre de todos los vicios es la codicia o avaricia. «Las pasiones están dispuestas casi siempre a marchar bajo los estandartes de la avaricia... Para el avaro ya no hay patria, parientes o amigos. Las riquezas producen la necesidad, que es el más cobarde de los vicios, o el lujo, que da a los ricos todos los vicios de la pobreza y a los pobres una codicia que no pueden satisfacer sino con los crímenes o las cobardías más envilecedores» *(Obras,* XIV, 342-343). La única manera de que la codicia resulte imposible estriba en suprimir la propiedad de los bienes. «¿Quiere usted saber», dice Stanhope a Mably, en su imaginaria conversación, «cuál es la fuente principal de todas las desgracias que afligen a la humanidad? Es la propiedad de los bienes» *(Derechos y deberes. Obras,* XI, 378). El ideal es, pues, «esa comunidad de bienes tan alabada, tan añorada por los poetas, que Licurgo había establecido en Lacedemonia, que Platón quería revivir en su República y que, gracias a la depravación de las costumbres, no puede ser en el mundo sino una quimera» (XI, 379). El único error de Platón fue permitir la posesión a agricultores y artesanos: ese yerro hubiera perturbado su Estado» *(Legislación. Obras,* I, 106).

En una y otra doctrinas se trata, no de organizar y centralizar la vida económica, que es lo propio del socialismo, sino de despojarla, al contrario, por razones mo-

---

(4) Durkheim debió de servirse de la segunda edición, 1760.
(5) La edición citada es la de 1750.

rales, de toda importancia social, mediante la supresión de la propiedad privada. La solución es, pues, como en todas las soluciones comunistas, eminentemente retrógrada. Estos dos autores toman su programa, según propia confesión, de las sociedades inferiores, de las formas primitivas de civilización. En ellas encuentran realizado su ideal en la medida de lo posible. Morelly pondera sin cesar esas tribus americanas en las que las familias viven tranquilamente en común, satisfaciendo sus necesidades con la caza. Ensalza igualmente la legislación de Licurgo y la del antiguo Egipto.

También el nombre de Licurgo aparece constantemente en la pluma de Mably. «Licurgo conoció mejor que nadie los designios de la naturaleza y tomó las medidas más eficaces para que sus ciudadanos no se apartasen de ellos» (*Observaciones sobre la historia de Grecia, Obras*, IV, 22). Así, la reforma que reclaman, lejos de consistir en la institución de formas sociales nuevas, en armonía con las nuevas condiciones de la existencia colectiva, se inspira íntegramente en el pasado más remoto. Por consiguiente, como Platón, como Moro y Campanella, piensan que la idea no es susceptible de realización. Perciben que no pueden rehacer la humanidad hasta ese punto: «Por desgracia es más cierto, dice Morelly, que sería como imposible formar en nuestros días una república semejante» (*Código de la Naturaleza*, 189). Por eso, su finalidad es, a fin de cuentas, más especulativa que práctica. Se propone ante todo mostrar de dónde viene «la falsedad de la práctica ordinaria basada en la moral vulgar» (*Basiliada*, I, 109), en vez de concebir la esperanza de ponerle fin. Mably es aún más escéptico: «Los hombres, dice, son demasiados depravados para que pueda existir una política sabia» (*Obras*, XIV, 46). En un pasaje antes citado se ha podido ver que calificaba incluso de quimera la idea que recomienda.

Sentado esto, no cabe discusión para saber si Rousseau

debe o no ser tenido por socialista, pues su doctrina no es sino una forma mesurada y atenuada de las precedentes. También él toma sus modelos de las repúblicas antiguas, cuya organización le parece la más perfecta existida nunca. En su *Carta a D'Alembert* nos habla con entusiasmo de esa Esparta a la que nunca se citará «lo bastante para el ejemplo que deberíamos tomar» *(Obras,* III, p. 175) (6). Cita con respecto a Mably, aunque sus relaciones nunca fueron muy cordiales; se interesa por la *Utopía* de Moro y por la *Basiliada* de Morelly (7). Toda la diferencia estriba en que él no llega tan lejos. Aunque el régimen comunista merezca todas sus preferencias no lo cree viable, salvo en el estado natural. Se contenta, pues, con acercarse a él lo más posible. «Mi idea, dice, no es destruir totalmente la propiedad particular, porque eso es imposible, sino encerrarla en los más estrechos límites, darle un freno que la contenga, la dirija, la subyugue y la mantenga siempre subordinada al bien público» *(Obras inéditas,* p. 100) (8). Una igualdad económica absoluta es irrealizable actualmente, pero es el ideal que hay que tener siempre a la vista y que hay que esforzarse por realizar en la medida de lo posible. «La ley fundamental de vuestra institución debe ser la igualdad» *(ibíd.,* 72). Es sabido, por lo demás, lo que opina del comercio y la industria, así como de las artes. No los juzga muy diferentemente de Platón. Por ello, como este último, en vez de querer organizarlos y socializarlos, pretende más bien expulsarlos de la sociedad o por lo menos concederles un lugar lo más restringido posible. Una vez definidos los términos, tal teoría no puede denominarse sino comunismo moderno.

No obstante, aunque el siglo XVIII no haya conocido

---

(6) Durkheim se refiere a la edición de 1864.

(7) Lichtenberger, *Le socialisme au XVIIIᵉ siècle,* 1895, p. 154.

(8) Durkheim se sirve de la edición de Streckeisen-Moultou, 1861, *Oeuvres et Correspondence inédites.*

aún más que el comunismo, no podemos ignorar que el comunismo presenta en esa época caracteres muy particulares que lo distinguen de las teorías anteriores del mismo nombre y que hacen presentir que está a punto de producirse algo nuevo.

En primer lugar, ya no tiene nada de esporádico. Mientras que hasta entonces sólo se producían de tarde en tarde, separados entre sí por intervalos de tiempo bastante considerables, en el siglo XVIII asistimos a una verdadera floración de sistemas comunistas. Los dos o tres de que acabamos de hablar son los más célebres e importantes, pero no los únicos. Desde comienzos del siglo se encuentran ciertas simpatías, aún vagas, hacia un régimen más o menos comunitario en Fénelon y el abate de Saint Pierre. Son muy claras en el padre Meslier, cuya obra, titulada *El testamento de Jean Meslier,* es una violenta crítica de los efectos de la propiedad privada. Dos discípulos de Rousseau, Mercier y Restif de la Bretonne, escribieron sendas utopías en las que se encuentran las ideas del maestro más o menos modificadas. La de Mercier se titula *El año 2440* y la de Restif, *El campesino pervertido.* Se traducen la *Utopía,* de Moro, y todas las obras antiguas y extranjeras en las que alienta más o menos ese mismo espíritu y Fréron podía escribir: «Tenemos casi tantas novelas de moral, de filosofía y de política como las que tenemos del género frívolo» *(Cartas sobre algunos escritos de este tiempo,* VIII, 21). Incluso allá donde la idea comunista no adopta una forma sistemática encontramos a menudo opiniones aisladas y teorías fragmentarias inspiradas manifiestamente en ella. Si Montesquieu prefiere la monarquía a la democracia, no cabe duda de que siente una complacencia no disimulada por el régimen primitivo de la ciudad, y en particular de la ciudad lacedemonia. Le parecen inseparables cierto comunismo y una organización verdaderamente democrática y, por otro lado, estima que ésta conviene mejor que la monarquía a los Estados pequeños. Por último, al margen de los escritores especializados en la reflexión sobre las cosas sociales, no hay una rama literaria en la que no se expresen repetidamente las mismas tendencias. Novelas, obras de teatro, narraciones de viajes imaginarios alaban a cada instante las virtudes de los salvajes y su superioridad sobre los civilizados. En todas partes se habla del estado natural, de los peligros del lujo y la civilización, de las ventajas de la igualdad...

He aquí ya una primera particularidad que nos advierte que estamos en presencia de un comunismo de nuevo cuño. Pero no es la única. Hasta ahora las soluciones comunistas tenían un carácter totalmente hipotético. Podían expresarse todas con la siguiente fórmula: si se quiere suprimir el egoísmo y hacer reinar la virtud y la felicidad, hay que abolir la propiedad privada. Pero esta abolición no era presentada más que como un medio eficaz para alcanzar ese fin, y no como de estricto derecho. No se decía que la propiedad privada estuviera desprovista de toda base racional, que no fuera conforme a la naturaleza de las cosas, sino simplemente que tenía la lamentable consecuencia de apartar al individuo del grupo y que, por tanto, había que suprimirla o reducirla si se quería reducir o suprimir sus efectos antisociales. No se nos describían las sociedades que practican la desigualdad como forzosamente injustas, como moralmente intolerables, sino simplemente como condenadas a la discordia, como incapaces de toda cohesión. Los comunistas del XVIII van más lejos. No atacan solamente los perjudiciales resultados de la propiedad y la desigualdad, sino la propiedad en sí. «Las leyes eternas del universo, dice Morelly, son que nada es del hombre en particular, salvo lo que exigen sus necesidades actuales, lo que le basta cada día para el sostén o los recreos de su existencia; el campo no es de quien lo labra, ni el árbol de quien coge sus frutos; ni siquiera le pertenece, de las producciones de su propia industria, más que la porción que usa; el resto, así como su persona, es de la humanidad entera» (*Basiliada*, I, 204). La igualdad no es un medio artificial recomendado al legislador en interés de los hombres; está en la naturaleza, y el legislador, al establecerla, no hace o no haría sino seguir la vía de la naturaleza. Es de derecho, y su contrario es contrario a derecho. Las condiciones se han hecho desiguales, debido a la violación de lo que debería ser. Tampoco estos autores dejan de desarrollar, sin duda, todas las funestas consecuencias que para la humanidad resultan de la desigualdad; pero esas consecuencias son puestas ante nuestros ojos sólo para probarnos, por el absurdo, en cierto sentido, la verdad del principio, a saber que la desigualdad sólo ha podido introducirse por una desnaturalización de la humanidad, que constituye un escándalo moral, que es la negación de la justicia. En una palabra, mientras que hasta entonces los comunistas no hacía más que suspirar diciendo que las cosas estarían mucho mejor tal como ellos las soñaban, los autores del siglo XVIII afirman categóricamente que deben ser como ellos las exponen. El matiz es importante. Por ello, aunque unos y otros perciban, como hemos visto, que su ideal no es realizable, su renuncia no tiene los mismos caracteres. Hay, en la resignación de los pensadores del XVIII, algo más triste, más atormentado, más desalentado. La lectura de Rousseau transmite en alto grado esa impresión. Se debe a que, en efecto, lo que abandonan o creen abandonar así, no es simplemente un hermoso sueño al que sólo se le puede pedir que eleve los corazones, sin que la realidad se vea obligada a adecuarse exactamente a él, sino que lo consideran como la propia ley de lo real y la base normal de la vida. En tal actitud hay una contradicción que no pueden eludir y que les inspira un doloroso sentimiento.

He aquí dos grandes novedades en la historia del comunismo. ¿Cuál es su sentido? Nos advierten de que, esta vez, esas teorías particulares no son construcciones individuales, sino que responden a una aspiración nueva que se ha abierto paso en el alma de la sociedad. Si se condena tanto la desigualdad es, evidentemente, porque hiere un sentimiento muy vivo y, puesto que la reprobación es general, es preciso que ese sentimiento tenga la misma generalidad. Si se la rechaza fuera de la naturaleza, es porque las conciencias han rechazado su idea. Si ya no se concibe la igualdad como un simple método ingenioso, ideado en el silencio de un gabinete, para mantener unidos esos sistemas de conceptos cuyo valor objetivo es más que dudoso; si se ve en ella el estado natural del hombre, por oposición al estado actual, considerado como anormal, es porque responde a una exigencia de la conciencia pública. Esta nueva tendencia es el sentimiento más vivo y general de la justicia social; es la idea de que la situación de los ciudadanos en las sociedades y la remuneración de sus servicios debe variar exactamente igual que su valor social. Pero vemos que, aguzado ya por las luchas y las resistencias, ese sentimiento alcanzó a partir de entonces una intensidad y una susceptibilidad anormales, pues llega a negar todo tipo de desigualdad. Ahora bien, no cabe duda de que ese es uno de los factores del socialismo. Expresa todo ese socialismo desde abajo, del que hablaremos la próxima vez. Hay que preguntarse, es cierto, por qué, si existe desde el siglo XVIII, no produjo entonces las consecuencias que tuvo después; cómo no resultó de él la idea socialista, de una manera más caracterizada. Y es que, como veremos, no fue suscitado por el espectáculo del orden económico, y sólo indirectamente se extendió a éste.

Cuando se compara la orientación general del comunismo con la del socialismo aparecen tan diferentes que hay que preguntarse cómo ha sido posible ver en el uno una mera forma del otro. La fórmula del socialismo consiste en regular las operaciones productivas de valores de forma que concurran armónicamente. El comunismo consiste en regular el consumo individual de forma que sea igual y mediocre en todas partes. Por una parte se quiere establecer una cooperación regular de las funciones económicas entre sí y también con las otras funciones sociales, de forma que disminuyan los roces, se evite la pérdida de fuerzas y se obtenga el máximo rendimiento. Por otra, se pretende únicamente impedir que unos consuman más que otros. Aquí se organizan los intereses particulares, allá se suprimen. ¿Qué hay de común entre esos dos programas? Podría creerse, es cierto, que la confusión se explica debido a un doble hecho: que el comunismo, aunque nivela el consumo, se propone también asegurar a cada cual lo estrictamente necesario y con ello mejorar la suerte de los miserables; y que, por otra parte, el socialismo se mueve en parte por una preocupación análoga. Dado, sobre todo, que a menudo se hace de esta última tendencia el todo del sistema, parece que en efecto, desde este punto de vista, las dos doctrinas resultan indiscernibles. Pero, aparte que el socialismo, en realidad, se extiende mucho más allá de esta única cuestión, ésta se le plantea de muy distinta manera y en muy distintos términos que para el comunismo. El comunismo tiene en cuenta la situación respectiva de los pobres y los ricos en general, con independencia de toda consideración referente al estado del comercio y la industria y a la manera en que unos y otros contribuyen a él, hasta tal punto que sus reivindicaciones, suponiendo que sean legítimas, se aplican a todas las sociedades en las que existen desigualdades, sea cual sea su régimen económico. Los socialistas, por el contrario, sólo se ocupan de ese engranaje particular de la máquina económica que se llama los obreros, y de las relaciones que mantiene con el resto del aparato. Los primeros tratan de la miseria y la riqueza *in abstracto*, de sus fundamentos lógicos o morales; los segundos, de las condiciones en las que el trabajador no capitalista intercambia sus servicios, dada una organización social determinada. Disponemos así de un criterio que nos permite distinguir con bastante facilidad esos dos sistemas, incluso cuando parecen aproximarse uno a otro. Cuando un autor opone, de forma general y filosófica, pobres y ricos para mostrarnos que esa oposición es peligrosa o incluso que no está fundada en la naturaleza de las cosas, podemos estar seguros de hallarnos ante una teoría comunista; y sólo pronunciaremos el nombre de socialismo a propósito de doctrinas en las que se habla, no pura y simplemente de los desgraciados, sino de los trabajadores y de su situación respecto a quienes los emplean. En definitiva, el comunismo no es otra cosa que la caridad erigida en principio fundamental de toda la legislación social: es la fraternidad obligatoria, pues implica que cada cual está obligado a repartir con todos. Ahora bien, sabemos ya que multiplicar las obras de asistencia y previsión no es hacer socialismo. Dulcificar la miseria no es organizar la vida económica, y el comunismo no hace sino llevar la caridad hasta la supresión de toda propiedad. Responde a un doble sentimiento, la compasión por los miserables y el temor a la envidia y el odio antisociales que el espectáculo de la riqueza puede despertar en sus corazones; en su forma más notable, traduce un movimiento de amor y simpatía. El socialismo es esencialmente un proceso de concentración y centralización económica. De rechazo, arrastra a toda una esfera de la sociedad, los trabajadores, porque forman parte de ésta, a la órbita de los centros directores del cuerpo social.

Y, sin embargo, percibimos que, a pesar de todo, hay cierta relación entre estas dos doctrinas. Veamos, en efecto, lo ocurrido. Los sentimientos que están en la raíz del comunismo, al ser de todos los tiempos, son también del nuestro. No cabe duda de que no se traducen en cada época en forma doctrinal. Pero no desaparecen por completo sólo por no ser lo bastante vivos como para engendrar un sistema que los exprese metódicamente. Por lo demás, está claro que los tiempos en que están en las mejores condiciones posibles para manifestarse así son aquéllos en los que unas razones cualesquiera atraen más especialmente la atención sobre la suerte de las clases miserables. No existe, pues, siglo más favorable que el nuestro para el desarrollo de los sentimientos comunistas. El socialismo no podría satisfacer esas inclinaciones, justamente porque su finalidad es muy otra. Supongamos un estado socialista realizado lo más plenamente posible: en él habrá aún desdichados, desigualdades de todo tipo. El hecho de que ningún individuo posea capital no hará que no existan talentos desiguales, enfermos inválidos, y por consiguiente, ricos y pobres. Como, en tal hipótesis, la competencia no es abolida, sino regulada, habrá aún servicios de escasa utilidad y que, por tanto, aunque sean apreciados y retribuidos conforme a su justo valor social, podrán perfectamente no bastar para el sustento de un hombre. Habrá siempre incapaces que, sin mala voluntad, no estén en condiciones de ganarse suficientemente la vida; otros que, aun ganando lo estrictamente necesario, no llegarán a conseguir, igual que el obrero de hoy, más que una existencia precaria, estrecha, y no siempre en relación con el esfuerzo gastado. En suma, en el socialismo marxista el capital no desaparece, solamente es administrado por la sociedad y no por particulares. De ello resulta que la manera en que se remunere a los trabajadores de todo tipo no dependerá ya de intereses individuales, sino sólo de intereses generales. Pero del mero hecho de que la remuneración será socialmente justa no se desprende necesariamente que será bastante para todos. La sociedad, al igual que los capitalistas, tendrá interés en pagar lo menos posible, si no está movida por otros sentimientos; y habrá siempre, para los servicios vulgares, fáciles, al alcance de todo el mundo, una demanda bastante amplia y, por consiguiente, una competencia bastante dura que permita al cuerpo social obligar a la multitud a contentarse con poco; la presión ejercida sobre las capas inferiores emanará entonces de la colectividad entera y no de ciertas poderosas individualidades; sin embargo, podría ser aún muy fuerte. Ahora bien, los sentimientos a los que responde el comunismo protestan cabalmente contra esa presión y sus resultados. Y el socialismo dista de despojarlos de toda razón de ser. Si mañana la socialización de las fuerzas económicas fuera un hecho, el comunismo se opondría a las sensibles desigualdades que subsistirán, entonces como hoy. En una palabra, al lado del socialismo hay sitio para un comunismo, precisamente porque uno y otro no están orientados en el mismo sentido. Sólo que ha ocurrido que el comunismo, en vez de seguir siendo lo que había sido antes de la eclosión del socialismo, a saber una doctrina independiente, ha sido anexado por este último en cuanto se constituyó como tal. En efecto, aunque nacido bajo muy distintas influencias y respondiendo a muy distintas necesidades, el socialismo, por el propio hecho de haberse visto inducido a interesarse por las clases obreras, se ha encontrado, con toda naturalidad y muy especialmente, abierto a esos sentimientos de compasión y fraternidad que atemperaban, sin contradecirlo, lo que podía haber aún de excesivamente riguroso en su principio. Por causas que se pueden entrever, pero que habremos de indagar más concretamente luego, son en general los mismos espíritus quienes han sentido tanto las aspiraciones nuevas suscitadas por el socialismo como las aspiraciones antiguas que constituían el fondo del comunismo. Por dar una sola razón, ¿cómo sentir la necesidad de que las funciones económicas se solidaricen más estrechamente sin tener al mismo tiempo un sentimiento general de solidaridad social y de fraternidad? El socialismo se abrió así al comunismo; se ha dedicado a desempeñar su papel al mismo tiempo que el suyo propio. En este sentido ha sido realmente su heredero; sin derivarse de él, lo ha absorbido, aunque permaneciendo distinto. Y es cierto que somos proclives a asociar sus ideas. Hay así en el socialismo contemporáneo dos corrientes que se yuxtaponen, que actúan una sobre otra, pero que provienen de fuentes muy diferentes y se dirigen en sentidos no menos diferentes. Una es muy reciente: es la corriente socialista propiamente dicha. Otra es la antigua corriente comunista que va a mezclar sus aguas con lo anterior. La primera está colocada bajo la dependencia de esas causas oscuras que empujan a la sociedad a organizar las fuerzas económicas. La otra, responde a necesidades de caridad, de fraternidad, de humanidad. Aunque, en general, fluyen la una al lado de la otra, no dejan de ser distintas y si, a causa de su proximidad en el seno de los mismos sistemas, el vulgo las confunde, el sociólogo no debe exponerse a la misma confusión. Por lo demás, veremos que, en ciertos casos, se separan; incluso en nuestros días ha ocurrido que la corriente comunista ha recobrado su independencia. Hubo un momento en el siglo en que se constituyeron sistemas francamente comunistas al lado de los sistemas socialistas.

Esta distinción ha de tenerse muy presente, y no sólo desde el punto de vista teórico. Si no nos equivocamos, esa corriente de compasión y simpatía, sucedánea de la antigua corriente comunista, que se encuentra generalmente en el socialismo actual, no es sino un elemento secundario. Lo completa, pero no lo constituye. Por consiguiente, las medidas que se adoptan para detenerla dejan intactas las causas que engendraron el socialismo. Si las necesidades que este último traduce están fundadas, no se las satisfará concediendo cierta satisfacción a esos vagos sentimientos de fraternidad. Ahora bien, observen ustedes lo que pasa en todos los países de Europa. En todas partes se preocupan por lo que se llama la cuestión social y se esfuerzan por apartarle soluciones parciales. Y, sin embargo, casi todas las disposiciones tomadas con este fin están exclusivamente destinadas a mejorar la suerte de las clases laboriosas, es decir, responden únicamente a las tendencias generosas que son la base del comunismo. Es como si se creyera que lo más urgente y útil es aliviar la miseria de los obreros, compensar con liberalidades y favores legales cuanto de triste hay en su condición. Se está dispuesto a multiplicar las bolsas, las subvenciones de todo tipo, a ampliar lo más posible el círculo de la caridad pública, a hacer leyes para proteger la salud de los obreros, etc., con el fin de reducir la distancia entre las dos clases, con el fin de disminuir la desigualdad. No se ve, y a los socialistas les ocurre así sin cesar, que al proceder de esa manera se confunde lo secundario con lo esencial. No es manifestando una generosa complacencia hacia lo que aún queda del viejo comunismo cómo se podrá nunca contener al socialismo o realizarlo. No es aportando todos los cuidados a una situación secular cómo se aportará la menor dulcificación a la que data de ayer. No solamente se deja así de lado la meta que se debería tener en mente, sino que incluso la que se propone no puede ser alcanzada por el camino que se sigue. Por muchos privilegios que se creen para los trabajadores y que neutralizan en parte aquéllos de que disfrutan los patronos, por mucho que disminuya la duración de la jornada de trabajo y aunque se eleven ligeramente los salarios, no se conseguirá calmar los apetitos despertados, porque éstos adquirirán nuevas fuerzas a medida que se los calme. No hay límites posibles para sus exigencias. Dedicarse a apaciguarlos satisfaciéndolos equivale a querer llenar la crátera de las Danaides. Si la cuestión social se plantease realmente en estos términos, más valdría declararla insoluble y oponerle firmemente una negación absoluta que aportar soluciones que no son tales. He aquí cómo, cuando no se distinguen las dos corrientes que inspiran los sistemas de nuestro tiempo, no se percibe la más importante de las dos; como, por consiguiente, se cree ejercer sobre ella una acción que en realidad no la afecta y que incluso está desprovista de toda eficacia.

Una vez establecida esta distinción, se reconocerá más fácilmente que las teorías sociales del siglo XVIII no superaron el nivel del comunismo. Sin embargo, el comunismo se presenta en ellas bajo un nuevo aspecto. Ya no se habla de la igualdad como de un régimen que convendría que los hombres impusieran a su egoísmo pero al que no están moralmente obligados; se la considera como de estricto derecho. Las sociedades, al establecerla, no se elevarían por encima de la naturaleza; no harían sino seguir el camino marcado por la naturaleza, sino adecuarse al principio mismo de toda justicia. Por este tono nuevo se presiente que el comunismo del siglo XVIII se ha formado, al menos en parte, bajo influencias y en condiciones nuevas. Tiene por base un sentimiento colectivo muy vivo y general, a saber que las desigualdades sociales que se tenían ante los ojos no tenían un fundamento jurídico. Incluso, por reacción contra lo existente, la conciencia pública llegaba a declarar injusta toda especie de desigualdad. Supongan ustedes que algunos teóricos, a la luz de esta idea consideren las relaciones económicas que la infringen más evidentemente; el resultado no podía ser sino toda una serie de reivindicaciones, propiamente socialistas. Tenemos, pues, en eso un germen de socialismo. Sólo que en el siglo XVIII ese germen no recibió el desarrollo que llevaba consigo. Este sentimiento de protesta no se volvió contra los hechos de la vida industrial y comercial, tal y como funcionaba entonces; no atacó, por ejemplo, la situación del pequeño comerciante o del pequeño productor frente al gran comerciante y el gran manufacturero, o las relaciones del obrero con el empresario. La tomó simplemente con los ricos en general y no se tradujo, al menos en los grandes sistemas de los que hemos hablado, sino en generalidades abstractas y disertaciones filosóficas sobre los peligros sociales de la riqueza y sobre su inmoralidad. Aunque su fuerza y su generalidad atestiguan que tenía hondas raíces en la conciencia pública y que, por consiguiente, dependía de condiciones sociales determinadas, sin embargo, en cuanto atañe al orden económico podría decirse que permaneció ajeno a la vida ambiente. No tiene un punto de aplicación en la realidad contemporánea, no apunta a ningún hecho definido, sino que se dedica únicamente a nociones generales y metafísicas que no son de ningún tiempo ni de ningún lugar. Es así como los pensadores inspirados por él incurrieron generalmente en los tópicos del comunismo tradicional.

Es preciso, no obstante, expresar ciertas reservas incluso a este respecto. Hay algunos escritores de la época en quienes ese sentimiento nuevo de justicia social entró más inmediatamente en contacto con la realidad económica y adquirió así una forma que, en ciertos lugares, está muy próxima al socialismo propiamente dicho. Es muy especialmente el caso de Simón Nicolás Henri Linguet. Muy desconocido hoy, Linguet fue célebre durante parte del siglo XVIII. Fue él quien defendió al caballero de La Barre. Aventuras de toda clase, disputas ruidosas con los economistas, los enciclopedistas, el colegio de abogados, el carácter audaz de algunas de sus ideas llaman la atención sobre él y, aunque no se esté aún muy concorde sobre el valor moral de su carácter, no cabe duda de que fue un espíritu original y un pensador independiente. Ahora bien, en sus diferentes obras, pero más en especial en su *Teoría de las leyes civiles* (1767) y en sus *Anales políticos, civiles y literarios del siglo XVIII* (1777-1792) se encuentran formuladas consideraciones que recuerdan muy de cerca el lenguaje de los socialistas contemporáneos.

Linguet, en efecto, no se contenta con disertar sobre la riqueza, aunque, llegado el caso, se permita esas disertaciones a la moda; nos describe por extenso cuál era, en su época, la condición del trabajador que no tiene para vivir sino sus brazos y, como hará más adelante Carlos Marx, ve en él el sucesor del esclavo de la Antigüedad y del siervo de la Edad Media. «Gimen bajo los repugnantes andrajos que son la librea de la indigencia. Jamás participan de la abundancia cuya fuente es su trabajo.... Son los criados que han reemplazado verdaderamente entre nosotros a los siervos» *(Teoría,* II, p. 462) (9). La misma esclavitud le parece un estado preferible: «Se trata de examinar cuál es la ganancia efectiva que le ha procurado la supresión de la esclavitud. Lo digo con tanto dolor como franqueza: todo cuanto han ganado es verse atormentados a cada instante por el temor a morir de hambre, desgracia de la que al menos estaban exentos sus predecesores en este último rango de la humanidad» *(ibíd.).* En efecto, el amo tenía interés en tratar bien a sus esclavos, porque eran de su propiedad y exponer su salud equivalía a exponer su fortuna. Hoy, incluso ese lazo de solidaridad entre el que emplea y el que es empleado se ha roto. Si se vuelven incapaces de prestar los servicios por los que se les paga, los reemplaza por otros. La libertad que el trabajador ha ganado es, pues, la de morirse de hambre. «Es libre, decía; ¡ay!, esa es su desdicha; no pertenece a nadie, pero nadie se interesa por él» *(Anales,* XIII, 498). «Es pues, una triste ironía

---

(9)   Durkheim ha utilizado la edición de 1767, como Lichtenberger.

decir que los obreros son libres y no tienen amos. Tienen uno, el más terrible y más imperioso de los amos. No están a las órdenes de un hombre en particular, pero sí a las de todos en general» *(Ibíd.,* XIII, 501). Los economistas respondían que los contratos que fijan los salarios estaban firmados libremente y que en eso consistía la superioridad del trabajador moderno. Pero, responde Linguet, para que pudiera ser así, sería preciso que el peón pudiera estar algún tiempo sin trabajar, para hacerse así necesario. Pero se ve obligado a ceder porque está obligado a comer, y si se le ocurre resistirse, su derrota, inevitable, aumenta y refuerza aún más su dependencia, precisamente porque el paro lo ha vuelto más necesitado. «Si no trabaja hoy al precio que sea, dentro de dos días habrá muerto de inanición; pero el recorte que ha sufrido ayer su paga es una razón para disminuirla mañana» *(Anales,* VII, 216). «Pues la propia insuficiencia de la paga del jornalero es una razón para disminuirla. Cuanto más le urja la necesidad, más barato se vende. Cuanto más apremiante sea la necesidad, más fructífero es su trabajo. Los déspotas momentáneos a quienes conjura llorando a que acepten sus servicios no tienen rubor en palparle la muñeca, por así decirlo, para asegurarse de que aún le quedan fuerzas; regulan la retribución que le ofrecen según el grado de su debilidad... Tal es el estado en que languidecen, en Europa, desde el envenenado don de la libertad, los diecinueve veinteavos de cada nación» *(Anales,* I, 98-99).

Esta situación no es antigua; es muy reciente, por el contrario; veamos cómo Linguet hace su historia. Cuando los reyes emprendieron la lucha contra el feudalismo, solicitaron la alianza de los siervos y les prometieron la libertad en el caso de que triunfaran sobre su común adversario. ¿Cuál fue el resultado? «Desencadenaron a aquella muchedumbre que, conocedora de la pesadez de los grilletes de sus amos e ignorante de lo que pesan los de los reyes, se congregó con júbilo bajo las banderas de éstos: fue realmente el caballo de los bosques que se vengaba del ciervo» (*Anales*, I, 94). Porque entonces «la sociedad se encontró dividida en dos porciones, una de los ricos, de los propietarios del dinero, que, al serlo también de los géneros, se arrogaron el derecho exclusivo de gravar el salario del trabajo que los producía, y otra de jornaleros aislados que, al no pertenecer ya a nadie, al no tener ya amos ni, por consiguiente, protectores interesados en defenderlos, se encontraron entregados sin recursos a la discreción de la misma avaricia» (*ibíd.*). Es pues, la libertad, la causante de todo el mal, porque al liberar al siervo lo privó, al mismo tiempo, de toda garantía. Por eso, Linguet la llama «uno de los más funestos azotes que haya producido el refinamiento de los tiempos modernos» (*Anales*, I, 101-102).

Tales son las consecuencias «de la revolución sobrevenida en la sociedad» (XIII, 501). «Jamás, en medio de su prosperidad aparente, Europa ha estado más cerca de una subversión total, tanto más terrible cuanto que su causa será la desesperación... Hemos llegado directamente al punto en que se hallaba Italia cuando la guerra de los esclavos la inundó de sangre y llevó la carnicería y el incendio a las puertas de la dueña del mundo» (*Anales*, I, 345). Ya han estallado revueltas en Italia, Bohemia, Francia. Pronto se verá acaso un nuevo Espartaco venido a predicar una nueva guerra servil. ¿No se diría que estamos oyendo a un socialista de hoy profetizar la revolución social?

Otro ingenio, muy moderado, empero, Necker, nos describe la situación económica de su tiempo con colores igualmente sombríos. (V. en particular *Sobre la legislación y el comercio de granos*, primera parte, cap. XXV) (10). Empieza definiendo la palabra *pueblo*. «Entenderé por ese

_____
(10) Edición de 1775.

nombre, dice, la parte de la nación nacida sin propiedad, de padres más o menos en el mismo estado y que, no habiendo podido recibir ninguna educación, se ven reducidos a sus facultades naturales. Es la clase más numerosa y miserable, pues su subsistencia depende únicamente de su trabajo diario». Ahora bien, el pueblo así definido está condenado a la miseria a causa del «poder que tienen los propietarios de no dar a cambio de un trabajo que les es agradable más que la menor suma posible, es decir, la que representa lo más estrictamente necesario. Este poder en manos de los propietarios se basa en su pequeñísimo número en comparación con el de los hombres sin propiedad; en la gran competencia de estos últimos y principalmente en la prodigiosa desigualdad que hay entre los hombres que venden su trabajo para vivir hoy y los que lo compran para aumentar simplemente su lujo o sus comodidades; a los unos les urge el instante, a los otros no; los unos darán siempre la ley, los otros se verán siempre obligados a recibirla». Este imperio, cierto es, es de todos los tiempos, pero dos circunstancias lo aumentan sin cesar. «La una, es que las propiedades tienden más bien a concentrarse que a dividirse... las pequeñas posesiones se reúnen insensiblemente en manos de ricos, el número de propietarios disminuye y éstos pueden dictar entonces una ley más imperiosa a los hombres cuyo trabajo compran». «La segunda circunstancia que tiende a debilitar la resistencia de los hombres industriosos que luchan por sus salarios es que, a medida que la sociedad envejece, se acumula una enorme cantidad de obras de industria propias para el lujo y la comodidad, pues la duración de gran número de esas obras sobrepasa la vida de los hombres, como son todas las joyas, los espejos, los edificios, los diamantes, las vajillas y otros muchos objetos; este cúmulo de riquezas que crece cotidianamente establece una sorda y permanente competencia con el trabajo nuevo de los obreros y vuelve más

82

impotentes sus pretensiones». En estas condiciones, el contrato de arriendo «es un tratado de fuerza y de coacción, derivado únicamente del imperio del poder y del yugo que la debilidad está obligada a soportar» (*De la importancia de las opiniones religiosas* p. 239). También él compara la suerte de los obreros con la de los esclavos (p. 496 de la misma obra) (11).

A estos dos nombres conviene agregar el de Graslin. En su *Correspondencia con la Academia económica de San Petersburgo* (Londres, 1779), se halla enunciada una teoría que no es otra que la del «fondo de salarios». Según Graslin, hay en la sociedad actual una multitud de privilegiados que sacan del caudal del trabajo más de lo que meten. Son, en primer lugar, los propietarios de tierras, de rentas, de cargos, es decir, los que no meten absolutamente nada en ese caudal. Después vienen los que tienen situaciones mixtas entre la de los privilegiados y la de los trabajadores y que reciben salarios «superiores a lo que les correspondería si hubiera igualdad en el reparto del trabajo y de sus frutos». Son los empresarios de las manufacturas, del comercio, etc., pues su ganancia depende en parte de la riqueza acumulada de que disponen, pero que es ajena al individuo. Ahora bien, todas estas ganancias injustificadas se hacen a expensas de la parte que debería corresponder a las clases laboriosas y que se encuentra así injustamente reducida. Si, encima, un invento disminuye la cantidad de trabajo manual necesario, la suerte del obrero se vuelve aún más precaria. «En la constitución actual de las sociedades, dice Graslin, la humanidad pierde más que gana con los inventos que abrevian el trabajo» (*Corresp.*, 57-58). Ya Montesquieu había señalado (*Espíritu de las leyes*, XXIII, 15), los peligros sociales de los avances industriales. «Estas máquinas, cuyo objeto es abreviar el arte, no siempre son úti-

---

(11) Edición de 1788.

les. Si una obra tiene un precio mediano, que conviene por igual a quien la compra y al obrero que la ha hecho, las máquinas que simplificarían su manufactura, es decir que disminuirían el número de obreros, serían perniciosas.

He aquí un lenguaje muy distinto del que oíamos a Morelly, Mably y Rousseau. Esta vez no nos hallamos ante disertaciones abstractas sobre los ricos y los pobres, sino ante quejas positivas que apuntan a la situación del trabajador en la organización económica de la época. Los socialistas de nuestros días no hablan de otra manera sobre este punto. Pero anteriormente sólo en escasos autores el sentimiento de protesta, que hemos ya encontrado en la base de los grandes sistemas comunistas, ha salido del mundo de las abstracciones filosóficas para aplicarse a la realidad económica. Además, incluso en esos casos excepcionales, aunque se aproxime más al estado de ánimo que inspira al socialismo contemporáneo, se queda a medio camino, sin embargo, y no logra originar doctrinas propiamente socialistas. Las conclusiones prácticas que los autores de los que acabamos de hablar deducen de sus críticas son más bien conservadoras. Necker y Linguet insisten en la necesidad de mantener por todos los medios posibles el orden social actual y se contentan con indicar algunas medidas para hacerlo más tolerable. Seguramente no deja de seducirlos un comunismo absolutamente igualitario, pero comprenden que es irrealizable. Ahora bien, descartada esa solución, no ven otro camino que el mantenimiento del *statu quo*, con ciertas mejoras de detalle. Su socialismo es totalmente negativo. Es interesante señalarlo, pues muestra que ya en ese momento existía uno de los gérmenes del socialismo; pero no es menos importante observar que se le impidió alcanzar su pleno desarrollo. Pronto nos preguntaremos por qué.

Pero este germen de ideas socialistas no es el único

que encontramos en las doctrinas sociales del siglo XVIII. Hay otro, que se halla en el mismo estado rudimentario. Para que el socialismo sea posible, es preciso que la opinión general reconozca al Estado derechos muy amplios; porque aunque la organización socialista debía tener, en la mente de quienes la recomiendan, un carácter más anárquista que autoritario una vez establecida, para establecerla, en cambio, saben que habría que transformar las instituciones jurídicas, reformar algunos de los derechos de que disfrutan actualmente los particulares; y como esos cambios sólo pueden ser obra del Estado, es de absoluta necesidad que no existan, por así decirlo, derechos contra el suyo. Ahora bien, sobre este punto están de acuerdo todos los grandes pensadores del XVIII, con la excepción de los fisiócratas. «El poder soberano, dice Rousseau, que no tiene otro objeto que el bien común, no tiene otros límites que los de la utilidad pública bien entendida» *(Obras,* I, 585). Y en efecto, como, según su teoría, todo el orden social es una construcción del Estado, puede ser modificado por el Estado a voluntad. El contrato mediante el cual los miembros de la comunidad se ligan entre sí puede ser revisado por ellos en cualquier momento, sin que se pueda marcar un límite a la amplitud de las modificaciones que pueden aportarle. Basándose en esta teoría del Estado se ha podido calificar a veces a Rousseau de socialista. Montesquieu, por lo demás, no piensa de distinta manera. También para él la salvación del pueblo es la suprema ley (XXVI, 24). Nada, pues, en las ideas de la época se oponía a que el Estado modificase las bases de la vida económica para organizarala socialmente.

Sin embargo, no parece que se haya pensado de hecho en que podía o debía emplear para este fin los amplios derechos que se le reconocían en principio. No cabe duda de que en cierto sentido los comunistas como Morelly le hacen desempeñar un papel económico. Pero ese papel, tal y como lo conciben, es ante todo negativo. No piden que el Estado se convierta en centro de la vida industrial y comercial, en clavija maestra de toda la máquina, que regule su funcionamiento de manera que sea lo más productivo y armonioso posible, que es lo propio del socialismo. Su tarea, en esos sistemas, se reduciría a velar porque todo el mundo trabaje y porque los productos del trabajo sean consumidos en común; a impedir que existan ociosos y que pueda reconstruirse la propiedad privada. Además, su esfera de acción se extiende así sólo en unas novelas cuyo carácter utópico es confesado por sus autores. Y siempre que se trata, no de hacer una obra especulativa o una construcción puramente metafísica, sino de proponer reformas aplicables a la sociedad de la época, los más atrevidos se limitan a reclamar unas cuantas medidas financieras o algunas modificaciones del derecho sucesorio que impidan que la desigualdad de las condiciones sociales se haga mayor. Rousseau tuvo ocasión de formular un proyecto de constitución para Córcega y otro para Polonia. Ahora bien, en lo que atañe al orden económico, el plan que propone no está sino ligeramente influido por su teoría general del Estado. Las novedades que aconseja a este respecto se reducen a poca cosa. No consideraba, pues, sus concepciones generales como aplicables a esta categoría de funciones sociales, y todos los contemporáneos que compartían más o menos sus ideas opinaban lo mismo. Hay una excepción, empero, a esta observación general. Hay una empresa económica que diversos escritores del siglo XVIII querían ver incorporada más o menos directamente al Estado, y es el comercio de grano. Según Necker, si el Estado no debía encargarse él mismo, debía, sin embargo, vigilarlo y regularlo. En cualquier caso, consideraba necesaria una intervención positiva. Incluso algunos pedían que el Estado asumiera completamente su dirección y se hiciera comerciante. Era la opinión de Galiani (*Diálogos sobre el comercio de grano*, Londres, 1770) y Desaubiers *(Consideraciones de economía política sobre el comercio de grano)*. En ese sistema, el Estado estaría encargado, pues, de una función económica activa. Por consiguiente, se trata esta vez de una extensión socialista de sus atribuciones, pero es la única importante que se haya propuesto. Nos muestra que la concepción que se tenía entonces del Estado llevaba directamente al socialismo, pero vemos que, salvo en este punto particular, se le impidió que produjera las consecuencias que entrañaba.

En resumen, una aspiración a un orden social más justo y una idea de los derechos del Estado que, unidas, contenían en potencia el socialismo, pero que entonces no produjeron sino veleidades muy rudimentarias: eso es cuanto encontramos en el siglo XVIII. Incluso durante la Revolución nadie llegó más lejos. La doctrina de Baboeuf, acaso la más avanzada del siglo, no supera el simple comunismo. Sólo se distingue de los sistemas de Mably y Morelly en una particularidad, que en vez de considerarla una utopía su autor intentó realizarla, incluso por la fuerza. Y como encontró auxiliares para esa empresa, como hubo una conspiración, eso prueba que el sentimiento de justicia social del que hemos hablado no sólo se había avivado sino que empezaba a aplicarse a los hechos concretos de la vida económica, pero sin que se produjera aún una renovación del sistema, una orientación nueva en las ideas de la época.

Establecido este resultado, conviene saber, es decir, buscar: 1.º) ¿De dónde viene ese doble germen, cómo se constituyó esa concepción nueva de la justicia y del Estado? 2.º) ¿Qué es lo que le impidió desembocar en las consecuencias socialistas que contenía virtualmente?

La respuesta a la primera pregunta es fácil. Es evidente, en efecto, que esas ideas no son sino los dos principios fundamentales en los que se basan todas las transformaciones políticas de 1789. Son el desenlace del doble movimiento del que surgió la Revolución: el movimiento indivualista y el movimiento estatalista. El primero surtió el efecto de que se admitiera como evidente que el lugar de los individuos en el cuerpo político debía estar exclusivamente determinado por su valor personal, y, por consiguiente, que se rechazaran como injustas las desigualdades establecidas por la tradición. El segundo tuvo por consecuencia que las reformas así juzgadas necesarias se consideraron realizables, porque se concibió el Estado como instrumento natural de su realización. Además, uno y otro movimiento son estrechamente solidarios, en el sentido de que, cuanto más fuertemente constituido esté el Estado, más se alza por encima de todos los individuos de cualquier clase y procedencia, y más iguales aparecen todos ellos respecto a él. He aquí de dónde provienen las dos tendencias que hemos señalado. Nacieron con ocasión de la organización política y con objeto de modificar esa organización. Y parecen tener tan poco contacto con la realidad económica porque se han formado bajo influencias muy distintas. Por ello todas las reformas de orden económico que inspiraron en el siglo XVIII se presentan siempre como apéndices de las teorías políticas. Lo que constituye el centro de gravedad de los sistemas son las teorías políticas.

Pero sigue en pie la segunda pregunta. ¿De dónde procede que, una vez nacidas, no se apliquen, con una extensión totalmente natural, a la vida económica? ¿De dónde procede que, bajo su influencia, no se hubiera planteado la cuestión social? ¿De dónde procede que, aunque se dieran desde entonces los factores esenciales del socialismo, hubo que esperar hasta el final del Imperio para que éste se constituyese?

Se ha argüido como razón que uno de los fermentos de la idea socialista faltaba entonces, porque la situación de los obreros no tenía nada que despertara su interés particular. Se ha dicho que el gremio, al estrechar los lazos que los unían con los maestros, no los dejaba tan enteramente como hoy a merced de la competencia. Pero, ante todo, al margen de los obreros de los gremios estaban los de las manufacturas, que no se agrupaban de la misma manera. Habría que ver además si el gremio había conservado en el XVIII los benéficos efectos que tuvo en la Edad Media. La línea de demarcación entre maestros y oficiales era profunda. «Se ha hablado, dice Levasseur, de fraternidad en los cuerpos de oficios; ya hemos visto, al penetrar en la comunidad de los orfebres, qué conviene pensar sobre el tema» *(Clases obreras hasta 1789*, I, p. 77). Al igual que el burgués despreciaba al artesano, éste despreciaba al obrero, quien no trataba con miramientos al aprendiz. El foso entre las dos clases se estaba ahondando desde hacía mucho tiempo. En realidad los obreros se encontraban tan poco protegidos por el gremio que cada vez se retiraban más de él para formar sociedades obreras que, al margen del gremio, les proporcionaban un apoyo contra los maestros. Ahora bien, la existencia de esas sociedades se remonta al siglo XVIII: «Las ordenanzas de policía habían sido impotentes para destituirlas. Se multiplicaban, por el contrario, y se fortalecían a medida que la separación entre el obrero y el maestro se hacía más profunda» (Levasseur, *Clases obreras hasta 1789*, II, p. 218). Por lo demás, basta con recordar cómo nos describen Necker, Linguet y Graslin, la situación del peón para comprender que no era mucho mejor que la del obrero de hoy. Ya en la primera parte del siglo el marqués de Argenson había empleado un lenguaje análogo: «Me encuentro en la actualidad en Turena, escribe en sus *Memorias,* no veo aquí sino una espantosa miseria... (los habitantes) no desean más que la muerte y evitan proliferar.» Y en otro pasaje: «Cuarenta mil obreros de las manufacturas de fusiles de Saint Etienne en Forez han cesado de trabajar. Se les han puesto guardias de vista para que no pasen al extranjero.

89

Lo mismo ocurre con los obreros de la seda de Lyon... Estas cosas deberían tener un término». «Nuestras principales manufacturas se derrumban por todas partes» (según Lichtenberger, p. 94): Por ello, los motines y huelgas eran sumamente frecuentes, y esto ya en el siglo XVII, pese a las resistencias y las prohibiciones de la autoridad (v. Levasseur, *Clases obreras hasta 1789*, II, p. 318). Por lo demás, la mejor prueba de los sufrimientos de los obreros y de su estado de descontento es la multitud de disposiciones y precauciones que el poder adoptaba contra ellos. «Una cuestión que parece haber preocupado vivamente al siglo XVIII es la de la disciplina de los obreros. Los maestros vivían sometidos a la ley. Pero por debajo de los maestros se agitaba un tropel de obreros asalariados, población inquieta, más numerosa cada día a causa de los progresos de la industria, y que también cada día se aislaba más de la clase de los patronos. Esta población, alistada en las misteriosas asociaciones obreras, poniendo en entredicho los talleres de los patronos que parecían ofenderla, resultaba a veces temible para sus maestros, por su resistencia pasiva o, con el poder de su número, despertaba ya la desconfianza del gobierno... Por ello el poder trataba por todos los medios de sujetar el obrero a su trabajo y a su taller» (Levasseur, *ibíd.*, II, p. 362. Cfr. 409).

Estos hechos son instructivos. Nos muestran de nuevo hasta qué punto la cuestión obrera es un elemento secundario del socialismo, pues ya entonces la suerte de los obreros era muy parecida a lo que fue más adelante y, sin embargo, el socialismo no existía. Además, veremos que los grandes sistemas socialistas se constituyen a comienzos de este siglo, siendo así que en la Revolución no encontramos sino gérmenes. Ahora bien, es imposible que, en este breve lapso de tiempo, la condición de las clases laboriosas haya empeorado hasta ese punto. Pero la conclusión que se desprende de lo que antecede no es puramente negativa. Si se comparan entre sí estos dos hechos: primero, que los factores del socialismo que encontramos en el XVIII son también los que han producido los acontecimientos revolucionarios; y segundo, que el socialismo resultó de ellos ya al día siguiente de la Revolución; si se comparan, digo, estamos en nuestro derecho de creer que lo que faltaba en el XVIII para poder engendrar un socialismo propiamente dicho no era precisamente que la Revolución fuera por fin y para siempre un hecho consumado; lo que era necesario para que esos factores pudieran producir sus consecuencias sociales o socialistas era que hubieran producido previamente sus consecuencias políticas. En otros términos, ¿no serían las transformaciones políticas del período revolucionario las que causaron la extensión al orden económico de las ideas y tendencias de las que ellas mismas eran el resultado? ¿No serían los cambios que entonces se aportaron a la organización de la sociedad los que, una vez realizados, reclamaron otros que se derivaban además en parte de las mismas causas que los habían engendrado a ellos? ¿No habría surgido el socialismo, desde este doble punto de vista, directamente de la Revolución? Esta hipótesis concuerda con lo que hemos visto, y será confirmado por lo que seguirá. Sin duda, el socialismo no resulta justificado por esto. Pero su descendencia histórica nos parece irrefutable.

CAPÍTULO IV

SISMONDI

(Quinta leccción)

Hemos visto que las doctrinas sociales del siglo XVIII no se habían elevado por encima del comunismo. Presentan todos sus signos distintivos, el utopismo consciente y confesado, el carácter literario y sentimental, y por último, y sobre todo, la tendencia fundamental a relegar lo más posible de la vida pública cuanto concierne a los intereses económicos. A este respecto, y para acabar de precisar estas nociones esenciales, es importante observar que no definimos al comunismo por su espíritu igualitario, por indudable que sea. No cabe duda de que siempre exigió que los frutos del trabajo se distribuyesen por igual entre todos los ciudadanos, y parece difícil, si no imposible, que pudiera acomodarse a otro régimen. Pues desde el momento en que se sienta el principio de que las riquezas sólo tienen razón de ser en la medida en que son estrictamente indispensables para el mantenimiento de la vida y de que, superado ese límite, se vuelven moral y socialmente peligrosas, han de ser distribuidas por igual, ya que, desde este punto de vista, son igualmente indispensables para todos. Pero esta distribución igual no es sino consecuencia del principio según el cual ha de reducirse al *mínimo* el papel social de la riqueza, e incluso anularse, si es posible; y es una consecuencia tan secundaria y contingente que puede conciliarse muy bien, sin contradicción alguna, con el principio opuesto. Si partimos, en efecto, de la idea contraria, que es la del socialismo (a saber, que las funciones económicas son las funciones sociales por excelencia), llegaremos a la conclusión de que éstas deben estar organizadas socialmente, de manera que sean lo más armónicas y productiva posibles; pero nada se dice de la manera en que las riquezas así elaboradas deberán repartirse. Si se juzga, pues, por una razón cualquiera, que el mejor modo de asegurar ese resultado es dividir en partes iguales los productos del trabajo, se podrá, como hacen los comunistas, reclamar una igualdad en el reparto, aunque sin admitir por ello su principio fundamental y sin abandonar aquél sobre el que reposa el socialismo. Esta es, por ejemplo, la tesis que sostendrá Louis Blanc. No nos dejemos, pues, engañar por las apariencias, sea cual sea el papel que éstas desempeñen en las concepciones corrientes. Guardémonos de definir al comunismo por un carácter que presenta, sin duda, en general, pero que no es esencial a él, ni aún menos especial, y atengámonos firmemente a la distinción de las dos doctrinas tal y como la hemos formulado. Lo que constituye el comunismo es el lugar excéntrico que asigna a las funciones económicas en la vida social, mientras que el socialismo les reserva una situación lo más central posible. Lo que caracteriza la sociedad soñada por los comunistas es el ascetismo, mientras que aquélla a la que aspiran los socialistas sería, en cambio, esencialmente industrial. He aquí los dos caracteres opuestos que no debemos perder de vista si queremos evitar confusiones: todos los demás son secundarios y nada tienen de específicos.

Pero aunque el comunismo así definido sea la doctrina

social del siglo XVIII hemos hallado, sin embargo, en esa época dos importantes gérmenes de socialismo. En primer lugar, un sentimiento de protesta contra las desigualdades sociales establecidas por la tradición; y, en segundo lugar, una concepción del Estado que reconoce a éste los más amplios derechos. Aplicado al orden económico, el primero de estos factores debía, al parecer, originar un deseo de modificar el régimen, al tiempo que el segundo proporcionaba el medio, el instrumento necesario para realizar esas modificaciones. Y, sin embargo, ni uno ni otro produjeron esos resultados. Nacidas a propósito de la organización política, esas dos ideas se aplicaron a ella y suscitaron esas transformaciones que son la obra de la Revolución, pero que no llegaron más lejos. ¿Por qué así? Puesto que esas tendencias son idénticas a aquéllas de las que se derivaron los acontecimientos revolucionarios, nos ha parecido legítimo suponer que lo que les impidió producir de inmediato sus consecuencias económicas fue la necesidad de que desarrollasen previamente todas sus consecuencias políticas. Lo que les faltaba para engendrar doctrinas propiamente socialistas, ya en el siglo XVIII, es que la Revolución aún no era un hecho consumado. Llegamos a considerar así como muy probable que lo que determinó la extenxión de estas ideas a la esfera económica fue el estado en que la Revolución puso a la materia social. Ahora bien, hoy encontramos un hecho que viene a confirmar esta hipótesis, y es que, una vez rematada la Revolución, aparece el socialismo. Este se constituye definitivamente a finales del Imperio, pero sobre todo en la época de la Restauración.

La doctrina de Smith acababa de ser importada a Francia por Jean Baptiste Say, cuyo *Tratado de economía política,* que no era más que una reproducción de las teorías del maestro, tuvo rápidamente gran éxito. Enseñada por Say primero en el Ateneo, y después en una cátedra oficial del Conservatorio de Artes y Oficios, pronto reclutó numerosos discípulos. Pero tan pronto como fue formulada se consolidó con no menor energía la doctrina opuesta —o que pasaba por tal—. No hay que asombrarse de esta simultaneidad. Veremos, en efecto, que economismo y socialismo se derivan en realidad de una sola fuente. Son los productos de un mismo estado social, que traducen diversamente y cuya identidad no resulta difícil de hallar bajo la disparidad de las interpretaciones que dan de ella las dos escuelas. Estos dos hermanos enemigos han brotado del mismo origen, y por ello tienen más puntos en común de lo que se cree de ordinario.

El libro de Jean Baptiste Say es de 1803. Ya en 1804 Ferrier, en una obra titulada *Del Gobierno considerado en sus relaciones con el comercio*, que alcanzó su tercera edición en 1822, atacó a la nueva escuela y a las ideas de Smith opuso las tradiciones de Colbert, recogidas por Necker. Al mismo tiempo, Ganihl, *La teoría de la economía política*, empleó más o menos el mismo lenguaje. En 1815 Aubert de Vitry, en sus *Investigaciones sobre las verdaderas causas de la miseria y la felicidad pública*, se alza contra el optimismo con que Smith y sus discípulos describían los resultados de un industrialismo sin regla y sin freno. «Es dudoso, cuando menos, dice (p. 30), pese a las pretensiones de los economistas actuales, que nuestro lujo, que debe, según sus máximas, hacer vivir a los pobres con las pasiones de los ricos, y aumentar en el exterior el poderío de las naciones por la acumulación de riquezas en el interior, haya hecho otra cosa que poner a quienes no tienen oro a merced de quienes lo poseen, que corromper a los primeros con una codicia impotente, embrutecerlos con trabajos estúpidos, y embriagar a los otros con el abuso de los placeres y mantener constantemente el germen del desorden en el seno de las sociedades, favoreciendo las pasiones viles y sin freno». Pero es sobre todo la obra de Sismondi la que atestigua la labor que se estaba cumpliendo en los espíritus.

Simond de Sismondi empezó siendo un simple discípulo de Adam Smith y su *Riqueza comercial,* aparecida en 1803, coincidía con el espíritu que había inspirado la *Riqueza de las naciones.* Pero poco a poco, como él mismo dice, «arrastrado por los hechos, por las observaciones», ha de abandonar uno tras otro los principios de la escuela dominante y ya en 1819 saca a la luz sus *Nuevos principios de economía política o la riqueza en sus relaciones con la población,* donde se enunciaba una doctrina totalmente nueva. Vamos a exponerla, y no según esta obra, sino según otra más reciente, *Estudios sobre la economía política,* cuyas ideas son las mismas y cuyos principales capítulos no son sino artículos publicados a partir de 1821.

El régimen económico actual ofrece un espléndido espectáculo, con toda seguridad. Nunca la actividad productora del hombre se ha visto llevada a tan alto grado. Las obras «se multiplican y cambian la faz de la tierra; los almacenes se llenan, se admira en los talleres los poderes que el hombre ha sabido tomar del viento, del agua, del fuego, para realizar su propia tarea... Cada ciudad, cada nación desborda riquezas, cada cual desea enviar a sus vecinas esas mercancías sobreabundantes y los nuevos descubrimientos de las ciencias permiten transportarlas con una rapidez que confunde. Es el triunfo de la crematística» (Introducción, 9). Pero, ¿todos estos signos de una prosperidad aparente corresponden a una prosperidad real? El bienestar colectivo, la suma total de dicha, ¿ha crecido a medida que los pueblos acumulaban así riquezas? «Más preocupado por la historia que los economistas, y en mejores condiciones, por lo tanto, de comparar los tiempos presentes con los tiempos pasados, hemos indagado quiénes eran los que recogían los frutos de todas las maravillas de las artes que se operaban ante nuestros ojos, de esa actividad deslumbrante que multiplica al mismo tiempo las fuerzas humanas, los capitales, los medios de transporte, las comunicaciones entre todo el universo, de esa fiebre que nos hace a todos vivir tan deprisa, de esa rivalidad que nos hace a todos trabajar para suplantarnos unos a otros. Hemos indagado y, mientras que hemos reconocido en nuestro siglo el triunfo de las cosas, el hombre nos ha parecido menos favorecido que nunca» (II, 150). En efecto, ¿quiénes son los afortunados con el nuevo régimen? No son los obreros; Sismondi nos describe con las tintas más sombrías su situación en el país que puede considerarse como la tierra clásica del industrialismo, donde mejor se puede, por consiguiente, observar sus efectos, es decir, en Inglaterra (II, 152). No son los jefes de empresas los amos. En primer lugar, su número es muy reducido y disminuye cada día más a consecuencia de la creciente concentración del comercio y la indusrria. Además, la posibilidad, siempre temida, de nuevos inventos o de rivalidades imprevistas que los arruinen, el temor a la quiebra siempre en el horizonte, sobre todo en las industrias que se desarrollan rápidamente, los tiene en un estado de perpetua inquietud y les impide disfrutar realmente de una fortuna sin estabilidad. Se responde que no son los productores, sino los consumidores, quienes se benefician de esa hiperactividad industrial. Pero para que pueda tenerse en cuenta ese provecho tendría que extenderse a la gran masa de consumidores, y por consiguiente a las clases inferiores, que son la mayoría. Ahora bien, dice Sismondi, la sociedad está montada de tal forma que el trabajo proporcionado por éstas no les aporta nada, salvo su subsistencia (II, 154-155). No pueden recibir, pues, más que antaño, siendo así que el trabajo que se les exige es mucho más intenso, más malsano y más desmoralizador. Habría, pues, un aumento de malestar y miseria en el

mismo momento en que hay plétora de riquezas produ-
cidas y cuando, por consiguiente, debería haber, según
las ideas corrientes, exceso de abundancia.

Tal resultado parece paradójico. Sin embargo, Sismondi se dedica a demostrar que es inevitable y se deriva necesariamente de las nuevas condiciones de la organización
económica. Toda su demostración descansa en las dos
proposiciones siguientes: 1.º) el bienestar colectivo implica que la producción y el consumo se equilibren exactamente; 2.º) el nuevo régimen industrial se opone a que
dicho equilibrio se establezca de manera regular.

La primera proposición es fácil de establecer. Imaginemos un hombre aislado que produzca él mismo todo lo
que consume. ¿Producirá más de lo que puede consumir,
acumulará riquezas? Sí, pero solamente en cierta medida.
Se proveerá primero de las cosas que se disipan inmediatamente con su disfrute, como los alimentos, y después
de aquéllas de las que disfrutará mucho tiempo al consu-
mirlas, como sus ropas, y por último de las que, aun
siéndole útiles desde ahora, durarán más que él, como su
vivienda. Eso es lo que constituye el fondo de consumo
inmediato, que tratará de asegurarse antes que nada. Al
lado de ese primer fondo, se hará otro de reserva, si tiene
medios. Para dar más seguridad a su existencia, no querrá deber el pan cotidiano a un trabajo cotidiano, sino
que se las arreglará para tener trigo de antemano para
todo el año, por ejemplo. Asimismo, aparte los vestidos
que lleva actualmente, se hará otros que no piensa utilizar de inmediato, con el fin de precaverse contra posibles accidentes. Pero, tras haber abastecido así su fondo
de consumo y su fondo de reserva, se detendrá, aunque
hubiera podido aumentar aún más sus riquezas consumi-
bles. Preferirá descansar a producir frutos de los que no
podría disfrutar. Ahora bien, la sociedad tomada en su
conjunto es exactamente igual que este hombre. Tiene
su fondo de consumo, que se compone de cuanto sus

miembros han ya adquirido para consumirlo inmediatamente, y su fondo de reserva, que debe proveer a los posibles accidentes. Pero, una vez llenos esos fondos, todo lo que se produce por encima de ellos es inútil y cesa de tener valor. En la medida en que las riquezas acumuladas superan las necesidades del consumo, cesan de ser riquezas. Porque los productos de su trabajo sólo pueden enriquecer al trabajador cuando encuentran un consumidor que los compra. Es el comprador el que les da su valor; si aquél falta, éste es nulo.

Ningún economista contradice esta evidencia. Sólo que, según Say, Ricardo y sus discípulos, este equilibrio necesario entre el consumo y la producción se establece por sí solo y necesariamente, sin que haya que preocuparse por él, la producción no puede crecer sin que el consumo aumente al mismo tiempo. Los productos podrían multiplicarse indefinidamente y siempre encontrarían salidas. En efecto, decían, supongamos cien labradores que producen mil sacos de trigo; cien fabricantes de lana que producen mil varas de tela y, para simplificar los datos del problema, admitamos que intercambian directamente entre sí los productos de su industria. Se producen unos inventos que elevan en un décimo el poder productivo de unos y otros. Los mismos hombres intercambiarán entonces mil cien varas de tela por mil cien sacos y cada uno de ellos se encontrará así mejor vestido y alimentado. Un nuevo progreso hará intercambiar mil doscientas varas por mil doscientos sacos, y así, sucesivamente, indefinidamente. El aumento de los productos no significará nunca sino un aumento del disfrute que producen. Pero, responde Sismondi, eso equivale a atribuir arbitrariamente a las necesidades humanas una elasticidad de la que carecen. En realidad, el pañero no tiene más apetito porque fabrique más paño, y si mil o mil cien sacos bastaban para su consumo, no aspirará a más por el solo hecho de tener algo que ofrecer a cambio. La necesidad de vestidos está menos rigurosamente definida. El cultivador más acomodado encargará dos o tres en lugar de uno. Sin embargo, incluso así, acaba por llegarse a un límite, y nadie engrosará indefinidamente su reserva de trajes por el mero hecho de que aumenten sus ingresos. ¿Qué ocurrirá? En lugar de pedir más, querrá otros mejores. Renunciará a aquellos a los que estaba acostumbrado y reclamará otros más finos. Pero, al hacerlo, no fomentará las manufacturas existentes de ropas toscas y suscitará otras que las sustituyan y que le hagan prendas de lujo. Asimismo, el fabricante de paño, en lugar de una cantidad mayor de trigo, con la que no sabría qué hacer, la querrá de mejor calidad o sustituirá el pan por carne. No dará más trabajo, pues, a los labradores, sino que, por el contrario, pedirá que sean despedidos, que se les sustituya en parte por ganaderos, y a los campos de trigo por prados de pasto. Todas las superproducciones distan mucho, pues, de compensarse, intercambiarse y elevarse en la misma proporción que el consumo correspondiente. A partir del momento en que han aumentado por encima de cierto punto ya no se sirven mutuamente de salidas unas para otras. Tienden, por el contrario, a rechazarse unas a otras para hacer sitio a nuevos productos y de mejor calidad, cuya existencia provocan: éstos no se sobreañaden a los primeros, sino que los sustituyen. El agricultor que produce más que en el pasado no utiliza, a cambio de este excedente, el excedente de telas que pueden fabricar en ese mismo momento las manufacturas en ejercicio, sino que, por el contrario, deja ese excedente sin empleo. Incluso podría inducir a los manufactureros, a causa de la presión que ejerce sobre ellos y de la perspectiva de la remuneración que les ofrece, a transformar su maquinaria y a sustituir su superproducción por productos de más elevado precio y, de esta manera, a la larga se restablecerá el equilibrio. Pero esta transformación no se produce *ipso facto;*

constituye una crisis más o menos grave, pues implica pérdidas, nuevos gastos y toda una serie de laboriosos reajustes. Supone, en efecto, que los productos excedentes han quedado inutilizados y han perdido todo valor, que el capital invertido en la maquinaria empleada para producirlos ha sido aniquilado, que unos obreros se han quedado sin trabajo o han tenido que adaptarse a nuevos empleos, que el industrial ha sufrido todas las pérdidas que entraña toda primera puesta en marcha, etc. Henos aquí muy lejos ya de esa armonía perfecta que se establecería automáticamente, según la escuela inglesa, entre producción y consumo. Pero eso no es todo. El equilibrio sólo puede restablecerse mediante la sustitución de las empresas anteriores por empresas de lujo. Pero esta misma sustitución no es posible sin un término, pues las necesidades de objetos de lujo no son ilimitadas. La vida del lujo es la vida del ocio, y la duración del ocio de que dispone la media de los hombres es reducida. Cuando no se hace nada se visten ropas refinadas; cuando se trabaja, éstas no sirven. Ahora bien, el número de hombres que nunca hacen nada no es muy grande, ni lo es el tiempo que los trabajadores consagran al descanso y a la distracción. Lo que se dice de las ropas puede repetirse de todos los consumos superfluos. Salvo los ociosos, nadie puede pasar horas a la mesa, dándose la gran vida, ni en el teatro escuchando buena música. Las necesidades de la vida marcan, pues, por este lado, un límite que no puede fijarse con precisión, pero que siempre acaba por ser alcanzado.

Es falso pues, que la producción pueda crecer indefinidamente manteniendo su equilibrio con el consumo, pues éste, en un estado dado de civilización, no puede alzarse por encima de cierto nivel. La cantidad de objetos necesarios para la vida tiene límites muy estrechos para ciertos productos, y el productor no puede sobrepasarlos impunemente. Cuando lo ha hecho, ha de dedicarse a mejorar la calidad; pero también el perfeccionamiento de la calidad tiene sus límites. La necesidad de lo superfluo tiene también un término, al igual que la necesidad de lo necesario. No cabe duda de que este término no es absoluto; puede retroceder con el tiempo, si el bienestar general ha aumentado. El trabajador dispone entonces de más ocio y por consiguiente puede conceder más parte al lujo. Pero no es la superproducción la que produce este resultado pues sólo se vive con más acomodo si se tienen más rentas y no se tienen más rentas por el mero hecho de producir más. Hay, así, en cada momento de la historia, un punto que la producción no puede superar sin que el equilibrio con el consumo se rompa; y, por otro lado, éste no puede romperse sin provocar graves perturbaciones. Porque, o bien ese excedente inútil quedará sin comprador, y por consiguiente sin valor, y constituirá una especie de *caput mortuum* que disminuirá en proporción los ingresos de los productores, o bien éstos para darle salida, lo ofrecerán a bajo precio, pero, para hacerlo con las mínimas pérdidas posibles, se esforzarán por disminuir los salarios, las rentas de los capitales que emplean, los alquileres que pagan, etc. Supongamos una superproducción general: sería una lucha de todos contra todos, lucha violenta, dolorosa y de la que los propios vencedores no saldrían indemnes. Porque, para que el productor pueda deshacerse sin pérdidas de su superproducción, dándola barata, es preciso que disminuya las rentas de todos sus colaboradores; ahora bien, cada cual regula sus gastos, es decir, su consumo, sobre sus rentas. Si éstas bajan, aquél disminuye. Nos encontraríamos, pues, en un callejón sin salida. No se puede elevar artificialmente el nivel del consumo por un lado, si no se rebaja por otro. Se pierden aquí los clientes que se ganan allá. Se debate uno, sin resultado en una situación sin salida.

Así, el equilibrio de la producción y del consumo,

lejos de ser fatal, es, por el contrario, muy inestable y fácil de perturbar. Ahora bien, según Sismondi, las nuevas condiciones de la vida económica hacen que el desequilibrio se haya vuelto crónico. Antes, cuando el mercado era muy limitado, cuando no se extendía más allá de la ciudad, de la aldea, de la inmediata vecindad, cada productor se daba exacta cuenta de las necesidades que tenía que satisfacer y limitaba en consecuencia sus trabajos. Pero hoy, que el mercado se ha vuelto casi ilimitado, ha desaparecido ese útil freno. Ya no se puede apreciar exactamente la amplitud de la demanda a la que hay que responder. El industrial y el agricultor creen tener ante sí espacios infinitos y tienden por tanto a desarrollarse por ellos. Estas perspectivas sin límites despiertan ambiciones ilimitadas y se produce lo más posible para satisfacer los apetitos así excitados. Además, aunque sólo sea por conservar las posiciones adquiridas, se está obligado a veces a esforzarse por dilatarlas. Porque, como nos sentimos rodeados de rivales a los que ni siquiera conocemos, tememos siempre que la superproducción surgida de una empresa más o menos remota se lance sobre el mercado que ocupamos y nos desposea de él. Se aumenta la producción para impedir otra superproducción ajena que pudiera resultar amenazante. En una palabra, se ha perdido de vista el interés común de una producción regular, en armonía con las necesidades del consumo, debido a que los intereses particulares son discordantes y están desencadenados en la actualidad, sin nada que los contenga. La guerra a muerte que se establece entre ellos es lo que produce esa fiebre y esa sobreactividad que agota a los individuos y a la sociedad; he aquí cómo la producción de riquezas, cuando es, como hoy, sin regla y sin medida, entraña malestar y miseria en lugar de abundancia. Y Sismondi concluye en estos términos: «De lo que acabamos de exponer se desprende una proposición, que contradice las doctrinas recibidas:

y es que no es cierto que la lucha de los intereses individuales baste para promover el mayor bien de todos; que al igual que la prosperidad de la familia exige que en la mente de su jefe los gastos se proporcionen a los ingresos, asimismo en la dirección de la fortuna pública es preciso que la autoridad soberana vigile y contenga siempre los intereses particulares, para que tiendan al bien general; que esta autoridad jamás pierda de vista la formación y la distribución de la renta, porque es esa renta la que debe difundir acomodo y prosperidad en todas las clases; que proteja, sobre todo, a la clase pobre y trabajadora, pues es la que se halla en peores condiciones de defenderse por sí sola y cuyos sufrimientos constituyen la mayor calamidad nacional» (I, 105).

Las reformas que Sismondi proponía para remediar esos males no merecen una exposición especial. No es que no crea necesaria una reorganización del orden económico, pero, cabalmente, porque le parece que ésta ha de ser profunda, no se atreve a formular su programa de forma definida. Como tiene la sensación de que semejante concepción supera el alcance de un espíritu individual, se limita a señalar los inconvenientes del régimen actual, con la esperanza de que, si todos los espíritus cultivados acabaran por reconocerlos, «la reunión de las luces de todos podrá realizar lo que uno solo no podría hacer» (I, 71). Lo que antecede basta para mostrar que esta vez nos hallamos ante un lenguaje muy distinto al del siglo XVIII. Porque si Sismondi se opone a la superproducción no lo hace porque las riquezas en sí le parezcan inmorales; es que, si crecen sin regla, cesan de ser ellas mismas, se vuelven contra el fin que constituye su razón de ser y engendran miseria en vez de prosperidad. Ni siquiera pretende decir que no sean capaces de desarrollarse indefinidamente en el tiempo. Sólo que, para que se desarrollen útilmente, es preciso que progresen sólo conforme a la demanda del consumo. Es preciso que se incremente la renta media y, por consiguiente, el bienestar, o bien que la población haya aumentado para que haya posibilidad de elevar el nivel de la producción. Es la demanda la que debe suscitar la oferta; es ella la que debe poner en movimiento toda la máquina. Si, en lugar de esperar el impulso que debe venir de la demanda de trabajo, «se piensa en darlo con la producción anticipada, se hace más o menos lo que se haría con un reloj si, en vez de dar cuerda a la rueda que lleva la catalina, se hiciera retroceder violentamente otra; se rompería entonces la máquina, parándola» (I, 74-75). Se trata, pues, no de reducir el papel de la industria, como en el comunismo, sino simplemente, de hacerla socialmente productiva.

Por otra parte, al reproducir esta argumentación no se nos ocurre presentarla como irreprochable y decisiva. En primer lugar, hemos podido ver que es esencialmente lógica y dialéctica. Expresa mucho más cómo deben ser lógicamente los hechos, que la manera en que realmente son. Consiste en decir: he aquí lo que debe pasar, y no he aquí lo que pasa. Ahora bien, una cuestión de hechos tan complejos no puede resolverse con argumentos de este género. Para dilucidarla se necesitarían más observaciones, comparaciones, y menos razonamientos hipotéticos. Es cierto que las objeciones corrientes son de la misma naturaleza. Además, se reduce a poner de relieve una de las consecuencias del régimen económico que se considera enojosa. Pero sólo se puede obviarla con reformas que también tendrían sus inconvenientes. Ahora bien, ¿como decidir cuál es el más importante de estos efectos desventajosos? Según el temperamento o los prejuicios, cada cual concede más importancia a uno u otro, sin que pueda establecerse un principio objetivo. El presente estado tiene todos los peligros de la irreglamentación, pero todas las ventajas de la libertad. No se pueden solucionar los primeros sin renunciar en parte a las segundas. ¿Es eso un bien? ¿Es un mal? Responderemos diferentemente a la pregunta, planteada en estos términos, según tengamos más afición al orden, la armonía, la regularidad de las funciones o prefiramos a todo, por el contrario, la vida intensa y grandes despliegues de actividad. Pero, aunque esta teoría y las similares no tienen sino un limitado valor científico, constituyen importantes síntomas. Atestiguan que, a partir de esa época, se aspiraba a cambiar el orden económico. Importa poco lo que valgan, desde el punto de vista de un método exacto, las razones alegadas en apoyo de esa aspiración. Esta es cierta y el hecho merece ser recordado, pues no habría podido producirse si no se hubieran sentido realmente unos sufrimientos. Cuanto menos se considere como construcciones científicas estas doctrinas, más se está obligado a admitir que tienen un fundamento en la realidad. E incluso puede verse ya cuál era la naturaleza de los cambios que así se reclamaban. Lo que traduce esta teoría es, ante todo, la necesidad de una vida industrial más regular y estable. Pero, ¿de dónde procede esa necesidad? ¿De dónde que hubiera ya entonces ciertas mentes con bastante fuerza para acallar en parte la necesidad contraria? Puede pensarse, sin duda, que el desorden económico había crecido desde el siglo XVIII, pero en tan corto espacio de tiempo no había aumentado en proporciones suficientes para explicar este tono nuevo de las reivindicaciones sociales. Hemos visto ya que antes de la Revolución era considerable. Y es que en el intervalo se produdjo, al margen del orden económico, un cambio que hizo más intolerable que antes este desequilibrio y esta falta de armonía. ¿Cuál es ese cambio? Eso es lo que no se percibe muy bien a través de estas teorías. Todo hace presumir que no expresan sino oblicuamente la situación que las ha suscitado; se aferran a ésta o aquella de las repercusiones más o menos remotas que eran su resultado, sin remontarse al estado inicial del que se derivan, único que permite apreciar su importancia relativa.

LIBRO II

SAINT SIMON
SU DOCTRINA
LA ESCUELA SANSIMONIANA

CAPÍTULO V

SAINT SIMON (VIDA Y OBRAS)

Quinta lección
(Fin)

Más o menos en el momento en que Sismondi elaboraba su doctrina se fundaba un gran sistema que conoció un éxito sin par en la historia del siglo y que respondía a ese *desideratum*. Es el sistema de Saint Simon. Su autor es muy mal conocido, aunque tiene una fisionomía tan original que merece la pena detenernos en ella. Antes de estudiar la doctrina, veamos al hombre.

Claude Henri de Rouvroy, conde de Saint Simon, nació el 17 de octubre de 1760. Pertenecía a la familia del autor de las *Memorias*, aunque a otra rama. Desde su infancia dio pruebas de una energía y una independencia de carácter poco comunes. A los trece años se negó a hacer la primera comunión y fue encerrado, a causa de ello, en Saint Lazare, de donde escapó. Mordido por un perro rabioso, cauterizó él mismo la llaga con un carbón al rojo. Un día que un carretero quería, para pasar, interrumpir su juego, se tumbó en el suelo delante del carro en marcha. Impresionados por lo que su hijo tenía de poco ordinario, sus padres apresuraron su instrucción, de lo que se queja más adelante. «Me abrumaban con maestros, dice, sin darme tiempo a reflexionar sobre lo que me enseñaban». Sin embargo, pronto entabló relaciones con D'Alembert, cuya influencia sufrió; esta es sin duda una de las causas que contribuyeron a determinar el giro científico de su mente. También de ahí procedía sin duda su idea, heredada por su escuela, de rehacer la *Enciclopedia* del siglo XVIII armonizándola con el nuevo estado de la ciencia.

Representó sucesivamente, en el curso de su vida, los más diversos personajes. Por seguir la tradición familiar intentó primero la carrera de las armas. Capitán en el momento de estallar la guerra de América, sigue como oficial de Estado Mayor a uno de sus parientes que ejercía un mando en el cuerpo expedicionario, y toma parte en diversos hechos bélicos: es herido y hecho prisionero en la batalla de Saintes. Pero cuando, firmada la paz, regresó a Francia, el aburrimiento de la vida de guarnición le resultó insoportable y decidió abandonar el ejército.

En aquel momento estalla la Revolución. La acoge con entusiasmo, pero se niega a desempeñar en ella un papel, juzgando que, mientras durase la lucha de los partidos, convenía que los antiguos nobles se mantuvieran alejados de los asuntos públicos. No se contentó, sin embargo, con asistir como testigo inactivo y observador pasivo a los acontecimientos que se desarrollaban. Entró en el movimiento revolucionario por otra puerta. El ex-soldado se convirtió en hombre de negocios y comprador de bienes nacionales. Para ello se asoció con un prusiano, el conde de Redern, quien puso a su disposición con este fin una suma de 500.000 francos. La empresa, cuyo único director era Saint Simon, tuvo un éxito que superó toda esperanza. Sin embargo, a pesar de la prueba que daba, al obrar así, de su confianza en el triunfo final de la revolución, acabó por hacerse sospechoso; decretada su detención, fue encerrado en Santa Pelagia, y después en el Luxemburgo, con el nombre de Jacques Bonhomme, que había adoptado para sus transacciones comerciales. Afortunadamente el 9 de Termidor fue liberado.

Comienza entonces una tercera fase en la existencia de Saint Simon. El especulador se transforma en un gran señor, amigo del lujo y de las ciencias. En su magnífica mansión de la calle de Chabanais tiene mesa franca, pero se rodea casi exclusivamente de artistas y sobre todo de sabios. Monge y Lagrange eran sus principales convidados. Al mismo tiempo ayudaba generosísimamente y con mayor delicadeza aún a todos los jóvenes prometedores que se le indicaban. Poisson y Dupuytren le debieron mucho. Buscaba estas relaciones para instruirse él mismo. Con esta finalidad, llegó incluso a estudiar de nuevo: se instaló al lado de la Escuela Politécnica, cuyos cursos siguió. Después se trasladó, por la misma razón, cerca de la Escuela de Medicina. Pagó incluso los gastos de numerosos experimentos. No habló de su matrimonio, que al cabo de un año terminó con un divorcio amistoso, pues no fue sino un acontecimiento sin importancia en su vida.

Pero la fortuna de Saint Simon era demasiado exigua para que pudiera durar esta vida de mecenas. Si hay que darle crédito, en 1797 no poseía más que 144.000 libras. Se arruinaba, pues, con conocimiento de causa. Ya en 1805 no le queda nada. Comienza entonces el último período de su vida, y en él produce casi todas sus obras. Pero, aunque fecundo, no dejó de ser muy duro para el desdichado pensador, que más de una vez se encontró sin tener con qué comer.

Solicitó un plaza. Por medio del conde de Ségur fue nombrado copista en el Monte de Piedad, con un sueldo de mil francos al año. Como sus funciones lo ocupaban todo el día, se vio obligado a sacar tiempo de sus noches para proseguir sus trabajos personales, que acababa de empezar. Su salud se encontraba en un estado deplorable

—escupía sangre— cuando el azar puso en su camino a un tal Diard, que le había servido en tiempos y que se había enriquecido. Este buen hombre lo recogió y Saint Simon fue huésped de su antiguo sirviente durante cuatro años, o sea hasta 1810. Publica por entonces su primera gran obra: la *Introducción a los trabajos científicos del siglo XIX*. Pero Diard murió y se reanudaron las dificultades de la vida para Saint Simon. Hacia 1814, sin embargo, parece haberlas superado por un momento, sin que se sepa muy bien cómo. Es entonces cuando tiene sucesivamente como secretarios a Augustin Thierry y Auguste Comte. En 1817 su posición económica le permite incluso darle a este último 300 francos mensuales. Ciertos trabajos que publicó en ese momento alcanzaron gran éxito y le valieron importantes suscripciones para las obras siguientes, que tenía en preparación. Entre los suscriptores se cuentan los nombres de Vital Roux, Perier, de Broglie, La Fayette, La Rochefoucauld, etc. Pero el atrevimiento de las ideas del autor acabó asustándolos. Por otra parte, Saint Simon llevaba una existencia muy irregular; siempre fue un disipador, y volvió a caer en la miseria. Fue entonces cuando se vio atormentado por el hambre, y no siempre halló en quienes había ayudado en tiempos la asistencia que podía esperar. Dupuytrem, a quien fue a visitar, le ofreció cinco francos. Abrumado, el filósofo cedió a la desesperación. El 9 de marzo de 1823, se disparó un pistoletazo. Perdió un ojo, pero el cerebro no sufrió daños, y al cabo de quince días el enfermo estaba curado. Pasado ese momento de desánimo, volvió al trabajo y esta vez la suerte le fue favorable. Un pequeño grupo de fervientes discípulos se formó a su alrededor y lo sostuvo hasta su muerte, que ocurrió el 19 de mayo de 1825. Murió rodeado de sus amigos, conversando con ellos sobre la obra emprendida en común y sobre su próximo triunfo.

Fue, como vemos, una vida singularmente agitada. Está lejos de carecer de unidad, sin embargo. Lo que le confiere este carácter es sobre todo el talante de Saint Simon, idéntico en todos los personajes que representó sucesivamente. Lo que predominaba en él era un horror a cuanto es común y vulgar, la pasión por lo grande y lo nuevo. Vimos que dio pruebas de ello desde su primera infancia. Jamás se desmintió su fe en sí mismo y en la grandeza de su destino. Desde los quince años, su ayuda de cámara lo despertaba todas las mañanas con estas palabras: «Levantaos, señor conde, tenéis que hacer grandes cosas». Más adelante cuenta que vio en sueños a Carlomagno, de quien su familia pretendía descender, y que el gran emperador le dijo: «Hijo mío, tus éxitos como filósofo igualarán a los que yo obtuve como militar y como político» (Obras, I, 101). Al enviar uno de sus libros a un sobrino, escribió: «Mi intención, al dedicaros mi obra, es empujaros a lo grande. Para vos es una obligación hacer grandes cosas». Esta pasión explica la ausencia de mesura que aportó a su vida, su disipación, su desarreglo, que lo perjudicaron mucho a los ojos de sus contemporáneos. «He hecho, dice en otra carta, toda clase de esfuerzos para exaltaros, es decir, para volveros loco, pues la locura, mi querido Víctor, no es otra cosa que una suprema exaltación y esta exaltación suprema es indispensable para hacer grandes cosas. En el templo de la gloria no entran más que los escapados del manicomio» (Noticia histórica, I, 37). De ahí sus prodigalidades. El dinero no tenía la menor importancia para él. Tal imagen de sí mismo le imprimía a menudo un aire y un tono dominadores y superiores. Eso provocó la ruptura con Augustin Thierry, que no quiso plegarse a su real voluntad. Pero estos modales un poco despóticos estaban templados por un gran encanto personal, por el respeto que inspiraban su desinterés y su generosidad de sentimientos. Por ello ejerció una gran influencia en los espíritus más distinguidos de su tiempo: Poisson, Halé-

113

vy, Olinde Rodrigues, Rouget de L'Isle y, por último, y sobre todo, en Auguste Comte, que le debió más de lo que reconoce.

Pero su carrera no tuvo sólo esta unidad formal, debida a la impronta tan personal que su carácter puso en cuanto hizo. En realidad, a través de todo lo que emprendió perseguía una única meta. Este distraído, que parecía ir a la deriva según las circunstancias, fue hombre de una sola idea, y para realizar esa idea pasó esos avatares. El objetivo que nunca perdió de vista consistió en reorganizar las sociedades europeas, dándoles como bases la ciencia y la industria. A partir de su campaña en América no deja de reflexionar sobre eso (v. *Obras*, II, 148). En ese mismo momento escribía a su padre: «Si estuviera en una situación tranquila, aclararía mis ideas; son aún muy confusas, pero tengo clara conciencia de que, tras haberlas madurado, me encontraré en condiciones de hacer un trabajo científico útil para la humanidad, que es la principal meta que me propongo en la vida». Bajo la influencia de esta idea se dedica paralelamente a trabajos científicos y a grandes empresas económicas, porque sus especulaciones con los bienes nacionales no fueron las únicas. En América propuso al virrey de México un canal entre los dos océanos; más adelante, ofreció al Gobierno español crear un canal desde Madrid al mar. Más adelante, soñaba con la creación de un gigantesco banco cuyos ingresos servirían para ejecutar trabajos útiles a la humanidad. Pero, en una especie de justificación de su existencia, explica que su disipación mundana y la diversidad de carreras a las que se entregó eran para él una preparación necesaria para la tarea a la cual se sentía destinado (*Obras*, I, 81). En cualquier caso, no cabe duda de que la última parte de su vida es la consecuencia lógica, normal, de las precedentes. Bajo una aparente inconexión, realiza una idea, que es la de su obra.

Sexta lección

La forma exterior que Saint Simon imprimió a su obra contribuyó no poco a apartar de ella la atención pública. Consiste en una serie inconexa de cuadernos, innumerables folletos, planes y programas de obras, siempre esbozadas, y jamás realizadas. El autor trata en ellos, sucesiva o simultáneamente, de los temas más dispares, de la astronomía a la política, de la química a la psicología, repitiéndose con una complacencia sólo igualada por la abundancia de sus digresiones. Por ello, la mente se cansa pronto de seguir ese pensamiento que unas veces se empantana y difunde en párrafos interminables, otras, por el contrario, se mueve con vertiginosa rapidez a través de las épocas y los mundos, perdiéndose en toda suerte de vueltas y revueltas que enmascaran su unidad. Cuesta incluso trabajo orientarse entre ese conglomerado de obras diversas y en medio de una bibliografía también confusa. Por ello, para facilitar la comprensión de la obra, se debe tratar ante todo de introducir un poco de orden en esa masa de escritos, aparentemente incoherentes. Por otra parte, la clasificación no resulta difícil, una vez captada la idea directriz que los inspira. Se dividen, en efecto, en dos grupos, cuya estrecha solidaridad explicaremos a continuación. Por un lado, están los consagrados a cuestiones de ciencia y de filosofía general; por otro, los estudios políticos y sociales, sociológicos, diríamos hoy.

La primera clase comprende:

1.º *Cartas de un habitante de Ginebra a sus contemporáneos*. Folleto in-12.º de 103 páginas, escrito en 1803. Saint Simon desarrolla en él la idea, que está en la base de todo su sistema, de que en la humanidad actual es la ciencia la que debe ejercer la hegemonía y, al mismo tiempo, indica algunos medios quiméricos, por lo demás, para asegurar esta preponderancia.

2.° *Introducción a los trabajos científicos del siglo XIX.* Un volumen, 178 páginas, 1807. Reimpreso en 2 volúmenes en 1808.

3.° *Cartas a la Oficina de las longitudes,* aparecidas en 1808. Es la continuación de la *Introducción* y desarrolla las mismas ideas. Saint Simon establece la necesidad de una filosofía enciclopédica que abarque todas las ciencias y bosqueja su concepción. A la quinta carta, el presidente Bouvard lo invita a interrumpir sus comunicaciones, en una misiva bastante curiosa de tono y ortografía, que se ha conservado (I, 75). Este esbozo de la nueva enciclopedia fue recogido en varios cuadernos —muy cortos—, algunos de los cuales han llegado hasta nosotros.

4.° *Memoria sobre la ciencia del hombre y Trabajo sobre la gravitación universal.* La copia de este trabajo, del que nos ocuparemos por extenso, fue enviada a varios personajes, acompañada por una carta en demanda de ayuda. «Desde hace quince días, escribía Saint Simon, como pan y bebo agua, trabajo sin lumbre, y he vendido hasta mis ropas para subvenir los gastos de copia de mi trabajo. Es la pasión de la ciencia y de la felicidad pública, es el deseo de terminar de una manera indolora la espantosa crisis en que se halla toda la sociedad europea los que me han hecho caer en este desamparo. Por eso puedo confesar mi miseria sin rubor, y pedir los socorros necesarios para ponerme en condiciones de continuar mi obra».

He aquí ahora las principales obras que interesan más especialmente a la sociología:

1.° *Reorganización de la sociedad europea,* 1814, por el señor conde de Saint Simon y Augustin Thierry, su discípulo.

2.° *La industria.* La primera parte, titulada *La política,* estaba firmada por Augustin Thierry, hijo adoptivo de Saint Simon, y sólo los volúmenes 2.º y 9.º son de Saint Simon (1816-1817), salvo los tres primeros cuadernos del último, que son de Auguste Comte. Pero aparecieron con el nombre de Saint Simon.

3.º *El organizador* (1819).
4.º *Del sistema industrial* (1821-1822).
5.º *Catecismo de los industriales* (1822-1824).
6.º *Nuevo cristianismo* (1824).

Estas seis obras contienen el sistema social de Saint Simon. Hay que agregar otros dos trabajos que sólo se publicaron después de su muerte y cuya fecha ignoramos:

De la organización social (fragmento de una obra inédita).

De la fisiología aplicada a las mejoras sociales (a la que llama en el curso del libro «de la Fisiología social»).

Durante mucho tiempo estas obras permanecieron tan diseminadas como habían aparecido. En 1832 Olinde Rodrigues reunió en un volumen las más importantes. En 1859-1861, Lemonnier publicó, en tres volúmenes, otra edición, más completa, de *Obras escogidas*. Por último, en 1865-1878, los miembros del consejo instituido por Enfantin para la ejecución de sus últimas voluntades publicaron *Las obras de Saint Simon y de Enfantin*, 48 volúmenes in-8.º Los volúmenes consagrados a Saint Simon están numerados aparte y las citas se harán siguiendo esa numeración especial.

117

CAPÍTULO VI

LA DOCTRINA DE SAINT SIMON
FUNDACIÓN DEL POSITIVISMO

Sexta lección
(Continuación)

De la enumeración [de las obras de Saint Simon] a la que acabamos de proceder parece desprenderse a primera vista que el pensamiento de Saint Simon persiguió sucesivamente un doble objetivo: acabamos de ver, en efecto, que se ocupó primero de cuestiones más especialmente filosóficas y luego solamente de problemas sociales. ¿Hubo realmente una dualidad en sus preocupaciones? ¿No habrá desembocado en la sociología, en la política científica, por la impotencia de satisfacer sus aspiraciones primitivas a la ciencia total? ¿Su afición a las cuestiones sociales sería, como ha sostenido alguien (Michel, *Idea del Estado*, 173), sólo el resultado de una renuncia a más altas especulaciones, y el sociólogo sería en él solamente un filósofo abortado y desalentado por esto? Ignorar hasta ese punto de unidad del sistema equivale a no percibir cuál es su principio fundamental. Por el contrario, su sociología y su filosofía están tan íntimamente unidas que, lejos de ser externas la una a la otra, más bien resulta difícil y casi imposible deslindarlas y exponer la una con independencia de la otra.

En efecto, la idea de la que parte Saint Simon y que domina toda su doctrina es que un sistema social no es sino la aplicación de un sistema de ideas. «Los sistemas de religión, de política general, de moral, de instrucción pública no son, dice, otra cosa que aplicaciones del sistema de las ideas o, si se prefiere, es el sistema del pensamiento considerado bajo diferentes caras» *(Memoria sobre la ciencia del hombre*, XI, 18 (1))*. Sin duda, dice otro lugar *(ibíd.*, p. 191), las revoluciones científicas han alternado con las revoluciones políticas, han sido sucesivamente causa y efecto unas de otras, y cita ejemplos de esta alternancia. Por ejemplo, según él, la constitución de las ciencias positivas en el siglo XVI determina la constitución del protestantismo y por consiguiente, las transformaciones políticas en el norte de Europa e incluso en toda Europa, porque el lazo político que unía hasta entonces a los diversos pueblos europeos se debilitó a partir de entonces. Pero estos cambios en la organización política suscitaron a su vez cambios en la ciencia: el perfeccionamiento por Galileo del sistema de Copérnico y la aparición del método baconiano. Sin embargo, y aunque estos dos factores se engendren mutuamente, eso no significa que se les ponga en el mismo plano. Es la idea, o sea la ciencia, lo que, según él, es el motor inicial del progreso. Aunque en cada fase de la historia reciba las repercusiones de los movimientos que previamente ha determinado, la causa motriz por excelencia sigue siendo ella, al ser la fuente positiva de toda la vida social. Una sociedad es ante todo una comunidad de ideas. «La similitud de las ideas morales positivas, dice en una carta a

---

(1) Los pueblos se organizan y deben organizarse de diferente manera según se representen el universo y así mismos, según vean, por ejemplo, en la realidad la creación de una libre voluntad o el producto de una ley necesaria, según admitan uno o varios dioses. La forma de cada sociedad depende, pues, del estado de sus conocimientos. [Adición de D.]

Chateaubriand, es el único lazo que puede unir a los hombres en sociedad» (II, 218). Las instituciones no son sino ideas en acto (*Industria*, III, 39). Es la religión la que ha sido hasta el presente el alma de las sociedades; ahora bien, «todas las religiones se han basado en el sistema científico» de la época (*Ciencia del hombre*, XI, 30). Son la ciencia de los pueblos sin ciencia o de las cosas cuya ciencia no está hecha.

Sentado esto, se advierte con facilidad el lazo que une la filosofía y la sociología de Saint Simon: es que la primera tiene una finalidad social y práctica, y por esa razón, y no por satisfacer una curiosidad puramente especulativa, Saint Simon aborda esos elevados problemas. Veamos qué lo lleva a ello. «El único objeto que pueda proponerse un pensador», en el momento que escribe, es, a su parecer, averiguar cuál es el sistema moral, el sistema religioso, el sistema político, en una palabra «cuál es el sistema de las ideas, consideradas en cualquiera de sus aspectos», que reclama el estado en que se encuentran las sociedades europeas a comienzos del siglo XIX. Pero ese sistema de las ideas no es sino consecuencia del sistema de la ciencia, es su expresión abreviada y resumida, siempre que a la palabra ciencia se le dé su sentido más amplio, es decir, que se entienda por ciencia todo el conjunto de conocimiento considerados como adquiridos en la época correspondiente. Lo que vincula a los hombres en sociedad es una común manera de pensar, es decir, de representarse las cosas. Ahora bien, en cada momento de la historia la manera de representarse el mundo varía en función del estado a que han llegado los conocimientos científicos o que pasan por tales, es decir, que pasan por ciertos. Sistematizando éstos se puede llegar, pues, a definir lo que debe ser, en una época dada, la conciencia de determinado pueblo. Pero, por otro lado, esta sistematización es el objeto de la filosofía. Pues la filosofía, tal y como la concibe Saint

Simon, no tiene por objeto una nebulosa realidad que escapa a las otras ramas del humano saber, puesto que éstas, por definición, abarcan todo lo que puede ser alcanzado por el pensamiento. Sólo que cada una de ellas estudia una parte del mundo, y sólo una; un aspecto de las cosas y sólo uno. Hay lugar, pues, para un sistema especial que enlace entre sí todos esos conocimientos fragmentarios y especiales y los unifique. Es la filosofía. Este supremo esfuerzo de la reflexión no tiene por finalidad superar lo real gracias a maneras y métodos desconocidos por las ciencias propiamente dichas, sino simplemente organizar las conclusiones útiles a las que éstas han llegado y reconducirlas a la unidad. Constituye su síntesis, y como la síntesis es de la misma naturaleza que los elementos de la filosofía, ésta es en sí una ciencia. «Las ciencias particulares son los elementos de la ciencia general a la que se da el nombre de filosofía; por ello la filosofía ha tenido necesariamente, y tendrá siempre, el mismo carácter que las ciencias particulares» (*Memoria introductiva*, I, 128). «Es, dice en otra parte, el resumen de los conocimientos adquiridos», el gran libro de la ciencia (*Correspondencia con Rédern*, I, 109). Es, pues, una enciclopedia. Saint Simon recoge así las ideas de los filósofos del XVIII. Sólo que entre la enciclopedia que él reclama y la de la época prerrevolucionaria hay toda la distancia que separa esos dos momentos de la historia. Esta, como toda la obra del siglo XVIII, fue sobre todo crítica; demostró que el sistema de ideas en vigor hasta entonces no estaba ya en armonía con los descubrimientos de la ciencia, pero no dijo lo que debía ser. Fue una máquina de combate, hecha por entero para destruir y no para reconstruir, mientras que hoy hay que proceder a una reconstrucción. «Los autores de la *Enciclopedia* francesa demostraron que la idea general admitida no podía servir para el progreso de las ciencias..., pero no indicaron la idea que había que adoptar para reemplazar

121

a la que habían desacreditado». «La filosofía del siglo XVIII fue crítica y revolucionaria, la del XIX será inventiva y organizadora» *(ibíd.,* I, 92). He aquí cómo la concibe. «Una buena enciclopedia sería una colección completa de los conocimientos humanos, ordenados de manera tal que el lector descendería, por escalones igualmente espaciados, desde la concepción científica más general a las ideas más particulares» (I, 148). Sería, pues, la ciencia perfecta. Y por ello es imposible de realizar a la perfección, pues para ello sería preciso que todas las ciencias particulares estuvieran rematadas, siendo así que en su naturaleza está desarrollarse sin fin. «La tendencia del espíritu humano será, pues, siempre componer una enciclopedia, mientras que su perspectiva es trabajar indefinidamente en la acumulación de los materiales que exige la construcción del edificio científico y en la mejora de ese plan, sin completar jamás el aprovisionamiento de esos materiales» *(Memoria sobre la Enciclopedia,* I, 148). Es una obra siempre necesaria, pero que no es menos necesario rehacer periódicamente, ya que las ciencias particulares que sistematiza están en perpetua evolución.

Concebida así, la filosofía tiene una función eminentemente social. En las épocas de calma y madurez, cuando la sociedad está en perfecto equilibrio, es la guardiana de la conciencia social porque cabalmente es su parte culminante y como su piedra angular. En tiempos revueltos y de crisis, cuando tiende a elaborarse un nuevo sistema de creencias, a ella compete presidir esa elaboración. No hay, pues, gran diferencia entre los dos tipos de investigación a los que Saint Simon se entregó, ya que sus trabajos filosóficos tienen un fin social, al igual que sus trabajos sociológicos, y unos y otros tienen el mismo objeto. La filosofía aparece así como una rama de la sociología. «Todo régimen social es una aplicación de un sistema filosófico y, por consiguiente, es imposible instituir un régimen nuevo sin haber establecido de antemano el nuevo sistema filosófico al que debe corresponder» (*Industria*, III, 23). Siempre tiene a la vista la misma finalidad. Pero aún hay más, y la unidad de su pensamiento es mucho más completa. «El filósofo se sitúa en la cima del pensamiento; desde allí examina qué ha sido el mundo y en qué debe convertirse. No es solamente observador, es actor; es un actor de primera fila en el mundo moral, pues son sus opiniones sobre en qué debe convertirse el mundo las que regulan la sociedad humana» (*Ciencia del hombre*, XI, 254). En lo que antecede se ve perfectamente que Saint Simon hizo sucesivamente filosofía y sociología bajo la influencia de las mismas preocupaciones prácticas, pero no se advierte aún muy bien por qué pasó de una a otra. ¿No le bastaba acaso la filosofía para la obra social que meditaba? ¿Por qué no pudo deducir inmediatamente de ellas las conclusiones prácticas a las que tendía, y creyó necesario trabajar además, en los diferentes escritos que llenan la segunda parte de su carrera, para sentar las bases de una ciencia especial de las sociedades? En otros términos, aunque la unidad del fin que persiguió se desprende de lo que acabamos de decir, no ocurre lo mismo con la unidad de los medios de los que se sirvió. Al parecer empleó sucesivamente medios de dos tipos, sin que se sepa con claridad por qué. Aunque los caminos que siguió convergen en el mismo punto, parece haber seguido dos diferentes y haber probado uno sólo tras haber abandonado el otro. Pero veremos que esa dualidad es sólo aparente. La filosofía lo llevó por sí sola a la sociología, como a su complemento natural; el camino por el que lo vemos adentrarse en segundo lugar no era sino continuación y prolongación del primero.

En efecto, para que la sistematización que constituye la filosofía sea lógicamente posible, es preciso que no incluya sino elementos de la misma naturaleza. No se puede coordinar juntos, de manera coherente, concepciones teológicas, desprovistas de toda base positiva, sin otra autoridad que la de una pretendida revelación, y conocimientos científicos, es decir, establecidos por la observación y a la luz del libre examen. No se podría hacer un todo único y orgánico con ideas tan heterogéneas y de procedencias tan dispares como las conjeturas de los sacerdotes, por una parte, y las proposiciones demostradas por los sabios, por otra. Ahora bien, todas las ciencias inferiores que tratan de los cuerpos inanimados, la astronomía, la física y la química han adoptado definitivamente un carácter positivo. En esto no hay vuelta de hoja. Por consiguiente, la enciclopedia filosófica no es posible sin contradicción más que si las otras ciencias, y en especial, la ciencia del hombre, adquieren ese mismo carácter, si también se vuelven positivas. Ahora bien, todavía no han llegado a ese estado (2); por lo menos, sólo ciertos sabios las han tratado parcial y fragmentariamente según los mismos principios y los mismos procedimientos que las otras ciencias. Por consiguiente, si la filosofía no incluye más que los resultados adquiridos actuales, no puede ser sino un sistema ambiguo y sin unidad. No cabe duda de que a partir del Renacimiento nos hemos contentado con esa ambigüedad, vivimos en esa antinomia. Pero cabalmente en ese equívoco estriba, como veremos, el estado crítico de las sociedades modernas que, impidiéndoles ponerse de acuerdo consigo mismas, desembarazarse de las contradicciones que las erosionan, obstaculizan toda organización armónica. Es preciso salir de ese atolladero. No cabe pues, sino escoger entre los dos siguientes partidos. O resignarse a hacer una filosofía que no abarque más que las ciencias de los cuerpos inanimados o bien, si se quiere ensanchar la base de las comparaciones y las gene-

_____

(2) «La fisiología no merece aún ser clasificada en el número de las ciencias positivas» (Ciencias del hombre, XI, 27).

ralizaciones, es preciso construir previamente esa ciencia que falta. O resignarse a la laguna o colmarla. No hay otra posible salida. Pero la primera de estas soluciones no es una salida, porque una enciclopedia así truncada no podría desempeñar el papel social que constituye su única razón de ser. No serviría para nada. En efecto, no es reuniendo los conocimientos que tenemos sobre las cosas como podremos nunca llegar a descubrir los medios para mantener unidos a los hombres en sociedad. No es sistematizando los resultados más generales de la física, la química o la astronomía como se puede llegar a constituir para un pueblo un sistema de ideas que sirva de fundamento a sus creencias morales, religiosas y políticas. Y no es que esas ciencias no sean factores de ese sistema; pero, por sí solas, no bastan para fundarlo. En realidad ocupan el primer puesto desde hace mucho tiempo y ejercen una especie de preponderancia precisamente porque son las más avanzadas, pero su impotencia moral se manifiesta sobradamente en el estado de crisis que atraviesan las sociedades europeas. Químicos, astrónomos, físicos, exclama Saint Simon, «¿cuáles son vuestros derechos para ocupar en este momento el puesto de vanguardia científica? La especie humana se encuentra inmersa en una de las más graves crisis que ha sufrido desde el origen de su existencia; ¿qué esfuerzo hacéis para terminar con esa crisis?... Toda Europa se degüella, ¿qué hacéis vosotros para detener esa carnicería? Nada. ¿Qué digo? Sois vosotros quienes perfeccionáis los medios de destrucción; sois vosotros quienes dirigís su empleo; en todos los ejércitos se os ve al frente de la artillería; sois vosotros quienes dirigís los trabajos para el ataque de las plazas. ¿Qué hacéis, una vez más, para restablecer la paz? Nada. ¿Qué podéis hacer? Nada. El conocimiento del hombre es el único que puede llevar al descubrimiento de los medios de conciliar los intereses de los pueblos y vosotros no estudiáis en absoluto esa ciencia... Abandonad (pues) la dirección del taller científico; dejadnos caldear su corazón, que se ha helado con vuestra presencia y dirigir de nuevo toda su atención hacia los trabajos que pueden traer la paz general, reorganizando la sociedad» *(Ciencia del hombre,* XI, 40). Es preciso, pues, no pararse en barras y poner manos a la obra, si se quiere prestar a la humanidad el servicio que tanto necesita. Hay que hacer lo que no se ha hecho. Hay que extender el espíritu positivo que inspira la astronomía y las ciencias físico-químicas al hombre y a las sociedades, constituir así con nuevos esfuerzos y sobre nuevas bases el sistema de conocimientos humanos relativos a ese doble objeto, para armonizarlos con los que ya poseemos sobre las cosas inorganizadas, y para hacer posible la unificación del mundo. He aquí la razón de que, para alcanzar la meta que persigue la filosofía, no baste con edificar el sistema de las ciencias tal como existen, sino que sea preciso comenzar por completarlo, fundando una ciencia nueva, la ciencia del hombre y de las sociedades. Saint Simon no se sirve de la palabra sociología que Comte forjará más adelante; emplea la de fisiología social, que es su equivalente.

Podemos ahora darnos cuenta de la unidad de la doctrina. Advertimos ya las diferentes partes que la componen y lo que las enlaza entre sí. Para poner de relieve el cuerpo de ideas sobre el que debe reposar el edificio social hay que sistematizar las ciencias, es decir, hay que hacer una enciclopedia filosófica. Pero esa enciclopedia sólo puede cumplir el papel social que así se le atribuye si se suma una ciencia nueva a la serie de ciencias instituidas. Es la fisiología social. He aquí como, para acercarse al único fin que tuvo presente, Saint Simon se vio inducido a salirse de las consideraciones puramente filosóficas para abordar las cuestiones específicamente sociológicas. Y es que el examen de las segundas es indispensable para el avance de las primeras. Es la condición necesaria para que éstas puedan llegar a algo. Por lo demás, no pasó de unas a otras sin intención de retornar. Por el contrario, una vez hecha la ciencia de las sociedades, podrá reanudarse la obra enciclopédica, suspendida un instante. Porque entonces ésta podrá sintetizar todos los conocimientos humanos y abarcar el universo al tiempo que sigue siendo homogénea; en efecto, al no comprender ya sino ciencias positivas, será también positiva, en conjunto y en sus partes. «Está claro, dice Saint Simon, que las ciencias particulares son los elementos de la ciencia general; que la ciencia general; es decir, la filosofía, tuvo que ser conjetural mientras lo fueron las ciencias particulares... y que será totalmente positiva cuando lo sean todas las ciencias particulares. Lo cual ocurrirá en la época en que la fisiología y la psicología (que comprende la fisiología social) estén basadas en hechos observados y discutidos; pues no existe fenómeno que no sea astronómico, químico, fisiológico o psicológico» (*Ciencia del hombre*, XI, 18-19). Y con esta filosofía positiva se podrá construir por fin ese sistema de ideas al que Saint Simon aspira ante todo, que jamás pierde de vista; sistema cuya forma eminente es, en suma, la religión. Estas vueltas y revueltas no son, pues, sino aparentes; jamás lo alejan de su meta primitiva; por el contrario, al final lo conducen a su punto de partida. Eso es lo que explica que Saint Simon, tras haber comenzado con escritos filosóficos, continúe su carrera intelectual con su libro del *Nuevo cristianismo*.

* * *

Ahora que hemos señalado el lugar de los estudios sociales en la obra de Saint Simon, veamos más a fondo cómo los concibió.

Lo que antecede nos ha permitido ya determinar uno de sus caracteres esenciales. De lo que acabamos de decir se desprende, en efecto, que esos estudios deberán hacerse con el mismo espíritu y según los mismos principios que sirvieron para hacer las ciencias de los cuerpos inanimados. Las ciencias humanas deben construirse a imitación de las otras ciencias naturales, pues el hombre no es sino una parte de la naturaleza. No hay dos mundos en el mundo, uno que depende de la observación científica y otro que escapa a ésta. El universo es uno y el mismo método ha de servir para explorarlo en todas sus partes. El hombre y el universo, dice Saint Simon, son como una misma mecánica a dos escalas, el primero es una reducción del segundo, pero no difiere de él en naturaleza. El hombre es, respecto al universo, como «un reloj encerrado en otro gran reloj del que recibe el movimiento» (*Introducción a los trabajos científicos del siglo XIX. Obras escogidas*, I, III). Ya que está demostrado que el método positivo es el único que permite conocer el mundo inorgánico, resulta que sólo él conviene también al mundo humano. La tendencia del espíritu humano a partir del siglo XV «es basar todos sus razonamientos en hechos observados y discutidos; ya ha reorganizado sobre esta base positiva la astronomía, la física y la química... La necesaria conclusión es que la fisiología, de la que la ciencia del hombre forma parte, se tratará con el método adoptado para las otras ciencias físicas» (*Ciencia del hombre*, XI, 17). Y como ésa es condición necesaria para que el pensador pueda llegar a resultados prácticos, no hay nada más urgente que imprimir ese carácter a esta ciencia. «En el momento actual, el mejor empleo que podemos hacer de las fuerzas de nuestra inteligencia consiste en imprimir a la ciencia del hombre un carácter positivo? (*Ciencia del hombre*, XI, 187). Debe estar tan completamente integrada en el ciclo de las ciencias naturales que Saint Simon no la considera más que como una rama de la fisiología. «El campo de la fisiología considerada de manera general se compone de todos los hechos que pasan entre los seres organizados» (*Fisiología social*, X, 175). Es cierto que, así concebida, parece no tener otro objeto que el individuo. Pero no es así. La fisiología comprende dos partes: una, que trata de los órganos individuales, otra, de los órganos sociales. «La fisiología no es solamente esa ciencia que, orientándose uno por uno a nuestros órganos, experimenta con cada uno de ellos... para determinar mejor las esferas de actividad... No consiste solamente en ese conocimiento comparativo que extrae del examen de plantas y animales nociones preciosas sobre la función de las partes que poseemos en común con las distintas clases de seres organizados». Porque, aparte esta fisiología especial, hay otra, la fisiología general que, «enriquecida con todos los hechos que han sido descubiertos por valiosos trabajos emprendidos en esas diferentes direcciones, se entrega a consideraciones de un orden más elevado; se cierne sobre individuos que no son para ella más que los órganos del cuerpo social, cuyas funciones orgánicas debe estudiar, como la fisiología especial estudia las de los individuos» (*Fisiología social*, X, 176, 177). Esta fisiología general tiene un objeto especial, tan diferente de la fisiología de las individualidades humanas como lo es ésta de la fisiología de los animales y las plantas. Se trata del ser social, que no es un simple agregado de individuos, una simple suma, sino una realidad *sui generis* que tiene una existencia distinta y una naturaleza que le es propia. «La sociedad no es una simple aglomeración de seres vivos cuyas acciones no tienen otra causa que la arbitrariedad de las voluntades individuales, ni otro resultado que accidentes efímeros o sin importancia; la sociedad, en cambio, es sobre todo una verdadera máquina organizada en la que todas las partes contribuyen de manera diferente a la marcha del conjunto, la reunión de los hombres constituye un verdadero ser cuya existencia es más o menos vigorosa o delicada, según sus órganos lleven a cabo más o menos regularmente las funciones que tienen confiadas» *(Fisiología social,* X, 177). Es el organismo social. Esta fisiología general y social incluye naturalmente en sus dependencias la moral y la política que, por tanto, deben también convertirse en ciencias positivas. Una vez que la fisiología avance, dice Saint Simon, «la política se convertirá en una ciencia de observación y las cuestiones políticas serán tratadas por quienes hayan estudiado la ciencia positiva del hombre, con el mismo método y de la misma manera que se tratan hoy las relativas a los otros fenómenos». *(Ciencia del hombre,* XI, 187, Cfr. *Obras,* II, 189-190. *Ciencia del hombre,* 17-19 y 29 y ss.). La crisis europea sólo podrá resolverse cuando la política sea tratada así y cuando por consiguiente, pueda ser enseñada en las escuelas como las otras ciencias.

Pero para estudiar ese ser *sui generis* que es el objeto de esta ciencia nueva, ¿en qué punto de vista conviene situarse? Se admite en general hoy que para entenderlo lo más completamente posible hay que considerarlo sucesivamente bajo dos aspectos diferentes. O bien se consideran las sociedades humanas en un momento determinado y fijo de su evolución, y se investiga entonces cómo, en esa fase, las diferentes partes que las forman actúan y reaccionan entre sí, en una palabra, concurren a la elaboración de la vida colectiva. O bien, en lugar de fijarlas así e inmovilizarlas artificialmente en un momento del tiempo, se las sigue a través de las sucesivas etapas que han recorrido en el curso de la historia, y se pretende entonces averiguar cómo cada etapa ha contribuido a determinar la que la sigue. En el primer caso, habrá que dedicarse a determinar cuál es la ley de la organización social en tal fase del desarrollo histórico; en el otro, habrá que preguntarse por la ley según la cual se han sucedido esas diferentes fases, cuál es su orden de sucesión y qué es lo que da cuenta de ese orden, es decir, cuál es la ley del progreso. Ahora bien, para Saint Simon el segundo punto de vista es el más importante, y por ello es el único en el que se sitúa. Y es que, en efecto, aunque, en cada momento de la duración, la organización social da cuenta de los fenómenos que se observan, en el mismo momento, en la sociedad considerada, no se explica a sí misma. Para comprenderla hay que remontarse más atrás, hay que relacionarla con los estados anteriores de la civilización que la han suscitado y que son los únicos que pueden dar cuenta de ella; luego, para explicar éstos, hay que remontarse aún más lejos y por consiguiente, la verdadera explicación consiste en enlazar unas con otras, retrocediendo cada vez más lejos en el pasado, formas sucesivas de la civilización y en mostrar cómo fueron engendradas. El hecho dominante en fisiología social es el hecho del progreso. En esto Saint Simon se relaciona con Condorcet, a quien saluda como su maestro y precursor, aunque él tenga del progreso humano una concepción muy diferente.

En efecto, según él, la ley del progreso nos domina con absoluta necesidad. La sufrimos, no la hacemos. Somos sus instrumentos, no sus autores. «La ley superior del progreso del espíritu humano lo arrastra y domina todo; los hombres no son para ella más que instrumentos. Aunque esta fuerza se derive de nosotros no está en nuestras manos sustraernos a su influencia o domeñar su acción, como no lo está cambiar a voluntad el impulso primitivo que hace girar a nuestro planeta alrededor del sol. Todo lo que podemos hacer es obedecer a esa ley dándonos cuenta de la marcha que nos prescribe, en lugar de ser ciegamente empujados por ella; y, por decirlo de pasada, cabalmente en eso consistirá el gran perfeccionamiento filosófico reservado a la época actual» (*Organizador*, IV, 119). Según una visión superficial, aunque muy generalizada, de las cosas históricas, parece que son los grandes hombres quienes han sido los autores y los guías del progreso, que han dirigido conforme a un plan preconcebido hacia la meta que le habían asignado. Pero en realidad ellos mismos no son sino productos de ese movimiento; no hacen sino resumir cuanto la marcha espontánea del espíritu humano había preparado antes de ellos y sin ellos. La obra del progreso, en lo que tiene de esencial, es impersonal y anónima, porque es necesaria (IV, 178). Pero justamente porque, en cada época de la humanidad, el progreso no podía ser sino lo que ha sido, el progreso es siempre, al menos en conjunto, todo lo que debe y puede ser. «La naturaleza ha inspirado a los hombres, en cada época, la forma de gobierno más conveniente... El curso natural de las cosas ha originado las instituciones necesarias en cada edad del cuerpo social» *(Fisiología social,* X, 190). Su determinismo entraña así un optimismo que se halla por lo demás en la propia base del método histórico. Porque el historiador se ve obligado a postular que las instituciones humanas han estado, al menos en general, en armonía con el estado de los pueblos que las establecieron. Saint Simon acusa sobre todo a Condorcet de haber ignorado este principio. Sin reflexionar sobre la extremada generalidad del sistema religioso, Condorcet había presentado la religión como un obstáculo para la felicidad de la humanidad, «idea esencialmente falsa», dice Saint Simon. La religión tuvo un papel, y esencial, en el desarrollo del espíritu humano *(Corresp. con Rédern,* I, 115) (3). Asimismo Condorcet, y con él una legión de historiadores, no vieron en la Edad Media más que una época de caos y confusión, el deplorable producto de una especie de aberración del espíritu humano. Por la misma razón Saint Simon protesta contra tal concepción. De la Edad Media salieron los tiempos modernos; fue, pues, el antecedente necesario, y constituye por tanto una etapa esencial e indispensable de nuestra evolución social.

(3) Durkheim agrega al margen: «Releer toda la discusión de Condorcet».

Así las cosas, se ve cómo se plantea el problema de la fisiología social y conforme a qué método debe ser resuelto. Puesto que la marcha de las sociedades humanas está sometida a una ley necesaria, el primer objeto de la ciencia es hallar esa ley; una vez descubierta, marcará por sí sola el sentido en el que debe proseguir esa marcha. La cuestión urgente por excelencia que se impone al pensador estriba en determinar en el pasado el orden con que se ha desarrollado la humanidad, para llegar a la conclusión de en qué debe convertirse ese desarrollo. Con esta condición, la política podrá ser tratada científicamente. «El futuro se compone de los últimos términos de una serie cuyos primeros términos constituyen el pasado. Cuando se han estudiado bien los primeros términos de una serie es fácil plantear los siguientes; así, del pasado bien observado se puede deducir fácilmente el futuro» (*Memoria introductiva*, I, 122, y *Mem. sobre la ciencia del h.*, XI, 288). La equivocación de los estadistas consiste, de ordinario, en tener los ojos clavados en el presente. Se exponen así a inevitables errores. Porque, ¿cómo, si nos limitamos a la consideración de un momento tan breve, distinguir «los restos de un pasado que se extingue y los gérmenes de un futuro que se alza»? (*Sist. industr.*, V, 69). Solamente observando series muy amplias de hechos, y por consiguiente retrocediendo muy atrás en el pasado, se podrá dilucidar entre los diferentes elementos del presente los que están preñados de futuro y los que no son sino los monumentos de un pasado que se sobrevive a sí mismo. Pues, como será fácil comprobar que los primeros pertenecen a una serie ascendente, y los otros a una serie en retroceso, será relativamente sencillo seleccionarlos u orientar el progreso.

La naturaleza del problema determina el método. Para hallar la ley del progreso habrá que establecer series de hechos lo más amplias posible (*Ciencia del h.*, XI, 22). Esa es, dice Saint Simon, la única parte sólida de nuestros conocimientos; y, por otra parte, para establecer esas series habrá que acudir a la historia. El método de la fisiología social será, por ende, histórico. Sólo que la historia debe ser transformada por entero para que pueda servir para este fin. Hasta el presente no ha sido sino una rama de la literatura. Durante mucho tiempo se ha visto en ella sólo «una biografía del poder, en la cual las naciones no figuran más que como instrumentos o como víctimas»; y aunque «los hombres ilustrados perciben hoy que la historia no consiste en el insípido cuadro de elevados hechos de la astucia y la fuerza, eso es poco, y tampoco hay muchos historiadores que hayan comprendido el verdadero objeto de los grandes trabajos históricos». La prueba está en que «la antigua división por dinastías y reinados se ha mantenido como si se siguiera tratando de la biografía de las familias soberanas» *(Organizador,* IV, 71-72). Concebida así, la historia no es sino una sucesión de relatos y anécdotas, sin aplicaciones prácticas. «La historia es, dicen, el breviario de los reyes; por la manera en que los reyes gobiernan se ve perfectamente que su breviario no vale nada; la historia, en efecto, en su aspecto científico, no ha salido aún de las mantillas de la infancia. Esta importante rama de nuestros conocimientos no tiene aún otra existencia que la de una colección de hechos más o menos bien comprobados. Esos hechos no están enlazados por ninguna teoría; no están encadenados en el orden de las consecuencias; por eso la historia es aún una guía insuficiente, tanto para los reyes como para sus súbditos; no da ni a unos ni a otros los medios para deducir lo que ocurrirá de lo que ha ocurrido» *(Ciencia del h.* XI, 246). Para que pueda convertirse en el instrumento por excelencia de la fisiología social es preciso que sea científica. Para ello, deberá alzarse por encima del punto de vista nacional, que no puede ser sino descriptivo, y considerar no ya tal o cual pueblo, sino la humanidad en su marcha. Siendo así, el

134

cuadro de la historia se transforma necesariamente. Ya resulta impensable servirse solamente de los reyes y las dinastías desvanecidas para jalonar esa historia, y la división de las épocas se hace según las diferencias que presenta esa marcha de la humanidad a través de los siglos. Corresponde a las grandes fases del desarrollo humano. El conocimiento de los pueblos podrá servir verdaderamente entonces para iluminar el futuro, mientras que hoy vagamos al azar, sin saber siquiera lo que tenemos delante y lo que está detrás. «Caminando casi con los ojos cerrados por un camino que no conocemos, nos creemos a veces muy próximos a lo que está muy alejado y... muy lejos de lo que está muy cerca» *(Organizador,* IV, 74). E incluso, convencido de la idea de que, si se quiere conocer el presente, nunca será bastante la profundización en el pasado, Saint Simon llega a ampliar las series de hechos que sirven de base a sus inferencias más allá de la historia humana. Incluye en sus comparaciones la historia de la animalidad, que enlaza con la procedencia sin solución de continuidad. Partiendo de los animales se esfuerza por hallar la ley que domina la evolución mental y la marcha de la civilización; y de ahí que para él la fisiología social, como la psicología, no sea sino una rama de la fisiología propiamente dicha. (Véase *Ciencia del h.,* XI, 188.)

Llegados a este punto, y aunque no hayamos expuesto aún las interioridades de la doctrina de Saint Simon, no podemos dejar de percibir la importancia y la grandeza de la concepción fundamental sobre la que descansa. El acontecimiento más considerable de la historia filosófica del XIX fue la constitución de la filosofía positiva. Ante la creciente especialización de las ciencias y su creciente carácter de positividad, se podía preguntar si la vieja aspiración de la humanidad a la unidad del saber no debía considerarse ya como una ilusión, como una perspectiva decepcionante, a la que era preciso renunciar.

Podía temerse, por consiguiente, que las ciencias se irían fragmentando cada vez más y que se había acabado su unidad. La filosofía positiva constituyó una reacción contra esa tendencia, una protesta contra esa renuncia. Afirma que la eterna ambición del espíritu humano no ha perdido toda legitimidad, que el progreso de las ciencias especiales no es su negación, pero que, para satisfacerla, deben emplearse nuevos medios. Es preciso que la filosofía, en lugar de tratar de superar a las ciencias, se proponga la tarea de organizarlas, y es preciso que las organice siguiendo su propio método, haciéndose ella misma positiva. Se abría así ante el pensamiento una vía totalmente nueva. Por eso puede decirse que, aparte el cartesianismo, no hay nada más importante en toda la historia de la filosofía francesa. Y en más de un punto, además, esas dos filosofías pueden ser comparadas legítimamente una con otra, pues ambas están inspiradas por la misma fe racionalista. Ahora bien, acabamos de ver que la idea, la palabra y hasta el esbozo de la filosofía positiva se hallan por entero en Saint Simon. El fue el primero en concebir que entre las generalidades formales de la filosofía metafísica y la estrecha especialidad de las ciencias particulares había sitio para una empresa nueva, cuyo plan ha dado y que él mismo intentó. A él corresponde pues, en justicia, el honor que suele atribuirse a Condorcet.

Y esto no es todo. Una de las grandes novedades que la filosofía positiva trajo consigo es la sociología positiva, es, como suele decirse, la integración de la ciencia social en el círculo de las ciencias naturales. A este respecto puede decirse del positivismo que enriqueció la inteligencia humana, que le abrió nuevos horizontes. Agregar una ciencia a la serie de las ciencias es siempre una operación laboriosísima y más productiva que la anexión de un continente nuevo a los continentes antiguos; pero es a la vez mucho más difícil y fecunda cuando la ciencia que se intenta instituir tiene al hombre por objeto. Siempre ha sido preciso casi violentar el espíritu humano, e incluso vencer las más vivas resistencias, para inducirlo a reconocer que, para poder actuar sobre las cosas había que conocerlas, y que, para poder dominarlas, había primero que aprender de ellas. Pero las resistencias han sido tenaces, sobre todo, cuando la cosa que se ha intentado someter a la ciencia éramos nosotros mismos, a causa de nuestra tendencia a situarnos al margen de las cosas, a reclamar un lugar aparte en el universo. Saint Simon es el primero que se liberó resueltamente de esos prejuicios. Aunque haya tenido precursores, jamás antes de él se había declarado tan rotundamente, no sólo que el hombre y las sociedades sólo podían ser dirigidos en su conducta si se empezaba por convertirlos en objetos de ciencia, sino que esa ciencia no podía descansar en otros principios que las ciencias de la naturaleza. Y no se limitó a trazar el plan de esa ciencia nueva, sino que trató de realizarla en parte. Está clara la deuda que con él tienen Augusto Comte y los pensadores del XIX. En él se encuentran los gérmenes, ya desarrollados, de todas las ideas que han alimentado la reflexión de nuestra época. Acabamos de encontrar en él la filosofía positiva, la sociología positiva; encontraremos en él, como veremos, el socialismo.

Séptima lección

Al exponer las concepciones fundamentales de Saint Simon hemos podido ver todo lo que Comte le debe; tendremos ocasión de comprobar esa misma influencia cuando entremos en el detalle de las teorías. Los comtistas, no obstante, con excepción de Littré, han negado esa filiación. Han llegado incluso a decir que cuanto hay de justo y original en la doctrina de Saint Simon se debía a

Comte. Pero los hechos protestan contra tal interpretación. Sólo hacia 1817 se establecieron relaciones continuadas entre las dos filosofías. Ahora bien, no cabe duda de que las líneas esenciales del sansimonismo estaban perfectamente fijadas mucho antes de esa fecha. La *Memoria sobre la ciencia del hombre* y el trabajo sobre *La gravitación universal* son de 1813, y en ellos están expresamente formulados todos los principios del sistema. Incluso nos hemos servido principalmente del primero de esos libros para exponer la manera en que Saint Simon concebía la filosofía y la ciencia de las sociedades. En él se encuentra todo el programa de la filosofía positiva y de la sociología positiva, y esas mismas ideas estaban ya más que indicadas en los escritos anteriores. Por ello resulta lamentable que no solamente la escuela de Comte, sino también el propio Comte, hayan ignorado tan totalmente su precursor más inmediato y más importante. En efecto, no sólo en el capítulo del *Curso de filosofía positiva* donde Comte plantea y examina los intentos anteriores de fundar una física social no se menciona para nada a Saint Simon, sino que en el *Sistema de política positiva* (II, prefacio, pp. XV y XVI), no teme hablar con ira de esa «funesta relación de su primera juventud con un malabarista depravado». Confiesa haber sido seducido al principio por Saint Simon, pero agrega: «Más adelante reconocí que tal relación no había hecho sino obstaculizar mis meditaciones espontáneas, anteriormente guiadas por Condorcet». Eso equivalía a olvidar que el mismo Saint Simon se enlazaba con Condorcet, lo había estudiado y meditado y, por consiguiente, las investigaciones de los dos sobre este punto se orientaban en la misma dirección y no podían contradecirse. Por lo demás, es más que fácil rebatir a Comte con el propio Comte. En el preciso instante en que se expresaba con tanta severidad sobre su antiguo amigo, y a propósito de la misma obra donde se encuentra la frase que acabamos

138

de citar, Comte, en unas cartas a su amigo Valat, reconoce lo beneficioso que para él fue el trato con Saint Simon. La política positiva, dice, está limpia de la influencia de Saint Simon, pero «esa influencia contribuyó poderosamente a mi educación filosófica». Y agrega: «Ciertamente debo mucho, intelectualmente, a Saint Simon, es decir, que éste contribuyó poderosamente a lanzarme en la dirección filosófica que me he creado netamente hoy y que seguiré sin vacilación toda mi vida» (citado según Weil, *Hist. del mov. soc.*, pp. 206-207). En 1818 escribía al mismo corresponsal: «He aprendido gracias a esta relación de trabajo y amistad con uno de los hombres más clarividentes en política filosófica, he aprendido multitud de cosas que habría buscado en vano en los libros, y mi espíritu ha recorrido más camino en los seis meses que dura nuestra relación del que habría recorrido en tres años, si yo hubiera estado solo». Y traza un entusiasta retrato de Saint Simon, de su genio y de su carácter. Por último, incluso esta *Política positiva*, que es la primera gran obra sociológica de Comte, y que más adelante fue presentada por éste como una obra original, iba a aparecer primeramente, aunque con el nombre de su autor, en el *Catecismo industrial;* con vistas a esta edición especial Comte había preparado una advertencia que se ha conservado y en la que se declaraba discípulo agradecido de Saint Simon. «Habiendo meditado, dice, desde hace mucho tiempo sobre las ideas matrices de Saint Simon, me he consagrado exclusivamente a sistematizar, desarrollar y perfeccionar la parte de las ideas de dicho filósofo que se refiere a la dirección científica... Me creo en el deber de publicar la declaración precedente a fin de que, si mis trabajos merecen alguna aprobación, ésta corresponda al fundador de la escuela filosófica a la que me honro perteneciendo» *(Obras,* IX, 9). Comte quiso luego presentar tal lenguaje como «un simple acto de complacencia», destinado a modificar las malas disposiciones de Saint Simon respecto a él. Pero semejante consideración explica difícilmente una confesión tan tajante; y, en cualquier caso, no podría disculparla.

Es indudable, por lo demás, que entre estos dos espíritus había diferencias esenciales que Comte percibió, y muy pronto. En unas curiosas cartas anónimas que dirigió a Saint Simon a finales de 1818, después de la publicación de *La Industria,* y que han sido publicadas por la *Revue occidentale* (VIII, 344), señala muy claramente dónde se halla la verdadera línea de demarcación entre su maestro y él. Comte reconoce que la idea fundamental de *La Industria,* es decir, el positivismo, es «el verdadero y único medio de elevar sin sacudidas la organización social al nivel de las luces». Pero era preciso ante todo dedicarse a deducir todas las consecuencias científicas de esta idea, «había que discutir su influencia en la teoría de la ciencia social», constituir la economía política sobre una base positiva y la moral sobre una base económica. En lugar de seguir esta vía, Saint Simon cometió el error de pasar de inmediato a las cuestiones de aplicación. Antes incluso de que su idea hubiera sufrido toda la elaboración científica que necesitaba, quiso sacar consecuencias prácticas, todo un plan de reorganización social. Al obrar así, puso la carreta antes que los bueyes. Se apresuró en exceso; quiso hacer servir prematuramente para fines utilitarios una ciencia apresuradamente hecha. Y, en efecto, lo que diferencia a Comte de Saint Simon es que el primero separó más netamente la ciencia de la práctica y que, sin desinteresarse de esta última, se dedicó sobre todo a la ciencia, al menos durante la mayor parte de su carrera. Dada esta idea de una ciencia positiva de las sociedades, emprendió su realización, y no con vistas a esta o aquella finalidad inmediata, sino de una forma abstracta y desinteresada. Aunque siempre estuvo convencido de que sus trabajos teóricos podían y debían finalmente ejercer una acción sobre el curso de los acontecimientos, comprendió que era preciso ante todo trabajar como un sabio, plantearse los problemas científicos en toda su generalidad; aunque cuenta con hallar, al término de sus pesquisas, soluciones aplicables a las dificultades de la hora presente, estima que éstas deben resultar de la ciencia una vez hecha, sin discutir los fines propiamente dichos y su única razón de ser. Saint Simon no posee el mismo grado de paciencia científica. Como lo que ha estimulado su reflexión es una crisis social determinada, todos sus esfuerzos tienden exclusivamente a solucionarla. Todo su sistema desemboca en un objetivo práctico y próximo que Saint Simon tiene prisa por alcanzar, y sólo hace ciencia para acercarse a esa meta. Por ello, aunque fue el primero en tener una concepción clarísima de lo que debía ser la sociología y de su necesidad, no hizo sociología propiamente dicha. No se sirvió del método cuyos principios habían sentado con tanta firmeza para descubrir las leyes de la evolución social en general, sino para responder a una pregunta muy especial y de un interés actualísimo, que puede formularse: ¿cuál es el sistema social que reclama el estado de las sociedades europeas, después de la Revolución?

CAPÍTULO VII

LA DOCTRINA DE SAINT SIMON *(continuación)*

ORIGENES HISTÓRICOS DEL SISTEMA INDUSTRIAL

Lección séptima (Fin)

La respuesta a esta pregunta es la que constituye el contenido positivo del sistema sansimoniano, del que nos ocuparemos ahora.

La ciencia nueva se encuentra reducida así a un solo y único problema, cuyo interés es más práctico que especulativo. Pero al menos Saint Simon se dedica a tratarlo según el método científico y positivo cuyas reglas fundamentales le hemos visto formular anteriormente. No se trata de inventar un sistema nuevo, creado de cabo a rabo, como hacían los autopistas del siglo XVIII e incluso de todos los tiempos, sino sólo de descubrir, mediante la observación, el que está a punto de elaborarse. «No se crea un sistema de organización social, se percibe el nuevo encadenamiento de ideas e intereses que se ha formado, y se le muestra, eso es todo. Un sistema social o es un hecho o no es nada» *(Organizador,* IV, 179-180). Saint Simon vuelve a menudo sobre una noción de organización social espontánea, sobre todo a propósito del papel de los bancos *(Catecismo industrial, paasim; Sistema industrial,* V, 46-47). Todo lo que cabe hacer es tener conciencia de la dirección en que se produce el desarrollo, es distinguir entre los elementos que configuran el presente aquellos que tienden cada vez más a ser, y a ser más completamente, de aquellos que cesan cada vez más de ser; es reconocer al futuro bajo las supervivencias del pasado que lo disimulan. Para ello hay que averiguar, pues, cuál ha sido la marcha de nuestras sociedades a partir del momento en que quedaron definitivamente constituidas. Ahora bien, según nuestro autor, es en la Edad Media, a partir de los siglos XI y XII, cuando se formaron con todos sus caracteres esenciales. Por consiguiente, esa época es «el punto de partida más conveniente» para «esta observación filosófica del pasado», única que puede iluminar el futuro. Veamos qué eran entonces las sociedades y cómo evolucionaron después.

Lo que les daba un carácter constitucional, en el momento en que, hacia el siglo X, comenzaron a desprenderse del caos producido por las invasiones bárbaras, era que el sistema social giraba por entero en torno a dos centros de gravedad, diferentes aunque estrechamente unidos. Por una parte, estaban los jefes del ejército, cuya reunión constituía lo que después se denominó feudalismo, y a los que toda la sociedad estaba estrechamente subordinada en cuanto concierne a lo temporal. Todas las propiedades, mobiliarias e inmobiliarias, estaban en sus manos, y los trabajadores, individual y colectivamente, estaban situados bajo su dependencia. En frente estaba el clero, que poseía la dirección espiritual de la sociedad en su conjunto y en sus detalles. Eran sus doctrinas y sus decisiones las que servían de guía para la opinión; pero lo que le confería, sobre todo, autoridad, era que dominaba totalmente la educación general y particular. En otros términos, toda la vida económica de la sociedad dependía de los señores y toda la vida intelectual, de los sacerdotes. Los primeros regulaban soberanamente las operaciones productivas de riquezas, los segundos, las conciencias. Todas las funciones colectivas resultaban así

143

estrechamente sometidas bien al poder militar, bien al religioso, y este doble sometimiento es lo que constituía la organización social. Por eso Saint Simon califica a ese sistema de militar y teológico; a veces se sirve también de las expresiones feudal y papal. Pero aunque insista en la estrecha subordinación que esta constitución implica, está lejos de ver en ella un producto de la violencia, que sólo habría podido nacer y perdurar por la opresión material. No cesa de repetir, por el contrario, que este ordenamiento de las sociedades europeas se establece espontáneamente, porque era el único que respondía al estado de la civilización. La guerra era entonces crónica; era el único campo abierto a la actividad de los pueblos, el único medio que tenían de enriquecerse y, por consiguiente, era natural que sólo quienes eran aptos para dirigirla estuvieran investidos del más alto grado de poder y consideración. Asimismo, como el clero era el único cuerpo que poseía entonces ciertas luces, era totalmente necesario que ejerciera un dominio absoluto sobre los espíritus. Esta doble supremacía se fundaba, pues, en la naturaleza de las cosas; correspondía a una superioridad social de estas dos clases que era real y que ella se limitaba a expresar.

Tal es el punto de partida. Veamos ahora en qué se convirtió esta organización en el curso de la historia.

Es regla general que el apogeo de un sistema social coincide con el inicio de su decadencia. El poder espiritual y el temporal se establecieron definitivamente en el siglo XI; nunca fue más indiscutible la autoridad del clero y de los señores. Ahora bien, en ese mismo momento nacían dos fuerzas sociales nuevas que, al ser contrarias a las precedentes, iban a entrar en pugna con ellas y a destruirlas progresivamente, descomponiendo así el sistema, cuyas partes sólo estaban enlazadas porque se hallaban sometidas todas a la acción todopoderosa del doble poder. Se trata del municipio libre y de la ciencia positiva. Lo que daba su fuerza a la organización feudal era la estrecha subordinación de la clase industrial, o la que hacía sus veces, respecto a la clase militar. La primera no tenía una acción propia, recibía todos los movimientos de la segunda. De esta forma, todo tendía hacia un mismo fin. Toda la vida económica estaba subordinado a los intereses de la guerra y de los guerreros. Pero a partir del siglo XII comienza el gran movimiento de liberación de los municipios. Las ciudades se desembarazan a precio de plata de la tutela señorial. Ahora bien, estaban compuestas en su totalidad por artesanos y negociantes. Toda una parte del aparato económico se encuentra así desligada de las otras que, hasta entonces, le imprimían una dirección, y transformada en un órgano especial, relativamente independiente, que en adelante vivirá una vida propia, y perseguirá sus intereses particulares, al margen de toda influencia militar. Por consiguiente, toda la vida colectiva no gravitaba ya exclusivamente en torno a los dos centros que hemos mencionado.

La industria liberada iba a poder realizar libremente su naturaleza, y a proponerse fines puramente industriales que no sólo diferían de aquellos sobre los que se articulaba el sitema propiamente feudal sino que incluso le eran contrarios.

Pero un agente nuevo, *sui generis*, se había introducido en el seno del cuerpo social, y como ese agente era ajeno, por su naturaleza y sus orígenes, a la antigua organización, como ésta no podía sino estorbarle, por su parte, era inevitable que con su mera presencia perturbara su funcionamiento y que no pudiera desarrollarse sin arruinarla. Las ciencias positivas habían sido importadas a Europa por los árabes. Las escuelas que éstos fundaron en las partes de Europa conquistadas por ellos fueron pronto imitadas en otros lugares. En toda Europa occidental se alzaron centros parecidos, «observatorios, salas

145

de disección, gabinetes de historia natural, fueron instituidos en Italia, Francia, Inglaterra, Alemania. Ya en el siglo XIII Bacon cultivaba con brillantez las ciencias físicas» *(Organizador, IV, 84)*. Poco a poco, frente al clero se forma un cuerpo nuevo que, como el precedente, aspira a dirigir la vida intelectual de las sociedades. Fue el cuerpo de los sabios que, respecto al cuerpo sacerdotal, se hallaba en una situación idéntica a la de las comunas libres, es decir, los gremios de artesanos y negociantes, frente al feudalismo. Así se inocularon en el sistema teológico-feudal dos gérmenes de destrucción y, en efecto, a partir de ese momento, los dos poderes que eran su piedra angular fueron debilitándose cada vez más.

Sin embargo, aunque a partir de entonces el conflicto no haya cesado nunca, durante mucho tiempo no produjo resultados visibles. El antiguo sistema estaba demasiado firmemente establecido y era demasiado resistente para que las causas sordas que lo erosionaban pudieran de entrada manifestar su acción con efectos externos y aparentes. Por ello jamás disfrutó de un esplendor más grande. Pero, en realidad, «todo ese esplendor descansaba sobre un terreno minado» *(Organizador, IV, 89)*. Por haber ignorado la importancia de esa erosión subterránea con mucha frecuencia se presenta a la Edad Media como una época oscura en la que reinó una verdadera noche intelectual y que nada, por consiguiente, enlaza con el período de luces que la sucedió. En realidad es la Edad Media la que preparó los tiempos modernos: los contenía en germen. «Si los historiadores hubieran analizado mejor y profundizado más en el examen de la Edad Media, no nos habrían hablado únicamente de la parte visible de ese período; habrían comprobado la gradual preparación de todos los grandes acontecimientos que se desarrollaron más adelante y no habrían presentado las explosiones del siglo XVI y de los siguientes como bruscas e imprevistas» *(ibíd.)*. Hay sobre todo dos hechos que contribuyeron más que los otros a predeterminar lo que seguiría luego: es, en primer lugar, la invención de la imprenta, que puso a disposición de la ciencia un instrumento de acción de enorme poder; y es a continuación y sobre todo el descubrimiento de Copérnico, recogido y probado por Galileo y cuya influencia sobre el sistema teológico ha sido tan considerable como poco señalada. «En efecto, dice Saint Simon, todo el sistema teológico se basa en el suposición de que la Tierra está hecha para el hombre y el universo entero para la Tierra; eliminad esa suposición, y todas las doctrinas religiosas se derrumban. Ahora bien, una vez que Galileo demostró que nuestro planeta es uno de los más pequeños, que en nada se distingue de los otros, que gira entre muchos alrededor del Sol, la hipótesis de que la naturaleza entera está hecha para el hombre choca tan abiertamente con el buen sentido, está tan en oposición con los hechos, que no puede evitar el parecer absurda, y verse derribada pronto, arrastrando consigo las creencias cuya base es» (*Organizador*, IV, 100). Y, en efecto, aunque no está probado que la religión fuera irremediablemente incompatible con las nuevas concepciones, ciertamente el relegar así a la humanidad, de la situación central que creía hasta entonces ocupar en el universo, a un punto cualquiera de la periferia, equivalía a trastornar de arriba abajo el sistema de las ideas recibidas. No cabe duda de que este abandono del punto de vista antropocéntrico, primero en las ciencias de la naturaleza y después con Auguste Comte, en las ciencias del hombre, ha sido una de las más importantes conquistas de la ciencia y una de las que mejor han surtido el efecto de orientar al espíritu en una nueva dirección. Pensar científicamente, ¿no es acaso pensar objetivamente, es decir, despojar nuestras ideas de lo que tienen de exclusivamente humano para conducirlas a ser una expresión lo más adecuada posible de las cosas? ¿No es, en una palabra, hacer que la inteligencia humana se incline ante las cosas? No exageramos, pues, el alcance de un descubrimiento que debía lógicamente obligar a la razón a adoptar frente al mundo la actitud que reclamaba la ciencia.

Sin embargo, y por importante que haya sido esta evolución preliminar, sólo en el XVI las fuerzas antagonistas del antiguo sistema adquirieron la suficiente energía para que la pugna saliera a la luz pública, en cierto sentido, de forma que sus consecuencias fueran percibidas por todos. En primer lugar la lucha se dirigió contra el poder teológico. Lutero y sus correformadores derribaron a la autoridad pontificia como poder europeo. Al mismo tiempo, socavan de manera general la autoridad teológica «destruyendo el principio de la creencia ciega, sustituyendo ese principio por el derecho de examen que, restringido primero a límites estrechos, se iría agrandando inevitablemente... hasta abarcar por fin un campo indefinido» (*Organizador*, IV, 89). Este doble cambio se operó no sólo entre los pueblos que se convirtieron al protestantismo, sino incluso entre los que siguieron siendo católicos, pues, una vez establecido el principio, éste se extendió fuera de los países donde había sido proclamado primeramente. Como sonsecuencia, el lazo que unía las conciencias individuales con el poder eclesiástico se relajó, aunque sin romperse, y la unidad moral del sistema social quedó definitivamente quebrantada.

Todo el siglo XVI se vio afectado por esta gran revolución intelectual. Sólo cuando la lucha, iniciada contra el poder espiritual, terminó así, pudo proseguirse contra el poder temporal. Tuvo lugar casi al mismo tiempo en Francia e Inglaterra. En uno y otro país la desarrollaron los municipios, bajo la jefatura de una de las dos ramas del poder temporal. Entre los ingleses es el feudalismo el que se pone a su frente para combatir contra la autoridad real; en Francia fue la realeza la que se convirtió en su aliada contra el poderío feudal. Esta coalición había empezado a formarse, en los dos pueblos, a partir de la liberación de los municipios; pero sólo en el siglo XVII estos reajustes intestinos aparcen a la luz, a ambos lados del Canal, y se entabla el ataque a plena luz. En Francia Richelieu, y después Luis XIV, quebrantan el poder señorial; en Inglaterra estalla la Revolución de 1688, que limita el poder real en la medida de lo posible, aunque sin derribar la antigua organización. El resultado final de estos acontecimientos fue un debilitamiento del sistema militar en su conjunto. Se debilitó, en primer lugar, porque perdió su unidad a consecuencia de la escisión producida entre los dos elementos que lo formaban y porque un sistema no puede dividirse sin debilitarse; y también porque uno de los elementos salió aplastado de la lucha. Por ello, aunque en esa misma época aparente, al menos en Francia, brillar con vivo resplandor, en realidad esas magníficas apariencias disimulan un estado de miseria interna que los acontecimientos del siglo siguiente evidenciaron pronto a todos los ojos.

Hasta entonces, en efecto, sólo había estado expuesto a ataques parciales, dirigidos contra esta o aquella de las partes que lo componían, primeramente contra el poder espiritual y después contra el poder temporal. Había habido una serie de impulsos más o menos violentos, pero siempre limitados. Pero en el siglo XVII el resquebrajamiento se hace tan profundo, la resistencia que se le opone está tan debilitada que el ataque se generaliza y se extiende al conjunto de la organización. Se ve entonces cómo el principio del derecho de examen en materia religiosa se extiende hasta los límites más extremados. Las creencias teológicas fueron totalmente derribadas «con excesiva imprudencia, precipitación y ligereza, sin duda, con un olvido demasiado absoluto del pasado y enfoques demasiado confusos e inciertos del futuro; pero, en fin, lo fueron, y de tal manera que no pudieron recuperarse» (*Organizador*, IV, 102). Los descubrimientos que entonces se hicieron en todas las ciencias contribuyeron, además, a este resultado en mucha mayor medida que todos los escritos de Voltaire y sus colaboradores, por grande que fuera su importancia (*ibíd.*, 105). En ese mismo momento la crítica se extiende del poder espiritual al temporal, tanto más cuanto que, después de la Reforma, y a consecuencia de la estrecha unión entre el clero y la realeza, se basaba en las mismas doctrinas. Por ello se le ve ir de mal en peor y tender cada vez más hacia su ruina desde la Regencia a Luis XV, de Luis XV a Luis XVI.

Así la historia del antiguo sistema, a partir del momento en que, hacia el siglo X, llega a su madurez, hasta la víspera de la Revolución, nos ofrece el espectáculo de una ininterrumpida decadencia. Pero al mismo tiempo que se desarrollaba esta serie regresiva se producía otra en sentido inverso, y de un alcance no menos considerable. Las fuerzas industriales y científicas, una vez formadas, no manifestaron exclusivamente su acción con efectos destructivos, es decir, con el derrocamiento del antiguo orden social; suscitaron otro. No se limitaron a desligar las conciencias y las voluntades individuales de los centros que, al imprimirles una misma dirección, las convertían hasta entonces en un mismo cuerpo; a medida que adquirieron más energía, se convirtieron también en focos de acción común y en centros de organización. En torno a ellas se agrupó y ordenó la masa de elementos sociales que los viejos poderes, cada vez más impotentes para retenerlos bajo su dependencia, dejaban escapar. Bajo estas nuevas influencias un nuevo sistema social se alzó lentamente en el seno del antiguo, que se descomponía.

Mientras las artes y los oficios habían estado estrechamente subordinados a la autoridad teológica y militar, teniendo que servir de instrumentos para unos fines que no eran los suyos, su progreso había estado detenido. Pero en cuando comenzaron a liberarse, gracias a la liberación de los municipios, adquirieron un auge y se desarrollaron tan rápidamente que pronto se convirtieron en una potencia social con la que hubo que contar. Todo en la sociedad fue cayendo poco a poco bajo su dependencia, pues nada era posible ya sin ellos. La propia fuerza militar quedó subordinada a ellos, una vez que la guerra se convirtió en el algo complejo y costoso, una vez que exigió, no ya simplemente valor natural y cierto talante, sino dinero, máquinas y armas. De forma creciente los perfeccionamientos de la industria y las invenciones de la ciencia, y la riqueza, en fin, resultaron más necesarios para el éxito de las armas que la valentía hereditaria. Ahora bien, cuando una clase adquiere más importancia y consideración, cuando las funciones que cumple se vuelven más esenciales, resulta inevitable que adquiera así más influencia en la dirección de la sociedad y una autoridad política directa. Y eso es lo que ocurrió, en efecto. Poco a poco se ve a los representantes de la industria introducirse en los Consejos gubernamentales, desempeñar en ellos un papel cada vez más preponderante y, por consiguiente, contribuir crecientemente a determinar la marcha general de la sociedad. Este fenómeno se manifiesta sobre todo en Inglaterra. Poco a poco los municipios, es decir las clases que no cumplen sino funciones económicas, obtienen en primer lugar un voto consultivo en la votación del impuesto, y luego un voto deliberativo, y después el voto exclusivo en la votación del presupuesto. Sustituyen así al poder temporal en una de sus funciones más importantes y, al poder actuar ya conforme a su propio interés sobre la dirección de la sociedad, modifican su orientación, pues tenían fines muy distintos a los de las clases militares. Con otras palabras, el sistema social comienza a girar alrededor de un nuevo eje (*Organizador*).

Y esto no es todo. Una de las prerrogativas esenciales del feudalismo consistía en ejercer la justicia. La justicia señorial era incluso una de las particularidades de la organización feudal. Pero, una vez que las ciudades se liberaron, uno de los derechos que más empeño pusieron en reconquistar fue el de la administración de la justicia. «Se formaron municipalidades que se encargaron de eso. Sus miembros eran nombrados por los ciudadanos y por un tiempo limitado». Es cierto que la importancia de estos tribunales municipales no tardó en disminuir, bajo la influencia de diversas circunstancias. Pero siguieron atribuidos a ellos los asuntos comerciales e industriales. «Tal fue el origen y la naturaleza de los tribunales de comercio, que al principio no eran sino las municipalidades» (*Industria*, III, 135 y ss.). Ahora bien, la aparición de dichos tribunales es un acontecimiento considerable en el proceso de organización que estamos trazando. En adelante, en efecto, el cuerpo industrial poseyó un órgano judicial propio, en armonía con su naturaleza especial, y que completó el sistema en vías de formación.

Pero esta organización espontánea no se redujo a la constitución de algunos órganos eminentes, como los anteriores; se extendió a todos los detalles de la vida colectiva, a toda la masa de la población, a la que encuadró de forma muy nueva. Antes de la liberación de los municipios, el pueblo, en todo lo que atañía a lo temporal, tenía como jefes únicos y permanentes a los mismos jefes del ejército. Pero después de la liberación se apartó de ellos poco a poco y se organizó bajo la dirección de los jefes de las artes y oficios. Contrajo con estos últimos ciertos hábitos de orden y subordinación que, sin ser rigurosos, bastaban para asegurar el orden en los trabajos y la buena armonía de la sociedad. Gracias a la institución de ejércitos permanentes, sobre todo, pudo esta nueva agrupación de fuerzas sociales separarse por completo de la antigua y alcanzar su independencia. En efecto, a partir de ese momento el oficio de soldado fue una función especial, separada del resto de la población. Como consecuencia, «la masa del pueblo ya no tiene la menor relación con los jefes militares, está organizada sólo industrialmente. Quien se hacía soldado ya no se consideraba, ni estaba considerado, como perteneciente al pueblo; pasaba de las filas del nuevo sistema a las del antiguo, de municipal se convertía en feudal, sin más». Era él quien se desnaturalizaba, no el sistema del que antes formaba parte... Si se considera hoy el estado del pueblo, se verá que sólo está en relación directa y continua, en lo temporal, con sus jefes industriales. Seguid con el pensamiento, en sus relaciones diarias, a un obrero cualquiera, sea en la agricultura o en las manufacturas, y veréis que habitualmente sólo está en contacto de subordinación con jefes agricultores, manufactureros o comerciantes» (*Organizador*, IV, 149).

Al igual que la industria, la ciencia, a medida que se desarrolló, se proveyó de una organización apropiada a su naturaleza, y muy diferente, por consiguiente, de la que presentaba el poder teológico. Los sabios se convirtieron en personajes considerados, y la realeza cogió cada vez más la costumbre de consultarlos. A consecuencia de estas repetidas consultas se constituyeron grandes cuerpos científicos, poco a poco, en la cima del sistema. Son las academias. Más abajo, se vio alzarse todo tipo de «escuelas especiales para las ciencias, donde la acción de la teología y de la metafísica era nula, por así decirlo». «Una masa cada vez mayor de ideas científicas penetró en la educación común, al mismo tiempo que las doctrinas religiosas iban perdiendo influencia» (*Organizador*, IV, 137). En fin, al igual que en la industria, este inicio de organización no permanece localizado en las más altas esferas, en las partes culminantes de la sociedad, sino que se extiende a la masa del pueblo, situada ante los sabios en un estado de subordinación análogo a aquel en que se encontraba antaño ante el cuerpo eclesiástico. «El pueblo, organizado industrialmente, pronto se percató de que sus trabajos ordinarios de artes y oficios nada tenían que ver con las ideas teológicas..., y donde quiera que pudo estar en contacto con los sabios perdió la costumbre de consultar a los sacerdotes, y adquirió la de ponerse en relación con quienes poseían los conocimientos positivos» *(Organizador, IV, 153)*. Y como los consejos que se le dieron así le parecieron buenos, acabó por otorgar «a la opinión unánime de los sabios el mismo grado de confianza que otorgaba en la Edad Media a las decisiones del poder espiritual. Es así como, por una especie de fe de un nuevo género, admitió sucesivamente el movimiento de la Tierra, la teoría astronómica moderna, la circulación de la sangre, la identidad del rayo y la electricidad, etc.». «Está pues probado, que el pueblo (se volvió) espontáneamente confiado y subordinado a sus jefes científicos, al igual que lo es temporalmente respecto a sus jefes industriales, y estoy, por consiguiente, en el derecho de llegar a la conclusión de que la confianza está tan bien organizada en el nuevo sistema como la subordinación» *(Organizador, IV, 155)*.

He aquí, pues, cómo se pueden resumir los resultados de esta doble evolución. A medida que el antiguo sistema social se hundía, en su propio seno se constituía otro. La vieja sociedad encerraba en su seno una sociedad nueva, en vías de formación, y que adquiría de día en día más fuerza y consistencia. Ahora bien, estas dos organizaciones son necesariamente antagonistas entre sí. Son el resultado de fuerzas opuestas, y que aspiran a fines contrarios. La una es esencialmente agresiva, guerrera; la otra, esencialmente pacífica; la una ve en los otros pueblos enemigos a los que hay que destruir, la otra tiende a considerarlos como colaboradores en una obra común. La una tiene por objeto la conquista, la otra, la producción. Lo mismo ocurre en lo espiritual: la primera se dirigía a la fe e imponía a los espíritus unas creencias que situaba por encima de toda discusión; la otra se dirige a la razón, y la propia confianza, la especie de sumisión intelectual de la que no puede prescindir, las reclama en nombre de la razón, a reserva de una verificación y de pruebas siempre posibles. No podían, pues, coexistir sin oponerse mutuamente. Hemos visto, sin duda, que a pesar de este antagonismo la sociedad industrial había conseguido darse espontáneamente cierta organización, prueba de su vitalidad. Pero era preciso que esta organización pudiera ser tenida por suficiente. El pasado seguía sobreviviendo, por quebrantado que estuviera, y por consiguiente se oponía a la constitución definitiva del presente. El poder feudal y religioso se había visto obligado, sí, a conceder cierto lugar al cuerpo de los sabios y de los productores en el sistema político de la sociedad. Pero este sistema había sido hecho para el antiguo régimen y no para el nuevo. La industria lo había utilizado en la medida de lo posible, pero no lo había sustituido por otro verdaderamente a su imagen y ajustado a sus necesidades. Las modificaciones que había introducido en él son importantes, pues atestiguan cuán necesarios eran unos reajustes básicos de la sociedad, pero no pueden ser consideradas como transformaciones. Una constitución social hecha para la guerra y la destrucción no puede adaptarse exactamente a una actividad esencialmente pacífica y productiva. Para que las nuevas necesidades pudieran ser satisfechas era preciso, pues, que suscitaran un orden político que se les adecuase. Asimismo, la vieja moral y el viejo derecho estaban desacreditados en el interior del mundo nuevo que se alzaba; pero el nuevo orden jurídico y moral, sin el cual el nuevo sistema no puede considerarse organizado, no se había creado. Por ello, la sociedad industrial y positiva, más que encontrar su forma, aspiraba a ella. Para lograrlo, tenía que romper la que la fuerza de la costumbre seguía manteniendo y, además, que encontrar otra que la expresase. Mientras no se obtuviera este doble resultado era inevitable que sufriera y que, a causa de la importancia social que había adquirido, esos sufrimientos constituyeran un malestar colectivo.

Tal era la situación en vísperas de la Revolución, y de esta situación nació la Revolución. «Esta gran crisis no tiene su fuente en tal o cual hecho aislado... Se produjo una perturbación del sistema político, por la sola razón de que el estado de sociedad al que correspondía la antigua sociedad había cambiado totalmente de naturaleza. Una revolución civil y moral que se estaba produciendo gradualmente desde hacía más de seis siglos, engendró y necesitó una revolución política... Si se quiere asignar rotundamente un origen a la Revolución Francesa, hay que fecharla el día en que se inició la liberación de los municipios y el cultivo de las ciencias de observación en Europa occidental» *(Sist. ind.,* V, 77). La suscitó, pues, una doble necesidad, la necesidad de desembarazarse del pasado y de organizar el presente; la Revolución respondió solamente a la primera. Acabó de asestar los últimos golpes al antiguo sistema, abolió todo lo que quedaba del feudalismo, incluso la autoridad real, todas las supervivencias del viejo poder temporal, dando al principio de la libertad de conciencia las consecuencias jurídicas que llevaba consigo, siendo así que hasta el momento no había tenido aún sino consecuencias y sanciones morales. Tal principio quedó solemnemente inscrito en la base de nuestro derecho.

Pero la Revolución no edificó nada nuevo sobre el suelo que había despejado así. Declaró que ya no se estaba obligado a admitir las viejas creencias, pero sin trabajar en la elaboración de un nuevo *corpus* de creencias racionales que todas las inteligencias pudieran aceptar. Arruinó las bases sobre las que reposaba la autoridad política, pero sin asignarle otras que tuvieran al menos cierta estabilidad. Proclamó que el poder político no debía pertenecer más a quienes lo habían detentado hasta entonces, pero sin atribuirlo a ningún órgano definido, es decir, era del todo el mundo; eso equivalía a convertirlo en un *res nullius*, un instrumento capaz de todos los fines posibles y no un factor definido con un objeto definido. Una obra tan exclusivamente destructiva, lejos de atenuar la crisis que la había suscitado no podía sino hacer el mal más agudo e intolerable. Porque la carencia de organización que padecía la sociedad industrial se hizo aún más sensible, una vez que desapareció cuanto restaba de la antigua. La débil cohesión de esta sociedad naciente se convirtió en un peligro social mucho más grave, una vez que quedaron completamente rotos los viejos lazos sociales. El cuerpo social, al arrancar esos lazos, incluso los más... con el fin de encontrar su fin, lo hizo [tan bien] (?) que pronto no hubo ninguno. Cabalmente de ahí procede esa especie de incertidumbre, de angustia exasperada, que caracteriza la época revolucionaria. «Desde hacía mucho tiempo, dice Saint Simon, se dejaba sentir el vacío de las antiguas ideas generales; desde hacía mucho tiempo, su dominación se había vuelto molesta; se sentía vergüenza de no sacudirse ese despotismo moral que se denominaba ya prejuicio, pero que se sufría aún, a falta de cosa mejor». «Unos filósofos, más atrevidos que sabios, asestan a esta opinión envejecida golpes prematuros, golpes, sin embargo, fáciles y decisivos; el sistema de las ideas generales se derrumbó, y la sociedad fue disuelta. Los espíritus, al no existir ya nada convenido entre ellos, se separaron y enemistaron; fue la lucha de todos los caprichos y el combate de todas las imaginaciones» *(Industria*, II, 206). De eso también provino el aborto parcial de la Revolución. Como una sociedad tan desorientada no podía vivir, se vio pronto cómo algunas de las instituciones destruidas renacían de sus cenizas. Fue restablecida la autoridad real. Pero estas resurrecciones del pasado no constituyen una solución. Después de la Revolución, a comienzos del XIX, se plantea el problema en los mismos términos que en vísperas de 1789, sólo que de forma más apremiante. Su desenlace es más urgente si no se quiere ver cómo unas crisis nacen de otras crisis, sin fin, cómo la exasperación se convierte en el estado crónico de la sociedad, y, finalmente, cómo el resultado es una disolución más o menos cercana. Hay que tomar un partido. O restaurar completamente el antiguo sistema, u organizar el nuevo. Eso es, cabalmente, lo que constituye la cuestión social.

No se puede, como veremos, plantearla con mayor profundidad. La originalidad de este análisis histórico consiste en que Saint Simon percibió muy correctamente que los cambios que se habían producido espontáneamente en las sociedades europeas desde la Edad Media no habían afectado simplemente a este o aquel carácter particular, a este o aquel detalle del mecanismo gubernamental, sino a la base del organismo social. Comprendió que el movimiento liberal, del que la Revolución no ha sido sino el resultado, pero que llevaba incubándose durante siglos antes de ella, no había tenido simplemente el efecto de desembarazar a los ciudadanos de ciertos enojosos lazos, de suerte que se pudiera considerar que había llegado a su término actual, una vez suprimidos esos obstáculos; su resultado había sido una disolución del antiguo orden de cosas, pero esta disolución no era una solución, sino solamente hacia a ésta más inmediatamente necesaria. Comprendió que para reorganizar las sociedades no basta con destruir el sistema de fuerzas que constituía su unidad; que, una vez cumplida esta destrucción, y por necesaria que sea, el equilibrio social se hace a su vez precario, sólo se mantiene por milagro, está destinado a derrumbarse al menor soplo y, por consiguiente, es preciso restaurarlo sobre nuevas bases; y, por ende, conforme a un plan que no se limite a ser una reproducción del antiguo. Las grandes cuestiones contemporáneas se encuentran enlazadas así con toda la serie de nuestro desarrollo histórico.

Octava lección

Aunque, como hemos visto, Saint Simon enjuicia con independencia, y a veces incluso con severidad, la obra revolucionaria; aunque estima, por ejemplo, que en ciertos aspectos fue imprudente y precipitada, y que, en cualquier caso, no constituye una solución a la crisis, constituiría un error ver en sus críticas una condena. Primeramente, plantea en principio que era necesaria e inevitable: nuestra entera historia, desde los orígenes, no es sino una larga preparación de ella. Además, aunque reprocha a los hombres de la Revolución haber derribado las viejas instituciones sin preocuparse por saber lo que pondrían en su lugar, considera que esta destrucción era indispensable para que fuera posible la edificación de un nuevo régimen. La noche del 4 de agosto le parece incluso una de las grandes fechas de la historia. La nación francesa, dice, «proclamó su mayoría de edad en la noche del 4 de agosto, al abolir todas las instituciones derivadas de la esclavitud» (*Cated*, X, 12). Además, atribuye a la benéfica influencia de la Revolución la situación relativamente favorable en que nos encontramos frente a las cuestiones sociales. «La Revolución, dice, cuyos grandes efectos morales empiezan a desarrollarse, ha inspirado a los franceses respecto la política; por ello nadie debe extrañarse de que se muestren hoy superiores a los ingleses en concepciones orgánicas» (*Organización social*, X, 148). En suma, no le reprocha haber sido, sino no haber sido todo lo que hubiera podido ser, y sobre todo, lo que era necesario que fuera.

Pero ¿cuál es la causa de que se hubiera quedado a

medio camino? ¿Qué es lo que le impidió desembocar en resultados positivos? La explicación que da Saint Simon merece ser señalada.

En la naturaleza del hombre está, dice, no poder pasar sin intermediarios de una doctrina a otra, de un sistema social a un sistema diferente. Por eso la autoridad de la ciencia y de la industria no habría podido sustituir nunca a la del clero y el feudalismo de no ser por qué, en el momento en que la primera empezaba a nacer y la segunda a debilitarse, se constituyó entre las dos «un poder temporal y un poder espiritual de naturaleza intermedia, bastarda y transitoria, cuyo único papel consistió en realizar la transición de un sistema social a otro» *(Sist. Ind.,* V. 80). Así es como, entre el cuerpo feudal y el cuerpo industrial apareción la clase de los legistas. Los legistas, como los trabajadores, no habían sido al principio más que agentes de los señores. Pero poco a poco formaron una clase distinta, cuya autonomía fue creciendo, y cuya acción se opuso a la acción feudal y la modificó «mediante el establecimiento de la jurisprudencia, que no ha sido sino un sistema organizado de barreras que se oponían al ejercicio de la fuerza» *(ibíd.,* 81). Se constituyó entonces una justicia que no era puramente feudal y el poder militar se encontró sometido a limitaciones y a reglas inspiradas en el interés de los industriales; pues éstos aprovechaban necesariamente toda restricción aportada a la potencia antagonista contra la que luchaban. Asimismo, en lo que concierne a lo espiritual, los metafísicos, surgidos del mismo seno de la teología, se intercalaron entre la ciencia positiva y el clero, inspirándose a la vez en uno y otro espíritu; sin dejar de fundar sus razonamientos en una base religiosa, modificaron empero la influencia teológica mediante el establecimiento del derecho de examen en materia de derecho y de moral.

Son estas dos potencias intermedias y mixtas las que

ocuparon casi exclusivamente el escenario político hasta la Revolución, porque, a causa de su naturaleza compuesta y ambigua, respondían mejor que todas las demás al estado igualmente ambiguo de la civilización. No cabe duda de que prestaron así grandes servicios y contribuyeron en amplia medida a la liberación definitiva de la ciencia y la industria. Gracias a los unos, el mundo del trabajo escapó a los tribunales feudales; gracias a los otros, se abrió poco a poco camino la idea de que la sociedad podía mantenerse sin que las conciencias particulares estuvieran situadas bajo la dependencia de las doctrinas teológicas. Por eso en el momento en que estalló la Revolución su autoridad era tan grande que asumieron con toda naturalidad su dirección. Los industriales y los sabios creyeron que no podían hacer nada mejor que confiarles ciegamente su causa. Son, pues, hombre de leyes y literatos metafísicos los que compusieron casi exclusivamente las asambleas revolucionarias y los que inspiraron sus actos. Ahora bien, en esta situación nueva no pudieron ejercer otra acción que la conforme a su naturaleza y a su pasado. Y puesto que no habían tenido otra función hasta entonces que la de limitar los poderes gubernamentales, continuaron aportándoles sin tregua nuevas limitaciones hasta que, a fuerza de verse contenidas, esas fuerzas sociales se hallaron reducidas a nada. Pero aunque estaban admirablemente preparados y organizados para llevar a su último término esta obra de derrumbe, nada tenían de cuanto se precisaba para edificar un sistema nuevo, pues, sin darse cuenta, todo el fondo de sus doctrinas procedía del pasado, del antiguo estado de cosas. ¿Cómo iban a alzarse los jurisconsultos a la concepción de un orden social diferente del que acababan de destruir, si «sus opiniones políticas se derivaban, en su mayoría, del derecho romano, de las ordenanzas de nuestros reyes, de las costumbres feudales, en una palabra, de toda la legislatura que precedió a la revolución» *(Sobre la querella de las Abejas y los Zánganos,* III, 219). ¿Cómo unos metafísicos, como era toda la escuela filosófica del XVIII, iban a constituir un sistema de ideas y creencias, en armonía con un estado social determinado, si, influidos por el espíritu teológico que seguía animándolos, aspiraban, en todas las cuestiones prácticas que se planteaban, a soluciones absolutas, independientes de toda consideración de tiempo y lugar, de toda condición histórica? La eficacia del papel de unos y otros debía limitarse, pues, a destruir. «Cuando quisieron ir más lejos, se lanzaron a la cuestión absoluta del mejor gobierno imaginable; y, siempre dirigidos por los mismos hábitos, la trataron como una cuestión de jurisprudencia y de metafísica. Pues la teoría de los derechos del hombre, base de todos sus trabajos en política general, no es sino una aplicación de la alta metafísica a la alta jurisprudencia» *(Sist. Ind.,* V. 83).

Está claro que esta manera de concebir y apreciar el papel histórico de los legistas no ha de atribuirse simplemente a las prevenciones personales de Saint Simon, al alejamiento, por ejemplo, que un genio intuitivo e inventivo como el suyo podría haber experimentado respecto a la dialéctica un poco seca de los jurisconsultos. Se debe a causas más profundas. El derecho es la forma que las relaciones sociales han adoptado con el tiempo, por efecto de la costumbre y la tradición: es la costumbre fijada. Y, por ende, expresa el pasado. Por la manera misma en que se forma, corresponde mucho más al orden de cosas que desaparece que al que tiende a establecerse. Y aunque sólo sea por eso, obstaculiza, en muchos casos útilmente, los proyectos de reformas sociales y, por consiguiente, quienes están encargados de su custodia son, para los innovadores, más enemigos que auxiliares. Pero, amén de esta razón muy general, hay otra más particular que inspiró muy en especial las apreciaciones de Saint Simon. La sociedad industrial, tal y como él la concibe,

162

reclama, a causa de su extremada complejidad, una organización igualmente compleja; como debe poder variar con facilidad según las circunstancias de tiempo y lugar, como, aunque descanse en todas partes en las mismas bases generales, no puede ser idénticamente la misma aquí y allá, hoy y mañana, no puede cuajar en fórmulas rígidas y definidas, no puede someterse a una reglamentación absolutamente uniforme y fijada de una vez para siempre. Sólo sus principios pueden ser definidos con precisión. Por consiguiente, la forma jurídica que exige esa sociedad no podrá desligarse completamente de la materia social a la que se aplica, para ser considerada aparte, en abstracto, para convertirse en objeto de un estudio y de una elaboración especiales. Porque, separada de los hechos sociales concretos, particulares, variables, en los que se encarna, no consistirá sino en fórmulas ciegas, ajenas a esa realidad que ignoran. Ahora bien, el punto de vista de los juristas implica esta abstracción. Estos no tienen razón de ser más que en la medida en que el derecho pueda ser aislado de las funciones sociales que reglamenta; pues sólo con esta condición puede pensarse en instituir un cuerpo de funcionarios especiales, a saber, los juristas, encargados de conocerlo e interpretarlo. Y como tal disociación es imposible en una sociedad industrial, los legistas propiamente dichos no podrían tener un lugar en ella. En ese sistema, a los mismos industriales y sólo a ellos correspondería aplicar los principios generales del derecho a la diversidad de los casos particulares, porque sólo ellos están en una relación lo bastante directa con el detalle de la vida social para poder tener en cuenta todas las posibles combinaciones de circunstancias y no imponer pesadamente a situaciones diferentes unos preceptos uniformes. Así nos explicamos mejor de dónde sale la importancia atribuida por Saint Simon al nacimiento de los tribunales de comercio; es que ve en ellos el tipo de la nueva organiza-

163

ción judicial, porque los industriales sólo tienen por jueces a sus pares y colegas y el papel de los especialistas del derecho se ve reducido al mínimo. Con mucho mayor motivo, por consiguiente, éstos no podrían desempeñar útilmente el oficio de directores de la evolución social, pues carecen de lo que es necesario para conducirla a su fin natural, a saber, el contacto inmediato con la realidad colectiva. Por eso, Saint Simon recela de ellos, pues, según él, hay incompatibilidad entre la rigidez de la disciplina jurídica y la flexibilidad infinita de la organización industrial. En ésta, el derecho debe volver a ser inminente a la sociedad, para poder expresar todas sus variaciones y todos sus matices, y dejar de ser materia de una función especial.

Parece claro, en efecto, que la vida económica muy desarrollada de las sociedades modernas no puede organizarse sino con la ayuda de un derecho mucho más flexible y maleable que el de los códigos, inseparable por consiguiente de las relaciones sociales a las que se aplica. Parece, por otra parte, que es preciso que los hombres de leyes no tengan el papel preponderante en la dirección práctica de nuestras sociedades, preponderancia que se remonta, como muestra Saint Simon, a los primeros tiempos de la lucha contra el feudalismo (1).

La observación de Saint Simon merecía ser tenida en cuenta aunque sólo fuera por esto. Pero presenta aún otra importancia para la historia de las ideas. Si se la compara, en efecto, con lo que se ha dicho anteriormente, se llega a la conclusión de que, según Saint Simon, las sociedades europeas pasaron sucesivamente por tres sistemas sociales: el sistema teológico o feudal, el sistema metafísico o jurídico y el sistema positivo. En esta fórmula puede reconocerse la famosa ley de los tres

_____

(1) Y que no tiene ya la misma razón de ser, una vez desaparecido éste.

estados que Comte convertiría en la base de su doctrina. Su origen es, pues, sansimoniano.

Había, sobre todo, un enfoque especialmente profundo al mostrar en esa evolución política, no sólo una feliz dulcificación del despotismo feudal, sino la aparición de una forma nueva de vida colectiva, los primeros ensayos de una organización social que descansaba sobre una base económica. Las observaciones sobre la constitución de los ejércitos permanentes y sobre las consecuencias que de ella resultaron son igualmente dignas de señalarse.

Sería demasiado largo poner de relieve todas las ideas fecundas que contiene el cuadro a grandes rasgos de nuestro desarrollo histórico. Saint Simon es el primero que comprendió, antes de Guizot, toda la importancia social del movimiento municipal, y los lazos que lo unían con la Revolución y con las cuestiones actuales. También fue el primero en juzgar la obra de la Revolución con la imparcialidad de la historia, sin condenarla en bloque, como hacían los defensores del Antiguo Régimen, y sin glorificarla sistemáticamente, como hacían los liberales de su tiempo; también en esto Comte ha sido su heredero. De manera general, no podemos dejar de admirar con qué total ausencia de prejuicios, con qué sentido de la continuidad histórica supo discernir el papel de cada período, incluso de los más desacreditados, como la Edad Media, en la ininterrumpida serie de transformaciones que enlazan la sociedad del siglo X con la época contemporánea.

CAPÍTULO VIII

LA DOCTRINA DE SAINT SIMON *(continuación)*
ORGANIZACIÓN DEL SISTEMA INDUSTRIAL

Lección octava [fin]

Pero volvamos ahora la cuestión práctica que se ha desprendido de este análisis histórico. Dado que nuestras sociedades actuales contienen en sí dos sistemas sociales diferentes y hasta opuestos, uno que va debilitándose cada vez más, y otro que va desarrollándose cada vez más, ¿cómo solucionar la crisis resultante de este antagonismo?

¿Intentaremos conciliar los contrarios y dar lo suyo a cada uno de los sistemas? Pero una nación no forma una verdadera asociación política más que si tiene una meta común de actividad. No puede, sin dividirse contra sí misma, perseguir dos fines contradictorios. Es el caso de Inglaterra, cuya constitución descansa a la vez sobre el principio industrial y el principio militar. El resultado es que cada institución tiene, por así decirlo, su contrainstitución que contradice a la primera. Así es como el *látigo de nueve colas* coexiste allá con la ley liberal del *habeas corpus;* como la ciudad industrial de Mánchester no tiene representación parlamentaria, mientras sí la tienen pueblos pequeños, y cómo el Gobierno inglés pretende someter a su hegemonía marítima a todas las naciones, y por otro lado proclama la igualdad de todos los pueblos exigiendo la supresión de la trata de negros, etc. Una organización tan incoherente se destruye a sí misma y el pueblo al que se aplica no avanza ni en un sentido ni en otro, pues no puede dar un paso en la dirección sin dar inmediatamente otro en dirección contraria. Semejante estado es, pues, un estado de crisis y de enfermedad, que no puede durar (*Catec.*, X, 82). Hay que elegir resueltamente entre los dos fines que puede proponerse la actividad social. Pero, ¿no cabría conservar el sistema militar introduciendo en el perfeccionamiento que lo armonicen con las necesidades nuevas de la vida industrial? Eso, responde Saint Simon, equivale a atribuir a las instituciones sociales una plasticidad de la que carecen: «Las instituciones, al igual que los hombres que las crean, son modificables; pero no son desnaturalizables: su carácter no puede borrarse por entero» (*Catec.*, VIII, 34). No pueden, pues, «ser perfeccionadas sino hasta cierto punto, pasado el cual los principios que les sirven de base no pueden ya plegarse suficientemente para recibir las modificaciones que se desearía aportarles» (X, 162). Por consiguiente, no es con retoques de detalle con lo que se podrá purgar a las sociedades modernas de las contradicciones que las erosionan. Semejantes medidas no pueden ser sino soluciones provisionales y de espera, útiles cuando se producen en su hora —y Saint Simon cree incluso que esa hora ha pasado—, pero que en cualquier caso no podrían pasar por definitivas. No podrían acabar con la crisis, pues dejan sobrevivir sus causas. Para solucionarla radicalmente, se puede dudar sólo entre los dos partidos siguientes: o bien restaurar íntegramente el sistema antiguo, o bien producir otro que abarque, como hacía el anterior cuando estaba intacto, la totalidad de la vida social.

Aconsejaban entonces el primer partido los representantes de la escuela retrógrada, de Maistre, de Bonald,

Lammenais, ... Saint Simon no habla sin estima de su doctrina, que al menos le parece tener la ventaja de ser lógica y concorde consigo misma *(Catec.* VIII , 173). Pero las sociedades no remontan el curso de la historia, dice. «Un sistema que los siglos habían edificado, y que los siglos han destruido, no puede ser restablecido ya. La destrucción de las antiguas doctrinas es completa, radical e irrevocable. Obtendrán siempre un recuerdo de agradecimiento y veneración, por parte de todos los verdaderos pensadores y de toda la gente de bien, a causa de los innumerables y eminentes servicios que prestaron a la civilización durante la larga época de su madurez; pero su único lugar ya es la memoria de los verdaderos amigos de la humanidad; no pueden aspirar ya a ser activas» *(Sist. ind.,* VI, 50 y 51). Todavía si el movimiento que arrastra a la humanidad en esta dirección hubiera nacido con las sociedades cristianas, y aunque una duración de varios siglos resulte ya suficiente para que sea imposible ver en ello un simple accidente, podría creerse en rigor que llegará el día en que tendrá un fin, como hubo un día en el que comenzó. Pero, en realidad, sus orígenes son mucho más remotos, y Saint Simon tomó esta fecha como punto de partida de sus observaciones con la única finalidad de no extender inútilmente el campo de las investigaciones históricas. Si nos remontamos más lejos, si partimos, por ejemplo, de las sociedades que precedieron a las medievales, veremos que, ya entonces, la evolución social se ha producido en el mismo sentido. En el mundo grecolatino, la clase industrial se confundía con la clase servil. Eran los esclavos quienes eran los productores, y el esclavo era propiedad directa del amo, era su cosa. La sustitución de la esclavitud por la servidumbre, tal y como se hizo en las sociedades cristianas, constituyó, pues, una primera liberación para la industria. Porque el siervo ya no dependía del poder militar sino de una manera mediata e indirecta, es decir, por intermedio de la gleba a la que estaba ligado. Estaba ligada a la tierra, no al señor: éste no podía hacer con él lo que quisiera. La libertad de sus movimientos se hizo, pues, mayor (*Industria*, III ,142). Por otra parte, en Roma y en Grecia el poder espiritual y el poder militar se confundían. Este estado de indeterminación tenía como consecuencia una estrecha subordinación de la vida intelectual al poder militar, que cesó el día en que, con el cristianismo, los dos terrenos quedaron definitivamente separados. Esta separación constituyó, para la inteligencia humana, una primera liberación, visión profunda que hoy se puede considerar como adquirida para la historia. El gran servicio que el cristianismo prestó al pensamiento fue convertirlo en una potencia social, distinto de la potencia gubernamental, e igual a ésta, y en ciertos aspectos incluso superior a ella. A partir de entonces el espíritu tuvo una carrera que le perteneció en exclusiva, y en la que pudo desarrolar su naturaleza (1). El movimiento de los municipios y la importación de las ciencias positivas a Europa no son, pues, un primer comienzo. Desde que la humanidad existe, está en marcha hacia la misma meta; por tanto, está en su naturaleza avanzar en ese sentido, y es vano tratar de hacerla retroceder.

Puesto que esta desaparición progresiva del antiguo sistema «es resultado forzoso de la marcha que ha seguido la civilización» (*Organizador*, IV, 63), no cabe discutir para saber si es útil. Piénsese lo que se piense al respecto, no cabe sino inclinarse, puesto que es necesaria. Pero, en realidad, resulta fácil ver que concuerda con los verdaderos intereses de la humanidad. De militar

---

(1) «Esta división, que no existía entre los romanos, es el perfeccionamiento más capital de la organización social que hayan hecho los modernos. En eso se basó primitivamente la posibilidad de hacer de la política una ciencia, permitiendo diferenciar la teoría de la práctica» (*Organizador*, IV, 85).

que era en tiempos, el espíritu humano se ha vuelto pacífico. Se comprendió que la industria ofrecía a las naciones un medio de enriquecerse y mejorar su suerte tan fecundo como la guerra. Por consiguiente, el poderío militar perdió su antigua importancia. Asimismo las proposiciones conjeturales que enseñaban los sacerdotes resultaron inútiles en cuanto la ciencia nos mostró la superioridad de las proposiciones demostradas. Los representantes del antiguo orden de cosas no prestan, pues, servicios efectivos, y sólo se mantienen por la fuerza de la costumbre. Eso es lo que Saint Simon intentó hacer perceptible en un célebre panfleto: «Imaginaos, dice, que la nación pierda a *Monsieur,* a los príncipes, los cardenales, los obispos, los jueces y, amén de ello, a los diez mil propietarios más ricos entre los que viven de sus rentas sin producir. ¿Qué resultaría de ello? Este accidente afligiría ciertamente a todos los franceses, porque son buenos..., pero de él no resultaría ningún mal político para el Estado. Existe gran número de franceses en condiciones de ejercer las funciones de hermano del rey tan bien como *Monsieur...* Las antecámaras de los palacios están llenas de cortesanos dispuestos a ocupar los puestos de los grandes dignatarios de la corona... ¡Cuántos dependientes valen lo que nuestros ministros de Estado!... Y respecto a los diez mil propietarios, sus herederos no necesitarán ningún aprendizaje para hacer los honores de sus salones tan bien como ellos» *(Organizador,* IV, 22-23). La sustitución no se haría con la misma facilidad si se tratara, no ya de treinta mil personajes de este tipo, sino solamente de tres mil productores, sea del orden intelectual, sea del orden económico, que perdiera Francia. Entonces ésta «se convertiría en un cuerpo sin alma» y sería precisa «al menos una generación entera para reparar esa desgracia» *(ibid.,* 20).

Así, no es posible ni útil restaurar íntegramente el antiguo sistema. Pero sabemos, por otra parte, que toda combinación ecléctica es contradictoria e incoherente, que una organización social sólo puede considerarse estable a condición de ser enteramente homogénea, es decir, a condición de reposar por entero sobre uno de los dos principios cuyo continuo conflicto nos muestra la historia, con exclusión del otro. De ahí se deduce que las sociedades modernas sólo alcanzarán su definitivo equilibrio cuando estén enteramente organizadas sobre una base puramente industrial. Detengámonos un instante en esta conclusión y en la argumentación de la que se deduce, pues ahí se encuentra el origen de uno de los caracteres importantes del socialismo, quiero decir su espíritu radical y revolucionario. No quiero decir con estas palabras que el socialismo tenga más o menos necesidad de emplear la violencia material para alcanzar su fin. Tal proposición no podría, en ningún caso, aplicarse a Saint Simon, según el cual la violencia no servirá jamás para edificar nada y no es sino un arma de destrucción (*Catec.*, VIII, 9). Pretendo hablar solamente de la tendencia muy general de las doctrinas socialistas de hacer tabla rasa del pasado para construir el futuro, no importa que para proceder a esta obra de derribo recomienden no recurrir sino a medidas legales o legitimen la insurrección, que crean necesario o no facilitar las transiciones. Casi todas consideran que existe una total incompatibilidad entre lo que debe ser y lo que es, y que el orden actual debe desaparecer para dejar su puesto a un orden nuevo. En este sentido son revolucionarias, por muchas precauciones que tomen para amortiguar los efectos de esta revolución. Acabamos de ver, en el ejemplo de Saint Simon, de dónde les viene ese espíritu subversivo. Responde al carácter integral que adoptan sus reivindicaciones. Al percibir muy vivamente las nuevas necesidades que operan en la sociedad, no tienen ninguna preocupación por las otras. Prendadas de la meta que persiguen, creen necesario realizarla en toda su pureza, sin ninguna mezcla que la corrompa. Es preciso, pues, que las sociedades se organicen por entero, de la base a la cima, para asegurar esa realización integral. Ahora bien, las sociedades se han constituido para responder a muy distintos fines. Por consiguiente, como su organización presente constituye un obstáculo para la que hay que establecer, ha de desaparecer. Es preciso que los elementos sociales sean devueltos a la libertad, para poder ordenarse según un plan nuevo. Es preciso que el cuerpo social muera para poder renacer. Saint Simon no se da cuenta de que tal argumentación está en contradicción con sus premisas. Si, como no cesa de repetir, cada período de la historia sale del que lo precede, el segundo se encuentra en el primero y, por consiguiente, persiste bajo formas nuevas. Si lo que se verá viene de lo que ha sido, lo que ha sido no podrá dejar de ser, pues la causa sobrevive en su efecto, el principio en sus consecuencias. Nada se destruye. Si el futuro ha salido del pasado, no podrá liberarse de él. Hay que elegir. O bien las instituciones futuras no son sino las antiguas transformadas y, en ese caso, éstas se encuentran bajo aquéllas, o bien de las primeras no han nacido las segundas, y, en tal caso, ¿de dónde vienen éstas? La continuidad histórica queda rota y nos preguntamos cómo puede producirse tal hiato sin que el curso de la vida social se vea al mismo tiempo suspendido.

Piénsese lo que se piense sobre este punto, dado que el sistema nuevo debe diferir enteramente del antiguo, ¿cómo hay que proceder para trazar su plan? En la medida en que no existe, está claro que habrá que inventarlo. «Está claro que como el régimen industrial no podía ser introducido ni por el azar, ni por la rutina, ha debido ser concebido *a priori*» (Catec., VIII, 61). Pero, por otra parte, no es necesario ni posible, por lo demás, inventarlo de cabo a rabo, pues sabemos que ya existe en parte. Hay bajo la organización feudal una organización industrial que se va desarrollando desde la Edad Media. Ahora bien, la que se trata de establecer no sería otra cosa que la precedente, pero fortalecida y agrandada. Tal como es, resulta insuficiente, pero sólo porque aún no abarca toda la vida social, contenida como ha estado hasta el presente por los restos del antiguo régimen. No hay, pues, sino tomar conciencia de los caracteres que presenta ya ahora y ver en qué deben convertirse si, como resulta de lo que antecede, este sistema, en lugar de estar subordinado a otro, se queda solo y se extiende luego a todas las funciones colectivas, sin excepción, si el principio sobre el cual se basa se convierte en la propia base de la organización social en su totalidad; en suma, todo se reduce entonces a observar las propiedades esenciales del orden industrial, tal y como se ha constituido espontáneamente, y a generalizarlas.

Ahora bien, el rasgo más esencial de esta organización espontánea es que tiene por objeto, y por objeto exclusivo, incrementar el imperio del hombre sobre las cosas. «Ocuparse únicamente de obrar sobre la naturaleza para modificarla lo más posible en la forma más ventajosa para la especie humana»; esta ha sido, desde su liberación, la única tarea de los municipios, es decir, de la sociedad nueva en vías de formación. En lugar de tratar de extender el dominio nacional, en lugar de apartar la atención de los hombres de los bienes de este mundo, se dedicó por el contrario a incrementar pacíficamente su bienestar mediante el desarrollo de las artes, las ciencias y la industria. Tuvo por función única producir cosas útiles para nuesta existencia terrena. Por consiguiente, y puesto que toda la reforma consiste en extender a la entera sociedad lo que hasta el presente sólo ha sido cierto en esta sociedad parcial, la crisis sólo se resolverá cuando toda la vida social converja hacia esa misma meta, con exclusión de cualquier otra. La única forma normal que en adelante puede adoptar la actividad colectiva es la forma industrial. La sociedad sólo estará plenamente de acuerdo consigo misma cuando esté totalmente industrializada. «La producción de cosas útiles es la única finalidad racional y positiva que las sociedades políticas puede proponerse» *(Industria,* II, 186). Las virtudes militares, como el ascetismo que predica la religión, carecen ya de razón de ser. Las cosas de la guerra, como las de la teología, sólo interesan a una reducida minoría y por consiguiente, al no servir ya como objetivo de las comunes preocupaciones de los hombres, no podrán proporcionar la materia de la vida social. El único orden de intereses que puede ahora mantener ese papel es el de los intereses económicos. «Hay un orden de intereses sentido por todos los hombres, los intereses que corresponden al mantenimiento de la vida y al bienestar. Ese orden de intereses es el único en el que todos los hombres se entienden y sobre el que necesitan ponerse de acuerdo, el único sobre el que tienen que deliberar, que obrar en común, el único, pues, en torno al cual se puede ejercer la política y que debe ser adoptado como medida única en la crítica de todas las instituciones y de todas las cosas sociales» *(Industria,* II, 188). La sociedad debe convertirse en una vasta sociedad de producción. «La sociedad entera descansa sobre la industria. La industria es la única garantía de su existencia. El estado de cosas más favorable a la industria es, por ello, el más favorable a la sociedad» (II, 13).

De este principio se desprende una consecuencia considerable. Y es que, como «los productores de cosas útiles son los únicos hombres útiles en la sociedad, son los únicos que deben concurrir a regular su marcha» *(Industria,* II, 186). A ellos, y sólo a ellos, corresponde, pues, hacer la ley; entre sus manos debe estar depositado en su integridad el poder político. Puesto que, en esta hipótesis, toda la trama de la vida social estaría compuesta por relaciones industriales, ¿no son evidentemente los industriales los únicos capaces de dirigirla? El razonamiento, capital, comprende dos etapas: 1.º) Puesto que, en este sistema no hay nada más social que la actividad económica, el órgano regulador de las funciones sociales debe tener el papel de presidir la actividad económica de la sociedad. Ya no hay sitio para un órgano central que tenga otro objeto, puesto que no hay ya otra materia en la vida común. 2.º) Ese órgano debe ser necesariamente de la misma naturaleza que aquellos cuyo funcionamiento está encargado de regular, es decir, que debe estar compuesto exclusivamente por representantes de la vida industrial.

Pero, ¿qué ha de entenderse por esta expresión? Según una concepción que se encuentra en la base de gran número de constituciones políticas, los representantes más autorizados de los intereses económicos serían los propietarios. Para Saint Simon, en cambio, el propietario que es sólo eso, que no explota por sí mismo su capital, está lo menos calificado posible para desempeñar tal empleo. Ni siquiera forma parte de la sociedad industrial, pues ésta no incluye sino productores y él no produce. Es un zángano, y en la sociedad sólo cuentan las abejas. Es pues, tan completamente ajeno a ella como los nobles y todos los funcionarios del antiguo sistema. Hay, dice Saint Simon, dos grandes partidos, uno que comprende la inmensa mayoría de la nación, es decir, a todos los trabajadores, al que Saint Simon llama nacional e industrial; y otro, al que califica de antinacional, porque es como un cuerpo parasitario cuya presencia no hace sino obstaculizar el juego de las funciones sociales. En este último figuran los nobles... y «los propietarios que viven noblemente, es decir, sin hacer nada» (Partido nacional, III, 204). Esta oposición entre el propietario y el industrial reaparece sin cesar en su pluma y en todas las formas. En una de sus últimas obras (Catec. industrial), al primero se le designa incluso con la palabra más moderna de burgués. «No son los industriales quienes hicieron la revolución, son los burgueses». Pero es importante señalar que no todos los capitalistas son colocados así al margen de la sociedad regular, sino solamente los que viven de sus rentas. En cuanto a los que hacen fructificar sus riquezas, fecundándolas con su trabajo, son industriales. Por consiguiente, la sociedad industrial comprende a cuantos participan activamente en la vida económica, sean o no propietarios. El hecho de poseer no da acceso a ella, pero tampoco excluye.

Pero ¿de qué manera proceder a la eliminación de los ociosos? La consecuencia lógica de lo precedente sería la prohibición de poseer sin hacer nada y, por consiguiente, la prohibición de acumular riquezas en unas proporciones que permitan la ociosidad. Saint Simon no llega tan lejos; se contenta con situar a los ociosos en un estado de tutela legal. No participarán en el poder político. Serán tolerados en la sociedad, pero en calidad de ajenos a ella. Porque, al no estar representados en los consejos que dirigirán la conducta colectiva, no afectarán a su marcha. Para llegar sin demora a este resultado, dado que, en la Restauración, sólo se era elector a condición de pagar cierta cantidad de impuestos directos, bastaría con establecer que sólo los industriales propiamente dichos serían admitidos a pagar ese impuesto. De esta manera, la industria sería fácil y rápidamente dueña de las Cámaras. Tal es el alcance de una medida que recomienda Saint Simon y que, a primera vista, parece bastante singular. Pide que, en adelante, el impuesto territorial alcance directamente, no ya al propietario de la finca, sino al cultivador, al granjero. No se trata de sobrecargar a éste; veremos que se preocupa, por el contrario, de elevar su situación; es para que sólo él tenga derecho a elegir representantes. Es una manera de eliminar al propietario ocioso de la vida política. Si Saint Simon no reclama la misma reforma para los propietarios de capitales se debe a que éstos últimos **no** estaban sujetos a un impuesto directo lo bastante elevado para engendrar un censo electoral *(Industria,* II, 84-96).

Pero si los propietarios no deben estar considerados como productores, no ocurre lo mismo con los sabios que son los auxiliares indispensables de la Industria. «El cuerpo industrial, dice Saint Simon, se compone de dos grandes familias: la de los sabios o industriales de la teoría, y la de los productores inmediatos o sabios de la aplicación» *(Industria,* III, 60). También ellos, por consiguiente, tienen derecho a estar representados en los órganos directores de la sociedad y esta representación resulta incluso indispensable, pues la industria no puede prescindir de las luces de la ciencia. Es preciso, pues, que el consejo supremo de la industria propiamente dicha esté asistido por un consejo supremo de sabios. Pero es esencial que estos dos órganos, aun estando unidos, sean distintos, porque las dos funciones, la teoría por una parte y la práctica por otra, son demasiado diferentes para poder ser confundidas. «La división de la sociedad y de todo lo que la concierne en temporal y espiritual debe subsistir en el nuevo sistema, igual que en el antiguo» *(Organizador,* IV, 85, n. 1). Se trata de una conquista del cristianismo que es importante que no se pierda. Los pensadores han de poder especular con entera independencia y sin ceñirse servilmente a las necesidades de la práctica; pero los prácticos han de poder decidir soberanamente de cuanto concierne a la ejecución. Los dos órganos no deberán, además, situarse en un pie de igualdad; es necesario que haya entre ellos cierta subordinación. A los industriales debe pertenecer el papel principal, pues de ellos depende la existencia de los sabios. «Los sabios prestan importantísimos servicios a la clase industrial, pero reciben de ella servicios mucho más importantes, reciben la existencia... La clase industrial es la clase fundamental, la clase nutricia de la sociedad»

177

(*Catecismo*, X, 25). Los sabios no forman sino «una clase secundaria» (*ibíd.*). Entre las dos, por último, están los artistas, cuyo lugar en el sistema está peor determinado. A veces Saint Simon parece hacer de ellos una clase aparte, representada por un órgano especial en los centros directores de la sociedad; a veces desaparecen en la clase industrial.

En resumen, dado que las funciones sociales no pueden ser más que temporales o espirituales, es decir, orientadas hacia el pensamiento o hacia la acción, y que, en el actual estado de la civilización, la única forma racional de lo temporal es la industria y de lo espiritual la ciencia, Saint Simon concluye: 1.º) Que la sociedad regular no debe comprender más que productores y sabios. 2.º) Que, por consiguiente, debe estar sometida a unos órganos directores compuestos por los mismos elementos, con cierta preeminencia del primero sobre el segundo. Tal es el principio fundamental del sistema nuevo. Antes de adentrarnos en los detalles de las medidas de aplicación, hemos de comprender bien su significado.

A veces se ha ignorado su importancia. Al convertir a Saint Simon en el «apóstol del industrialismo» parece como si no hubiera hecho más que «completar a Adam Smith y Jean Baptiste Say» (Weil, 168), y solamente en cuestiones de detalle, y no en el principio fundamental del sistema, se ha creído hallar una primera forma de socialismo. Pero en realidad el socialismo está ya por entero en la doctrina que acabamos de exponer. ¿En qué desemboca, en efecto, sino en enlazar la vida económica con un órgano central que la regula? Esta es la definición misma del socialismo. Poco importa la naturaleza de ese órgano, sus relaciones con el órgano gubernamental del que nos ocuparemos más adelante. De cuanto antecede resulta que no existe ni podría existir otro más eminente, pues la vida económica constituye en adelante la totalidad de la vida social. Esta se halla ya centralizada. Si no se ha percibido esta consecuencia del principio es porque, equivocadamente, se ha hecho consistir la reforma en la manera en que este consejo, o esa asamblea soberana, estaría compuesta. Desde ese punto de vista, parece que Saint Simon se contenta con reclamar un mejor reclutamiento de las asambleas políticas, se limita a pedir un papel mayor para la industria. No se ve que al mismo tiempo se ha producido otro cambio. No solamente el poder político no está ya en las mismas manos, sino que concierne a un muy distinto orden de intereses que anteriormente, a saber, a la vida económica. Esta se ha convertido no sólo en un objeto de la acción colectiva, sino en su único objeto. La industria está considerada como una función social, o mejor dicho la función social por excelencia; al ocupar el puesto de la función militar, ha adquirido todos sus caracteres sociales. Aunque, en el pensamiento de Saint Simon, deba seguir regida por particulares, aunque no la conciba sino como un conjunto de empresas particulares, es decir, en la forma que presenta, sin embargo estima que este conglomerado es un sistema que tiene su unidad, en el que todas las partes deben funcionar armónicamente y que por consiguiente debe estar sometido a una acción directriz, y por tanto social. Son numerosos los pasajes donde está expuesta esta idea. En frases muy notables del *Sistema industrial* muestra que a consecuencia de la división del trabajo social los individuos son hoy más estrechamente solidarios y más dependientes de la masa. «A medida que la civilización progresa, la división del trabajo, considerada tanto en lo espiritual como en lo temporal, aumenta en la misma proporción. El resultado es que los hombres dependen menos unos de otros, individualmente, pero que cada uno de ellos depende más de la masa, exactamente en la misma relación» (V, 16). Y esta acción de la masa es normal y útil, y por eso «la organización de un sistema bien ordenado exige que las partes estén grandemente

ligadas con el conjunto y en dependencia de éste» *(ibid.)*.
Para asegurar esta dependencia, esta preponderancia del
conjunto sobre las partes, es necesario instituir un órgano
director. Su papel es combinar los esfuerzos con vistas a
un fin común: «Hasta el presente, los hombres no han
ejercido sobre la naturaleza más que esfuerzos individuales y aislados... Júzguese, según ello, a qué punto llegaría
la humanidad si los hombres... se organizaran para ejercer sobre la naturaleza esfuerzos combinados, o si las
naciones siguieran el mismo sistema entre sí» *(Organizador*, IV, 194). Cabalmente a asegurar esta combiación
debe tender todo al sistema. Así será posible; pero sólo
lo será cuando, por efecto de la división del trabajo, la
unidad del cuerpo industrial exista ya de hecho. Previamente es menester que, «en la gran mayoría de la nación,
los individuos estén inscritos en asociaciones industriales
más o menos numerosas y ligadas entre sí... lo cual
permite formar un sistema general, dirigiéndonos hacia
un gran objetivo industrial común» *(Sist. ind.*, VI, 185).
He aquí lo que distingue a Saint Simon de los economistas clásicos. Para éstos, la vida económica está totalmente
al margen de la política; entra por entero en la jurisdic-
ción de lo particular. Para Saint Simon, es toda la materia de la política; no sólo hay una política de los intereses económicos, sino que no hay otra. «La política es la
ciencia de la producción» *(Industria*, II, 188).

Lección novena

Toda la doctrina de Saint Simon está pendiente del
siguiente problema: «¿Cuál es el sistema social que reclama el estado actual de los pueblos europeos?». Para responder a esta pregunta, Saint Simon interroga a la historia. Ahora bien, ésta nos muestra que las sociedades modernas portan en sí dos sistemas sociales, no sólo dife-

rentes sino contradictorios, y que se desarrollan uno y otro en sentido inverso desde los primeros tiempos de la Edad Media. El uno tiene por piedra angular la fuerza militar y el prestigio irracional de la fe, el otro, la capacidad industrial y la autoridad libremente aceptada de los sabios. En lo temporal, el uno está enteramente organizado para la guerra, para la depredación, el otro para la producción pacífica; en lo espiritual, aquél aparta sistemáticamente los espíritus humanos de cuanto es terrenal, mientras que éste los concentra en las cosas de este mundo. Tal antagonismo excluye soluciones mixtas y eclécticas; por lo menos, éstas sólo pueden ser útiles a título provisional, es decir, mientras encaminen hacia una solución radical y definitiva. Pero no dispensan de esta última, que no cabe aplazar indefinidamente. Una sociedad no puede ser coherente y estable mientras se base simultáneamente en dos principios tan evidentemente contrarios. Sólo puede estar en equilibrio si está organizada enteramente de manera homogénea, es decir, si todas las fuerzas colectivas se mueven en el mismo sentido y alrededor de un único centro de gravedad. Es preciso, pues, escoger resueltamente entre estos dos sistemas: o bien restaurar íntegramente el uno, o bien extender el otro a la integridad de la vida social. Pero la primera solución es imposible, porque, aun cuando fuera útil, no se podría en ningún caso remontar el curso de la historia. Por consiguiente se impone la segunda. La única manera de poner fin a la crisis es eliminar de la sociedad todo lo que perdura del pasado, todas las supervivencias, ya carentes de razón, del régimen feudal y teológico, y no tolerar más en ella, como miembros regulares, sino a los productores de cosas útiles o, como dice Saint Simon, a los industriales. Es preciso que la sociedad se desembarace de los órganos parasitarios que la fuerza de la costumbre mantiene aún y que absorben una parte de la vitalidad colectiva, para no ser sino un sistema de funciones

181

económicas, una vasta asociación de producción, y organizarse en consecuencia.

Formulada así, la tesis de Saint Simon podría ser aceptada por los economistas, incluso los más clásicos. En efecto, también ellos sostienen que las sociedades actuales son y deben ser esencialmente industriales, que son las relaciones económicas las que constituyen por excelencia la trama de la vida colectiva. Pero he aquí que se señala una diversidad entre ellos y Saint Simon. Y es que, a los ojos de los primeros, las funciones económicas, aun siendo lo más vital de las sociedades contemporáneas, aun teniendo a las otras bajo su dependencia, son, sin embargo, cosas exclusivamente privadas y que dependen sólo de iniciativas individuales, mientras que para Saint Simon la industria de una nación es un sistema que posee su unidad, y que por ello debe estar sometido a una influencia directriz, a una acción ejercida por el conjunto sobre las partes; y como, desde el punto de vista en el que se sitúa, el sistema industrial forma un todo con el sistema social entero, esa influencia debe emanar de las sociedad, esa acción debe ser ejercida por la colectividad. En otros términos, para los unos y para los otros la vida social debe formar un todo con la vida industrial; pero, al no ver en ésta sino una combinación de intereses particulares, los discípulos de Smith y de Say la despojan de todo carácter social, hasta el punto de llegar a la extraña consecuencia de que nada en la sociedad es propiamente social. Pues le han retirado todo su antiguo contenido, a saber la pasión de la gloria nacional, el respeto a las creencias comunes, etc., y no ponen en su lugar sino cosas y sentimientos de orden privado. Saint Simon, más consecuente con su principio, tras haber establecido que la única manifestación normal de la actividad social es ya la actividad económica, llega a la conclusión de que ésta es una cosa social, o mejor dicho que es *la cosa social*, pues no hay otra posible, y que debe ser tratada como tal. Es preciso que tenga un carácter colectivo, a menos que no haya ya nada que tenga tal carácter, es decir, a menos que no haya ya nada común entre los hombres. La sociedad sólo puede volverse industrial si la industria se socializa. He aquí cómo el industrialismo desemboca lógicamente en el socialismo.

Sin embargo concibe Saint Simon esta socialización de las fuerzas económicas de forma rigurosamente unitaria. Ni siquiera se le ocurre la idea de que el comercio y la industria puedan ser regidos más que mediante empresas particulares; pero solicita que el sistema formado por esas explotaciones privadas esté sometido a la acción de órganos reguladores, de consejos directores que mantengan su unidad y aseguren su armonía. Nos queda por ver cómo deben estar compuestos esos consejos y cuál es su modalidad de funcionamiento.

En primer lugar, en lo que concierne a su reclutamiento y su organización, en las obras de Saint Simon se encuentran planes diferentes que no concuerdan exactamente entre sí. El más completo es el del *Organizador*. Habrá tres cámaras. La primera, o cámara de invención, contará con trescientos miembros elegidos entre los ingenieros y los artistas. Es la que redactará los proyectos «de las obras públicas que hay que emprender para incrementar las riquezas de Francia y para mejorar la suerte de sus habitantes, en todos los aspectos de utilidad y recreo» (IV, 51). También serán de su competencia los proyectos de fiestas públicas. La segunda cámara, o cámara de examen, tendrá el mismo número de miembros, pero estará enteramente compuesta de sabios, cien matemáticos, cien físicos, cien fisiólogos. Examinará los proyectos de la primera y además dirigirá la instrucción pública. Esta será incluso su principal función. La tercera cámara, por último, o cámara de ejecución, será la antigua Cámara de los Comunes o de los Diputados. Pero se reclutará únicamente entre los jefes de todas las

183

ramas de la industria comercial, agrícola o manufacturera. Por ella, y sólo por ella, podrán ser realizados los proyectos ideados por la primera cámara y examinados por la segunda; por eso de ella y sólo de ella dependerá el instrumento de la acción colectiva, a saber el presupuesto. La reunión de estas tres cámaras formará el Parlamento.

En el *Sistema industrial* se encuentra otro programa de aspecto menos utópico. Saint Simon se contenta con pedir que la redacción del presupuesto y el empleo de los fondos se confíen a los representantes de la industria, y que el Instituto sea utilizado de forma que sustituya al clero en el ejercicio del poder espiritual. Para alcanzar el primer objetivo, bastará con reorganizar tres ministerios, el de Finanzas, el del Interior y el de Marina. El ministro de Finanzas no podrá ser más que un industrial que haya ejercido su profesión durante diez años consecutivos; además, estará asesorado por un consejo de veintiséis miembros, denominado cámara de la industria, procedente también de la industria, y que decidirá el presupuesto. El ministro del Interior deberá justificar también que ha pasado por lo menos seis años consecutivos en la industria. Se le asignará un consejo, encargado de decidir el empleo de los fondos concedidos al ministerio por la cámara de la industria, pero formado sobre todo por sabios e ingenieros. Por último, el ministro de Marina deberá haber ejercido diez años la profesión de armador y el consejo que se le asignará comprenderá trece miembros, nombrados respectivamente por los armadores de nuestros grandes puertos (V, 106 y ss.). Por lo que respecta al poder espiritual, será aún más fácil de organizar. Dado que «el lazo más fuerte que pueda unir a los miembros de una sociedad consiste en la similitud de sus principios y sus conocimientos, y que esta similitud sólo puede existir como resultado de la uniformidad de la enseñanza dada a todos los ciudadanos» (VI, 238), basta-

184

rá con pedir al Instituto que prepare «un catecismo nacional que encerrará la enseñanza elemental de los principios que deben servir de base a la organización social, así como la construcción sumaria de las principales leyes que rigen el mundo material» (VI, 237). El mismo cuerpo se encargará además de la vigilancia de la instrucción pública: «en las escuelas no podrá enseñarse nada contrario al catecismo nacional» (VI, 239). Vemos cómo Saint Simon, a medida que avanza, se esfuerza por reducir y hacer más modestas las reformas que reclama, con el fin de demostrar que son fácil e inmediatamente aplicables. Sin embargo, en *El catecismo industrial,* al volver sobre esta cuestión de la organización del poder espiritual, propone introducir ciertas modificaciones en la composición del Instituto con el fin de ponerlo en condiciones de desempeñar mejor sus nuevas funciones. Debería haber en él dos Academias: una, que corresponde a la Academia de Ciencias, en la que bastaría con introducir «sabios en economía política», se haría cargo de redactar el código de los intereses, es decir, de formular las reglas a las que debe adecuarse la industria para ser lo más productiva posible. La otra Academia, que se encontraba en germen en la clase de las ciencias morales y políticas instituida por la Revolución, pero abolida entonces, se encargaría de establecer el código de los sentimientos, es decir, el sistema de reglas morales en armonía con las condiciones de existencia de la sociedad industrial. Comprendería no solamente moralistas, sino legistas, teólogos, poetas, pintores, escultores y músicos. Por último, por encima de estas dos Academias, un Colegio científico supremo, nombrado por ellas, coordinaría sus trabajos, refundiría en un mismo cuerpo de doctrinas los principios y reglamentos que hubiera establecido, y serviría de intermediario entre ellas y los consejos encargados del ejercicio del poder temporal (X, 26 y ss.).

Es inútil exponer en detalle estos proyectos de reformas, que no son, evidentemente, lo más sustancial del sistema. Todas las veces que un reformador no se contenta con sentar principios generales, sino que se dedica a mostrar en un plan demasiado detallado la posibilidad de realizarlos, es difícil que no incurra en la utopía, y a veces incluso en puerilidad, o por lo menos es difícil que no dé esa impresión. A este respecto, no hay sino diferencias de grado entre los programas de Tomás Moro y Campanella y los de Saint Simon, y esta apariencia común ha contribuido ciertamente a provocar ese error histórico que hace del socialismo un simple derivado del viejo comunismo, una variedad nueva. Lo que imprime a todas esas doctrinas el mismo aspecto, cuando abordan los problemas de su aplicación, es la distancia que existe, y que se percibe que existe, entre el carácter forzosamente abstracto y vago de las formas sociales que se inventan así por entero y la naturaleza eminentemente concreta de las que tenemos ante los ojos. Por ingeniosos que sean sus inventores, la realidad que construyen con el solo esfuerzo del pensamiento es muy pobre y pálida al lado de aquélla de la que tenemos una experiencia actual y un contacto presente; sus contornos son, a pesar de todo, muy indecisos, y sus líneas muy fluctuantes. Somos demasiado conscientes de que la vida social es demasiado rica, demasiado compleja para poder ser así dispuesta de antemano. Por eso todos esos ordenamientos nos dan la sensación de algo artificial e irreal, sensación que aumenta a causa de los esfuerzos que los otros hacen para evitarla, queriendo preverlo todo, es decir, multiplicando los detalles de la ejecución. Un programa de reformas sólo puede ser esquemático, y cuánto menos quiera serlo, más despierta nuestra desconfianza. Conviene, pues, no entretenernos en el detalle de las medidas propuestas por Saint Simon; y, sobre todo, el sistema no ha de juzgarse a través de ellas. Veamos sólo en ellas una ilustración de los principios, únicos que merecen ser tenidos en cuenta y que no han variado. Se los encuentra idénticamente iguales en la base de los diferentes planes que acabamos de exponer, y pueden resumirse así: 1.º) Dado que la vida social debe ser enteramente industrial, el órgano regulador de la vida social ha de estar constituido de forma que pueda presidirla con competencia; es decir, debe estar compuesto por industriales. 2.º) Dado que la industria nada puede sin la ciencia, es preciso que el consejo supremo de la industria esté asistido por un consejo de sabios. 3.º) Dado que la ciencia y el arte, la teoría y la práctica, lo espiritual y lo temporal, constituyen dos funciones a la vez distintas y solidarias, hay que dar a cada una de ellas una organización distinta, anque estableciendo entre ellas un sistema de comunicaciones constantes.

Se establecían así dos proposiciones importantes. La primera es que los negocios colectivos necesitan competencias especiales, igual que los negocios privados; y, por consiguiente, que el sistema formado por el conjunto de las profesiones industriales sólo podía ser administrado útilmente con ayuda de una representación profesional. De repente se rechazaba el principio revolucionario que atribuía a cada uno una competencia universal en materia social. No hay otro que Saint Simon haya combatido con mayor vigor. La segunda es que la práctica supone la ciencia, sin confundirse con ella; es que la conducta humana sólo es inteligente e ilustrada en la medida en que está dirigida por la teoría, aunque la teoría no puede ser fecunda más que a condición de no reducirse a perseguir fines prácticos. Así considerada, la ciencia dejaba de ser una simple ocupación privada, un simple asunto de curiosidad individual, para convertirse en una función social *sui generis,* pues de ella se esperaba en adelante los principios comunes conforme a los cuales deberían reglamentarse el orden de los intereses y el de los sentimientos. Estaba, pues, llamada a desempeñar en la sociedad, respecto a la industria, el papel que la inteligencia y sobre todo la inteligencia reflexiva desempeña en el individuo respecto a la actividad. Al asignarle esta tarea, Saint Simon no le atribuía una misión nueva, no hacía sino tomar conciencia de las funciones que cumple realmente. ¿Qué es, en efecto? ¿Es otra cosa que la forma eminente de la inteligencia colectiva?

Y ahora que sabemos cómo deben estar compuestos esos consejos, veamos de qué manera deberán funcionar.

Se plantea una primera cuestión: saber qué relaciones mantendrán con lo que se denomina comúnmente el Estado o el gobierno, es decir, con los cuerpos constituidos que disponen de la fuerza material de la sociedad, ejército, policía, etc. Como, hasta el presente, entre todos los pueblos conocidos, el gobierno ha ejercido una auténtica preeminencia sobre todas las funciones sociales, podría pensarse que, en el futuro, la organización industrial estará igualmente subordinada a él, que experimentará su acción y que no será sino lo que le permita ser. En efecto, ¿no es acaso del gobierno del que reciben su existencia todas las corporaciones que se forman en el interior de la sociedad, y no es una regla que éstas están sometidas a su control? Pero el principio que exige una competencia especial de todos los que participan en la administración de la vida industrial excluye tal hipótesis. Precisamente porque las funciones que cumple no son de orden económico, el gobierno no tiene que intervenir en el juego de las funciones económicas. «El gobierno perjudica siempre a la industria cuando se mezcla en sus asuntos; la perjudica incluso en el caso de que haga esfuerzos para estimularla» (*Industria*, II, 186). Además, la historia nos ha mostrado que el mundo industrial se ha constituido espontáneamente, al margen de toda acción gubernamental. Nació bajo la influencia de causas internas, progresó silenciosamente sin que, durante mucho tiempo, el Estado tuviera la menor conciencia de las grandes transformaciones que se estaban realizando. E incluso la industria sólo se desarrolló porque ciertas partes del cuerpo social, sometidas hasta entonces al poder gubernamental, es decir, al poder feudal, se fueron liberando poco a poco y, gracias a esta liberación, pudiern darse una organización especial. ¿En qué consiste, pues, en la sociedad nueva, la tarea del gobierno? Puesto que no puede ni debe tener una acción sobre lo que constituye el propio fondo de la vida común, no podrá desempeñar más que un papel subalterno y negativo. Defenderá a los productores de los ociosos que quieran consumir sin producir. Sería totalmente inútil si en la sociedad hubiera sólo trabajadores. «Pero circula en su seno un tropel de hombres parásitos que, sin producir nada, quieren consumir como si produjeran. Por fuerza esa gente tiene que vivir del trabajo ajeno, bien porque se le dé, bien porque lo tome. En una palabra, hay holgazanes, es decir, ladrones. Los trabajadores están expuestos, por ende, a verse privados del disfrute que es la meta de su trabajo.» Por tanto, tiene cabida una empresa especial cuyo objeto sea «impedir la violencia con la que la ociosidad amenaza a la industria... Un gobierno no es otra cosa que la empresa de ese trabajo. La materia del gobierno, es la ociosidad» (*Industria*, II, 129-130). De eso se deduce que no tiene sino funciones secundarias, puesto que no concurre directamente y de manera positiva a la que es la razón de ser de la sociedad, a saber, a la producción de cosas útiles. Está bajo la dependencia de los industriales, que lo remuneran por el servicio muy especial que les presta. «Mientras los gobernantes protejan a los sabios (de teoría y de aplicación), seguimos en el antiguo régimen; pero desde el momento en que los sabios protejan a los gobernantes, comienza realmente el régimen nuevo» (*Industria*, III, 29). Son, pues, los consejos supremos de la industria, compuestos como hemos dicho, los únicos cualificados para determinar soberanamente la marcha de la sociedad.

De esta proposición sale otra de no menor importancia. Puesto que el gobierno es ajeno a la organización industrial, ésta es indiferente a cualquier posible forma de gobierno. Se presta tan bien a unos como a otros. De hecho, Saint Simon muestra con ejemplos que pueblos sometidos a un mismo régimen gubernamental presentan los más llamativos contrastes desde el punto de vista del estado económico. Por lo demás, añade, los industriales tienen sus motivos para desinteresarse de estas cuestiones: «no tienen opinión ni partido político que les sean propios» (*Catec.*, VIII, 11). Y es porque advierten que todas esas controversias no les conciernen, que la vida económica es independiente de todas las particularidades constitucionales. Si esto es así, en una sociedad que fuera entera y exclusivamente industrial, como aquélla cuyo advenimiento anuncia Saint Simon, está claro que todas esas cuestiones no pueden tener sino un interés secundario, pues la orientación de la sociedad no depende de ellas. Hay que guardarse, pues, de atribuirles una importancia de la que carecen; nos expondríamos a perder de vista las verdaderas dificultades de la hora presente. Ese es el error que cometieron las asambleas revolucionarias y todas las que les han sucedido. Se creyó que el quehacer más urgente consistía en ponerse a buscar el mejor gobierno posible, sin ver que todas esas combinaciones de metafísica política no afectaban al fondo de las cosas. Mientras se derrochaban tesoros de ingenio en esos arreglos superficiales, la sociedad industrial seguía en el estado de desorganización o de organización imperfecta, del que resultaba la crisis; esa es la causa de que la crisis siga perdurando. Hay que renunciar a ese método y relegar todos esos problemas de pura política a su verdadero lugar, que es secundario. Ni siquiera es oportuno tratarlos *ex profeso* y de manera general, y lo mejor es resolverlos según las circunstancias, es decir conservar por ejemplo la forma de gobierno existente, sea cual sea, aristocracia, monarquía, república, etc., con tal de que no constituya un obstáculo para el establecimiento definitivo del régimen nuevo.

Detengámonos por un instante en esta concepción que nos va a aclarar un hecho importante. Un carácter muy particular de las teorías sociales del XIX, que no se halla en absoluto en las del XVIII, es que distingue y trata por separado dos tipos de cuestiones, siendo así que se las suele considerar solidarias. Están, por una parte, los problemas llamados políticos, y, por otra, los problemas sociales; además, es indudable que, cuanto más se avanza en los siglos, más la atención pública se aparta de los primeros para centrarse por entero en los segundos. Lo que antecede permite comprender cómo se ha producido esta distinción, lo que significa y de dónde procede esta progresiva desaparición de las cuestiones políticas. Y es que estas últimas se refieren directa o indirectamente a la forma de gobierno. Las cuestiones sociales, en cambio, son las que suscita el estado económico de las sociedades modernas; lo que las ha planteado es que las funciones industriales han adquirido una importancia y un desarrollo que no permiten dejarlas en el estado de desorganización en que se encuentran. Y estas cuestiones se denominan sociales y merecen serlo aunque, a primera vista, no parezcan tener sino un objeto especial y restringido, precisamente porque, como ha mostrado Saint Simon, las relaciones económicas se han convertido en la materia única, o en cualquier caso principal, de la vida social. Hay, pues, dos órdenes de problemas muy diferentes: los unos, que atañen ampliamente a las partes culminantes de la sociedad, de las que son, o mejor dicho han sido hasta el presente, las más aparentes, y de esas solas; los otros, que se refieren a la organización de las partes profundas. Es evidente que la solución de los segundos no podrá hallarse nunca resolviendo los primeros, que la organización que el mundo industrial reclama no se podrá dar combinando de ésta o aquella manera los diversos elementos que forman las esferas gubernamentales. En estas condiciones es fácil concebir que las cuestiones políticas hayan perdido su interés, puesto que sólo conciernen a una pequeña porción de la sociedad, puesto que no se refieren más que a una función especial, mientras que en las otras lo que está en juego es todo el contenido positivo de la vida colectiva. De ahí procede la sensación, bastante general hoy en día, de que los acontecimientos que se producen en las regiones superiores donde se elaboran los actos gubernamentales no son susceptibles de repercusiones muy hondas. Y es porque somos conscientes de que no es ahí donde se sitúa el núcleo vital de la sociedad; que bajo esa corteza superficial viven y se agitan los grandes intereses sociales. Si antaño las cuestiones políticas tenían una importancia muy distinta es porque entonces el papel del gobierno también era muy otro. Mientras el fondo de la sociedad estuvo compuesto por creencias y tradiciones comunes, era el gobierno el que, al encarnar esas tradiciones, forjaba la unidad de las sociedades. En él ellas tomaban conciencia de sí mismas, hasta el punto de que todas las manifestaciones de la actividad colectiva eran solidarias de la forma de gobierno. Suprímase el patriciado romano y no habrá ya ciudad antigua. Sin la lealtad feudal y, más adelante, sin la lealtad monárquica, las sociedades de la Edad Media y después las de los siglos XVI al XVIII no hubieran podido mantenerse. Por el contrario, en nuestras grandes sociedades contemporáneas, donde lo que constituye el fondo de la vida común son las relaciones económicas, la unidad social es sobre todo resultado de la solidaridad de los intereses; se debe, pues, a causas internas, a los lazos de interdependencia que unen entre sí las diferentes partes de la sociedad, y no a este o aquel carácter del órgano gubernamental. Cada pueblo forma hoy un todo coherente, no porque se haya habituado a identificarse con tal función o con tal clase, sino porque es un sistema de funciones inseparables unas de otras y que se completan mutuamente. El gobierno no es sino una de esas funciones. No tiene, por ende, el gran papel moral que desempeñaba antaño. Puede creerse, por ello, que lo que mejor caracteriza nuestras democracias actuales, lo que les otorga su superioridad sobre otros tipos de gobierno, es que, cabalmente, las formas gubernamentales están reducidas al mínimo. Por consiguiente, no obstaculizan en absoluto la organización subyacente que aspira a ser. Quizá también haya que buscar en eso la diferencia que las separa de las sociedades primitivas, con las cuales han sido confundidas a menudo, muy a la ligera.

Pero, reanudemos el hilo de nuestra exposición. Acabamos de ver que los consejos directores de la vida industrial son independientes del órgano gubernamental y hasta superiores a él. Pero, ¿si están destinados situarse así por encima del gobierno, no será a condición de convertirse ellos mismos en gobierno? Si lo hacen descender de la situación preeminente que hasta ahora ha ocupado, ¿no será simplemente porque tienen por sí mismos sus consejos y sus atribuciones, y es preciso imaginárnoslos administrando la vida industrial de la sociedad con los procedimientos que los gobiernos han empleado siempre en la dirección de los asuntos comunes? ¿Serán un estado de un nuevo tipo, fiel a todas las tradiciones del Estado y que funciona de la misma manera? Eso sería, dice Saint Simon, equivocarse por completo sobre la naturaleza del régimen que puede convenir a las sociedades industriales. Estas no necesitan solamente que los consejos que las dirigen estén compuestos de distinta manera que los antiguos consejos gubernamentales. Es preciso además que la acción directriz que ejercen se deje sentir de una manera muy distinta, con muy distinto método, para que esté en armonía con las condiciones especiales en que se encuentran esas sociedades. Han de tener un modo de funcionamiento específico, que es importante determinar.

Lo que caracteriza, en todos los pueblos conocidos, la acción gubernamental, es que es ejercida por hombres y sobre hombres. Los gobernantes han sido siempre individuos que mandaban a otros individuos, voluntades a las que se sometían otras voluntades. Y no podía ser de otro modo, pues el único principio de la organización social de las sociedades militares era la fuerza. Las sociedades militares implican, por definición, que algunos detenten el poder y que otros sean excluidos de él; los primeros son, pues, los amos de los segundos, pero éstos sólo aceptan, evidentemente, su estado de sujeción porque les viene impuesto. Todo el orden social descansa, pues, sobre la base del mando. Al mismo tiempo que imperativa, y por ser imperativa, la acción gubernamental es necesariamente arbitraria, pues unos hombres que mandan, mandan como quieren. Las voluntades soberanas a las que están sometidas las otras giran y hacen girar a éstas en el sentido que les place; la arbitrariedad es la misma esencia de toda voluntad. Ha habido numerosas quejas sobre esta arbitrariedad, de la que la historia ofrece tantos ejemplos, y se les ha reprochado a los gobernantes. Eso es un error, pues no es un simple producto accidental de faltas individuales, sino una consecuencia necesaria de la antigua constitución social. No puede dejar de existir, ya que la sociedad sólo es coherente cuando hay unas voluntades sometidas a otras. Hay que guardarse de creer, sobre todo, que tal estado de cosas depende de ésta o aquella forma de gobierno, que, por ejemplo, según los tópicos tantas veces repetidos, su única causa sea el despotismo monárquico (*Organizador*, IV, 191, en nota). No es menor bajo el parlamentarismo.

La arbitrariedad de las mayorías no vale más que la de un monarca. En uno y otro caso, se trata de hombres que dan órdenes a hombres y que les hacen obedecer. Poco importa que la voluntad dominante sea la de un individuo o la de una casta, o la de un grupo designado por elección.

Muy distinta debe ser la manera de obrar de los órganos reguladores de la sociedad industrial. En ella, en efecto, no son los más fuertes los que dirigen, sino los más capaces, tanto en la ciencia como en la industria. No se les llama a ejercer tal papel porque tengan el poder de hacer cumplir su voluntad, sino porque saben más cosas que los otros, y sus funciones, por consiguiente, no consisten en decir lo que quieren, sino lo que saben. No dictan órdenes, declaran solamente lo que es conforme a la naturaleza de las cosas. Los sabios demuestran cuáles son las leyes de la higiene social; después, entre las medias que propondrán como consecuencia de estas leyes, los industriales escogerán aquellas que la experiencia ha demostrado que son más practicables. Los primeros dirán lo que es sano y lo que no lo es, lo que es normal y anormal, los segundos lo ejecutarán. Los unos enseñarán lo que es cierto, los otros sacarán de esas enseñanzas las consecuencias prácticas que entrañan. Las cosas ocurrirán como ocurren ya ahora en la industria, donde se ve, por ejemplo, a los químicos enunciar las leyes de las combinaciones de los cuerpos, a los físicos las leyes de sus resistencia, y después a los ingenieros deducir de las leyes así demostradas las aplicaciones resultantes, sin que en todo este proceso quepan voluntades caprichosas e impersonales. Ya no son hombres que dirigen a hombres. Es la verdad sola la que habla, y ésta es impersonal y nada hay menos arbitrario que ella. En definitiva, son las propias cosas las que indican, por medio de quienes las conocen, la manera en que deben ser tratadas. «En el antiguo sistema, dice Saint Simon, la sociedad está esencialmente gobernada por hombres; en el nuevo, ya no está gobernada más que por principios» (*Organizador*, IV, 197). Ahora bien, los principios, para hacerse obedecer, no necesitan hablar en tono de mando. Tampoco necesitan forzar las voluntades. Nos sometemos espontáneamente a ellos porque son lo que son, porque son la verdad. No se puede pretender obrar de otra manera que conforme a la naturaleza de las cosas. Con la arbitrariedad desaparece, por consiguiente, la coacción gubernamental. E incluso puede decirse que en tal sociedad ya no hay desigualdades, puesto que no hay privilegios. Quienes dirigen no están por encima de los dirigidos; no son superiores a ellos, cumplen otra función, eso es todo. Dicen lo que es y lo que no es, lo que está bien y lo que es malo; los otros actúan, y eso es todo. Y como cada cual tiene un papel conforme a su capacidad, todos gozan de igual trato. «La verdadera igualdad, dice Saint Simon, consiste en que cada cual retire de la sociedad beneficios exactamente proporcionales a su aportación social, es decir, a su capacidad positiva, al empleo útil que da a sus medios». Ahora bien, esta igualdad «es el fundamento natural de la sociedad industrial» (*Sist. indus.*, VI, 17). «El sistema industrial, dice en otra parte, se funda en el principio de la igualdad perfecta; se opone al establecimiento de todo derecho de nacimiento e incluso de todo tipo de privilegio» (*Catec.*, VIII, 61). En estas condiciones, el orden social no tiene necesidad de ser impuesto. Es deseado natural y espontáneamente por todos, pues cada cual encuentra en él el campo necesario para el libre desarrollo de su naturaleza y se inclina sólo ante los principios necesarios, derivados de la naturaleza de las cosas. En estas condiciones y sólo en ellas, la sociedad podrá realmente ejercer la soberanía; «soberanía que no consiste en una opinión arbitraria erigida en ley por la masa, sino en un principio derivado de la propia naturaleza de las cosas, del que los hombres no han hecho sino reconocer la justicia y proclamar la necesidad» (*Organizador*, IV, 198).

Para distinguir esta manera de regir los intereses sociales de la empleada hasta el presente por los gobiernos, Saint Simon propone llamarla con un nombre especial: dice que es administrativa, por oposición a la otra, a la que califica de gubernamental. «La especie humana, dice, ha sido destinada por su naturaleza a vivir en sociedad; primeramente fue llamada a vivir bajo el régimen gubernamental; está destinada a pasar del régimen gubernamental o militar al régimen administrativo o industrial». Y se sirve de esta expresión porque ese régimen es el que ya ahora se emplea en la dirección de las grandes compañías industriales. Estas son administradas y no gobernadas. Los consejos de administración que las dirigen no les imponen voluntades arbitrarias; se limitan a decir lo que conviene hacer y no hacer, según les enseñan los sabios, según lo que les dicen los resultados de la estadística. No están investidos de una autoridad casi religiosa que hace que se les obedezca. Simplemente están mejor informados que quienes ejecutan lo que ellos han decidido. Toda su función consiste en elaborar el presupuesto de la mejor forma posible, en el interés común. Esta modalidad de gestión es la que hay que trasladar al gobierno de los intereses sociales. «El establecimiento de la Banca, de las compañías de seguros, de las cajas de ahorro, de las compañías para la construcción de canales y la formación de multitud de otras asociaciones que no tienen otro objeto que la administración de negocios muy importantes, han habituado a los franceses al modo administrativo en la gestión de los grandes intereses; de ahí resulta que ese modo puede ser aplicado a la gestión de los intereses generales sin que esta innovación en la alta dirección de los asuntos públicos ocasione extrañeza ni sacudidas» (*Org. soc.*, X, 148). En una palabra, la sociedad industrial debe ser administrada industrialmente.

El pensamiento de Saint Simon, es bien comprensible. Acabamos de ver sucesivamente, primero, que el gobierno propiamente dicho debía reducirse a un papel subalterno de policía, pues los órganos reguladores de la sociedad nueva debían ejercer su acción de un modo muy distinto al empleado en todos los tiempos por los gobiernos. De ello resulta que, en la sociedad industrial, la acción gubernamental, si no es nula, se ve reducida al mínimo y tiende a reducirse a nada. Pero Saint Simon vislumbra un tiempo en el que resultará casi inútil. Porque, cuando la organización está definitivamente establecida, el número de ociosos, de parásitos y, por consiguiente, de ladrones, se reducirá a cero, porque no podrán mantenerse y, como cada cual tendrá la seguridad de hallar en el organismo social un puesto concorde con sus aptitudes, serán muy raros los que recurran a la violencia para subsistir. El gobierno carecerá así, más o menos completamente, de la materia que constituye su razón de ser. Ocurra lo que ocurra en el futuro, ya ahora la autoridad imperativa no debe tener cabida en la dirección de los asuntos comunes. En la sociedad industrial no habrá gobierno en el sentido que damos a esta palabra. Porque quien dice gobernar dice poder de coacción, y en ella todo será espontáneo. La sociedad sansimoniana no es un ejército que sólo posee unidad porque se somete a sus jefes y que evoluciona dócilmente siguiendo sus preceptos. Hablando en propiedad, no tiene jefes. Cada cual ocupa el puesto que su naturaleza le hace ocupar, y no ejecuta otros movimientos que los que ordena la naturaleza de las cosas. Todo se hace por sí mismo. Por tanto, si, según la costumbre, se denomina anarquista toda teoría social en la que la forma gubernamental se suprime más o menos completamente, hay que aplicar esta calificación a la doctrina sansimoniana (2).

_____

(2) El que busca su felicidad en una doctrina que sabe que es

He aquí verificada una proposición que habíamos enunciado en nuestra lección primera. Y es que el socialismo, lejos de ser autoritario, como se dice tan a menudo, lejos de reclamar una organización más fuerte de los poderes gubernamentales, era, por el contrario, en un sentido, esencialmente anárquico. Hallamos esa misma tendencia, más pronunciada aún, tanto en Fourier como en Saint Simon, tanto en Proudhon como en Fourier, tanto en Marx como en Proudhon. Pero importa señalar también que las dos doctrinas opuestas, el socialismo y el comunismo, presentan también una impresionante similitud sobre este punto. Es sabido, en efecto, que en todos los tiempos los economistas ortodoxos enseñaron también que el orden social era espontáneo y, por consiguiente, la acción gubernamental era normalmente inútil. También ellos quieren reducir el gobierno al papel de policía, con la esperanza de que ese papel resultará cada vez más inútil. Y esta coincidencia entre los dos sistemas no es el resultado de un fortuito accidente: proviene de que uno y otro descansan sobre el mismo principio, el industrialismo. Si la materia de la vida social está compuesta exclusivamente de intereses económicos, entonces no se necesita coacción para inducir a la gente y a las sociedades a perseguir sus intereses y la autoridad gubernamental no tiene razón de ser. No hay sino dejar a los hombres obrar conformemente a la naturaleza de las cosas y de sus necesidades. No es necesario obligar a los pueblos a correr en pos de su felicidad, sólo hay que decirles dónde está. Ahora bien, en uno y otro sistema, los pueblos no tienen otra meta que su bienestar temporal. La sociedad no tiene otro fin que sí misma, y parece, pues, que no necesita ser conducida o arrastrada por una fuerza que la constriña. Por ello, cuanto más avanzamos,

---

perjudicial para la sociedad se ve siempre castigado por un efecto inevitable de las leyes de la organización (XI, 165).

más vemos al comunismo codearse con el socialismo; insistimos en este acercamiento porque nos ayudará a entender mejor el sentido de esas doctrinas, y la forma en que en nuestros días se plantean las cuestiones llamadas sociales.

Lección décima

Tras haber mostrado en el industrialismo la base de la sociedad nueva cuyo advenimiento Saint Simon anuncia, o mejor dicho comprueba, hemos iniciado la exposición de las consecuencias implicadas en ese principio. Se han establecido sucesivamente las tres proposiciones siguientes: 1.ª dado que la industria está llamada a convertirse en única materia de la vida social, los consejos encargados de dirigir la sociedad deben estar compuestos de forma que puedan administrar con competencia la vida nacional, es decir, que no deben comprender más que productores; 2.º el gobierno, en el sentido ordinario de la palabra, el poder ejecutivo, no debe tener sino un papel subalterno de policía, de donde se sigue, como corolario, que la organización industrial es indiferente a cualquier forma de gobierno. Al consejo supremo de la industria corresponde dirigir la marcha de la sociedad y puede desempeñar igualmente esta tarea bajo todas las constituciones; 3.º en el ejercicio de sus funciones, procederá con un método muy distinto al empleado por los gobiernos de todos los tiempos. Como su autoridad no dimana de que sea el más fuerte, sino de que sabe lo que los otros ignoran, su acción no tendrá nada de arbitrario ni de coercitivo. No ordenará hacer lo que él quiera, sino lo que es conforme a la naturaleza de las cosas, y como nadie puede desear obrar de otro modo que conforme a la naturaleza de las cosas, se hará lo que él diga sin que sea necesario imponerlo. Se seguirá espontáneamente su dirección, como el enfermo sigue la del médico, el ingeniero la del químico y el matemático, el obrero la del ingeniero. No habrá, pues, que armarlo con esa autoridad imperativa que ha sido hasta el presente característica de los gobiernos. No estará por encima de aquellos a quienes dirige, sino que su papel será otro, simplemente. En una palabra, no será un gobierno, sino el consejo de administración de la gran compañía industrial formada por toda la sociedad. De ello se sigue que, al quedar abolida en la sociedad industrial toda acción propiamente gubernamental, aquélla será anárquica. El orden se mantendrá gracias al mero juego de las espontaneidades particulares, sin que sea necesaria una disciplina coercitiva. A primera vista sorprende tal conclusión, pues parece contrastar con el aspecto autoritario que presenta en algunos puntos el sistema sansimoniano. Hemos visto a Saint Simon pedir que se establezca un catecismo nacional y que se prohíba toda enseñanza contraria... Pero lo que elimina la contradicción, o al menos la atenúa, es que aunque, en efecto, Saint Simon reconozca una autoridad, es exclusivamente la de la ciencia; y esta autoridad, al no necesitar la coerción para ser aceptada por los espíritus, difiere radicalmente de la que, hasta ahora, ha sido atribuido de los gobiernos. Y si Saint Simon atribuye a la ciencia tal eficacia es porque, al no ver en la sociedad sino un sistema de intereses económicos, le parece que, desde el momento en que se sabe dónde está el propio interés, no se puede dejar de ir hacia él espontáneamente. La coerción es inútil allá donde basta la atracción; y, por consiguiente, el papel de los directores de la sociedad se limita a informar a los hombres de dónde está su interés, es decir, de cuáles son las modalidades de conducta implicadas en la naturaleza de las cosas. La única diferencia importante entre esta concepción anarquista y la de los economistas es que, para éstos, la sociedad es ya ahora susceptible de esta armonía, sin que sea necesario asentarla previamente sobre bases nuevas, mientras que para Saint Simon sólo en la sociedad reformada y reorganizada será posible este acuerdo automático de todas las funciones sociales. Para los unos, esta supresión de toda acción coercitiva es realizable y deseable ya en el presente; para nuestro filósofo, debe resultar necesariamente de la total transformación del orden social que él reclama, pero no puede producirse más que después de ella. Pero, y esto es lo esencial, unos y otros concuerdan en un punto: que la coerción gubernamental o, más generalmente, la coerción social está llamada a desaparecer.

Y ahora que sabemos en qué consiste el órgano regulador de la sociedad industrial y cuál es la naturaleza de su acción, veamos en qué sentido debe ejercerse esa acción, es decir, qué metas ha de proponerse.

Entonces como hoy, según la escuela que por esa misma razón tomó el nombre de liberal, la única meta que puedan proponerse los directores de la sociedad, llámense como se llamen, es el mantenimiento de la libertad. Pero, responde Saint Simon, ¿qué se entiende por esa palabra? ¿Se quiere indicar la libertad política, es decir, el derecho concedido a todo ciudadano, sea quien sea, de ocuparse de los asuntos públicos sin la menor garantía de capacidad? Semejante derecho es, para él, monstruoso, y está muy lejos de poder servir de objetivo a la actividad pública. Quizá no se hubiera inventado nunca, de no ser por la vaguedad y la incertidumbre en que están aún sumidas las ideas que se relacionan con las cosas sociales. En efecto, a nadie se le ocurre proclamar «que los franceses que paguen mil francos de contribución directa (alusión al censo electoral) son aptos para hacer descubrimiento de química». ¿Cómo se puede establecer, pues, «un principio totalmente similar para la política, que es, sin embargo, mucho más difícil y mucho más importante que la química»? Y es porque «la química es hoy una ciencia positiva, mientras que la política no es aún sino una doctrina conjetural, que no merece el nombre de ciencia. Lo propio de la metafísica, precisamente porque no enseña nada real, es persuadir de que se vale para todo sin necesidad de estudiar nada de manera especial... Pero cuando la política haya ascendido al rango de las ciencias de observación..., las condiciones de capacidad se volverán claras y determinadas y el cultivo de la política se confiará exclusivamente a una clase especial de sabios que impondrá silencio a los charlatanes» *(Sist. ind.,* V, 16-17, nota). Descartado ese sentido, ¿se entenderá por libertad el derecho de los individuos a moverse con independencia en el interior de la sociedad? La libertad, así entendida, es seguramente un objeto digno de la mayor solicitud, pero no podría ser el fin de unas asociaciones humanas, pues éstas sólo son posibles gracias a una mútua interdependencia que disminuye esa misma libertad: «No se asocia uno para ser libre. Los salvajes se asocian para cazar, para guerrear, pero no, desde luego, para procurarse la libertad; pues, a este respecto, harían mejor en permanecer aislados». E incluso, de una manera general, la libertad no podría consituir un objetivo de actividad, pues ya supone uno. No es sino un medio y un medio que sólo es legítimo cuando se emplea con vistas a un fin legítimo. «La verdadera libertad no consiste en permanecer cruzados de brazos, si se quiere, en la asociación; tal propensión debe ser reprimida severamente allá donde exista; consiste, por el contrario, en desarrollar, sin trabas y con toda la extensión posible, una capacidad temporal o espiritual útil para la asociación» *(íbid.,* 15).

Pero, ¿en qué consistirá entonces la tarea de lo que llamábamos hace un momento el consejo de administración de la sociedad industrial? ¿Cuál será el objeto de su acción? Deberá proponerse un doble objetivo, uno más especialmente económico, otro moral.

Puesto que una nación no es o no debe ser sino una vasta sociedad de producción, su primer objeto deberá ser organizar la producción de manera que sea lo más fecunda posible. Pero, para que sea así, es preciso, evidentemente, que los instrumentos que sirven para producir estén en manos de los más aptos para sacarles partido. Ahora bien, en realidad esta condición está lejos de realizarse. No siempre quienes poseen son los más capaces. El derecho de propiedad deberá ser reformado, pues. «La propiedad deberá reconstruirse y fundarse sobre las bases que pueden hacerla más favorable para la producción» *(Organizador,* IV, 59). He aquí la primera y más fundamental regla de la política industrial, he aquí lo primero que deberá hacer el nuevo parlamento. Saint Simon vuelve a cada momento sobre la primordial importancia de esta reforma. Ya en 1814 escribía: «No hay cambio de orden social sin un cambio en la propiedad» (I, 242). Por eso ve en la ley que define la propiedad la ley cardinal de todo estado. «La ley que constituye los poderes y las formas de gobierno no es tan importante y no tiene tanta influencia en la felicidad de las naciones como la que constituye las propiedades y regula su ejercicio» *(Industria,* III, 82). Eso es lo que la Revolución no entendió, por desgracia. Creyó poder solucionar la crisis mediante combinaciones constitucionales, lo ́cual le impidió «discutir de manera general el derecho de propiedad, averiguando de qué manera debía estar constituida la propiedad para mejor beneficio de la nación» *(Industria,* III, 82, nota). Y, sin embargo, incluso este ideal de libertad individual, del que se ha querido hacer el fin único del contrato social, sólo puede alcanzarse mediante una reconstrucción más racional del régimen de propiedad, y los pueblos europeos han fracasado al final porque no han tomado el único camino que podría conducirlos a esa meta. «El pueblo inglés trabaja desde hace más de ciento cincuenta años para procurarse la libertad y establecerla de manera sólida; todo el resto de la nación de los viejos europeos se ocupan desde hace treinta años de la misma búsqueda, y el medio natural, el de reconstruir la propiedad, no se ha presentado a ninguno de ellɔs» *(Industria,* III, 126). En efecto, si el régimen de la propiedad no permite a los más capaces beneficiarse de su capacidad, si no pueden disponer libremente de las cosas que necesitan para obrar, para cumplir con su papel social, su libertad se reduce a nada.

Pero tales proposiciones chocaban con la teoría que convierte el derecho de propiedad en algo intangible. Saint Simon reconoce que la existencia de un derecho de propiedad, definido y sancionado por la ley, es condición indispensable de toda organización social, sea cual sea. «El establecimiento del derecho de propiedad y de las disposiciones para hacerlo respetar es, indudablemente, la única base que se pueda dar a una sociedad política» *(Industria,* III, 89). Pero si esta institución es necesaria, no es necesario que tenga ésta o o aquella forma. «Del hecho de que esta ley sea fundamental no se desprende que no pueda ser modificada. Lo que es necesario es una ley que establezca el derecho de propiedad, y no una ley que lo establezca de tal o cual manera» *(ibid.).* Y es que ésta, en efecto, está, como todas las obras humanas, sometida al devenir histórico. «Esta ley, dice Saint Simon, depende a su vez de una ley superior y más general que ella, de esa ley de la naturaleza en virtud de la cual el espíritu humano hace continuos progresos, ley de la cual todas las sociedades políticas extraen el derecho de modificar y perfeccionar sus instituciones; ley suprema que impide encadenar a las generaciones venideras con ninguna disposición, sea de la naturaleza que sea» *(ibid.).* Y Saint Simon llega a esta significativa conclusión: «Por lo tanto estas preguntas: ¿Cuáles son las cosas suceptibles de convertirse en propiedades? ¿Por qué medios pueden los individuos adquirir propiedades?, y ¿De qué manera tienen derecho a usarlas una vez que las han adquirido?, son preguntas que los legisladores de todos los países y de todos los tiempos tienen derecho a responder todas las veces que lo juzguen conveniente, pues el derecho individual de propiedad sólo puede estar basado en la utilidad común y general... utilidad que puede variar según las épocas *(ibid.* 90). Ahora bien, y para volver a nuestro punto de partida, lo que reclama la utilidad general es que la propiedad no esté separada de la capacidad. «Es cierto que lo que da estabilidad al gobierno es la propiedad, pero sólo cuando la propiedad no está separada de las luces puede el gobierno descansar sobre ella. Conviene, pues, que el talento y la posesión no estén divididos» *(Reorganización de la Sociedad europea,* I, 200).

He aquí enunciado de la forma más categórica el principio que hallaremos después, con formas diferentes, en todas las teorías socialistas. Pero, tras haberlo planteado, Saint Simon no lo ha aplicado formalmente más que a un solo caso, a saber, la propiedad territorial, y además le dio una aplicación sumamente moderada. La reforma que propone tiene como punto de partida la observación de que el arrendatario se halla, respecto al propietario de la tierra, en una situación muy inferior al del comerciante o el fabricante respecto a sus socios capitalistas. En la industria comercial o manufacturera el productor (negociante o manufacturero) tiene derecho a emplear de la forma que considere más conveniente para el bien de su empresa los capitales que tiene a su cargo. Los coloca como quiere, los presta si le parece, o bien, se sirve de los inmuebles o las máquinas en los que los ha inmovilizado para garantizar nuevos préstamos que contrae. En la industria agrícola, por el contrario, el industrial, es decir, el arrendatario que no posee los fondos que explota, no es sino un colono que no puede disponer de ninguna manera del capital confiado a sus cuidados. No puede hacer nada sin el consentimiento y el concurso del propietario. Si necesita dinero, no puede utilizar la tierra como prenda de un préstamo; no puede transformarla como quiera y, en cualquier caso, si incrementa su valor no se beneficia de esta plusvalía. De ello resulta que en ninguna parte están más completamente separados los derechos de propiedad y la capacidad industrial, pues los primeros pertenecen por entero a quien no los explota. En ninguna parte el productor dispone tan poco libremente de los instrumentos de la producción. Tal régimen es, pues, eminentemente desfavorable para la producción de la industria agrícola y, por consiguiente, en virtud del principio anteriormente enunciado, es importante acabar con él.

Para llegar a este resultado, Saint Simon propone las tres medidas siguientes: 1.º Se valorará la tierra en el momento en que el cultivador tome posesión de ella, y después, en la época en que llegue a su término el contrato de arrendamiento rústico, y el arrendatario repartirá con el propietario los beneficios si se comprueba una mejora del capital, así como afrontará la mitad de las pérdidas si ha habido un deterioro. Esta cláusula será de rigor. Las partes no serán libres de insertarla o no en sus arriendos y éstos no tendrán valor legal, no serán obligatorios para los contratantes, si no la incluyen. 2.º El cultivador podrá requerir al propietario para que pida prestadas las sumas que serían útiles para hacer las mejoras que podrían realizarse hipotecando la propiedad, y corresponderá al primero la administración de los capitales que resulten de esos préstamos. En caso de que el propietario se negara, se encargaría a unos árbitros de arreglar el litigio y, si éstos daban la razón al granjero, el préstamo se contraería de oficio. 3.º Para facilitar esos préstamos, las propiedades territoriales serían declaradas muebles; es decir, estarían representadas por títulos, análogos a las acciones y obligaciones de las compañías industriales y dotados de idéntica movilidad. Se eliminarían así todas las formalidades que obstaculizan las transacciones cuyo objeto es la propiedad territorial, y los bancos territoriales, cuya utilidad se percibe en general en Europa, resultarían fáciles de establecer y su éxito sería infalible *(Industria,* III, 102-114).

La reforma es de apariencia modesta. No obstante, como dice Janet *(Saint Simon,* p. 39), afecta en realidad «a los cimientos de nuestra organización social», porque su efecto es despojar al propietario del suelo de algunos de sus derechos para transferirlos al productor. Este se convertiría en realidad, por el mero hecho de su trabajo, en copropietario de la tierra que cultiva, pues compartiría las plusvalías que ésta pudiera presentar, fuera cual fuera su origen y, lo que es más, podría, incluso sin consentimiento del propietario, emplear el capital inmobiliario que se le ha confiado para garantizar un préstamo. Tal derecho, en efecto, implica para el arrendatario la facultad de comprometer definitivamente la propiedad que sirve de prenda, puesto que si el préstamo no es reembolsado eso entraña la expropiación. Pero el atrevimiento reformista de Saint Simon no va más lejos. No va hasta pedir, como harán sus discípulos, que no haya otra propiedad legítima que la debida por entero al trabajo y a la capacidad de quien posee. Saint Simon admite que la propiedad pueda tener otro origen, como por ejemplo, la herencia; le basta, al menos de momento, que los incapaces y los ociosos no puedan tener sobre las cosas que poseen unos derechos exorbitantes que obstaculicen la producción. No se propone organizar la propiedad conforme a los principios de una justicia distributiva perfectamente equitativa, sino simplemente de la forma más beneficiosa para la actividad económica. Por eso no reclama ninguna modificación del régimen de la riqueza mobiliaria. Y es que, por su naturaleza, el capital mobiliario depende mucho más de quien lo utiliza industrialmente que de su propietario, ya que el primero puede hacer lo que quiera, y el segundo no puede sacarle ningún fruto sin el primero. En estas condiciones los derechos del propietario no constituyen un obstáculo sensible para el industrial, y por ello los deja intactos. Es cierto que, en su pensamiento, esta reforma acaso no era sino un primer comienzo y una entrada en juego. No hay que olvidar que en la sociedad industrial el derecho de los propietarios que no son más que propietarios se halla singularmente amenazado, pues sus intereses no estarían representados para nada en el Parlamento, que sólo comprendería productores. Quizá eso explique ese pasaje del *Organizador* donde, tras haber dicho que la tarea más urgente consistía en reconstruir sobre nuevas bases el régimen de la propiedad, Saint Simon agrega que sería nuecesario un préstamo de dos mil millones «para indemnizar a las personas perjudicadas de alguna manera, en sus intereses pecuniarios, por el establecimiento del nuevo sistema político» (IV, 60) (3). Está claro que la mera reglamentación del contrato de arrendatario rústico, cuyo principio acabamos de exponer, no podría ocasionar tal gasto. Pero en ningún pasaje de las obras de Saint Simon se habla de otra reforma que la precedente. Acaso este silencio se explique porque Saint Simon se propone sobre todo sentar principios, indicar cómo deben estar compuestos los consejos encargados de aplicarlos, pero no pretende deducir por sí mismo toda la gama de posibles aplicaciones. Se dedica ante todo a señalar la

---

(3) También en *El sistema industrial* parece aludir a una modificación mucho mayor del derecho de propiedad. «El antiguo código civil, dice, tuvo por objeto fijar lo más posible las propiedades en manos de las familias que las poseían, y el nuevo derecho hubo de proponerse un fin totalmente opuesto, el de facilitar los medios de convertirse en propietarios a todos aquellos cuyos trabajos son útiles para la sociedad» (V, 178). ¿Apuntaba a la herencia al expresarse así? Sobre este punto no podemos hacer más que hipótesis.

meta a la que hay que tender, pero en lo que atañe a los medios que pueden permitir alcanzar esa meta, deja al cuidado de los cuerpos competentes cuya institución reclama la tarea de encontrarlos. Por otra parte, él no era nada adecuado, por naturaleza, para ello. Genio intuitivo y generalizar, prevé, a veces con rara clarividencia, la orientación que, de forma general, tiende a seguir la sociedad, pero no es tan aficionado a la precisión como para intentar seguir de antemano esa marcha en los menores detalles. Sólo excepcionalmente bosqueja planes de reforma tan completos como aquéllos de los que acabamos de hablar. Hay que tener muy presente esto, si queremos entender a Saint Simon. Hay en su obra muchos gérmenes que no se han desarrollado, muchos principios cuyas consecuencias permanecen implícitas y no han sido deducidas por sus sucesores.

Durante mucho tiempo Saint Simon parece no haber asignado a la actividad objetiva otra finalidad que la de incrementar la producción. En *La Industria*, en *Organizador*, no se habla de otra cosa. He aquí cómo, al final de esta última obra, define la meta de la organización social, tal como él la concibe: «Así, creemos poder plantear en principio que, en el nuevo orden político, la organización social debe tener por objeto único y permanente aplicar lo mejor posible a la satisfacción de las necesidades del hombre los conocimientos adquiridos en las ciencias, en las bellas artes y en las artes y oficios» (*Organizador*, IV, 193). Pero, poco a poco, se elevó hasta la idea de un fin más propiamente moral, que superpone al precedente.

No es que las preocupaciones morales hayan estado ausentes de sus primeros escritos. Comprendió enseguida que la organización social no podía transformarse sin que de ello resultara una transformación moral. Ya en el primer volumen de *La Industria* señala una de las causas de la crisis de la sociedad francesa en la ausencia de un sistema de moral, adecuado a la situación nueva. «Los franceses, dice, han abandonado su antiguo sistema de moral porque han juzgado que no era suficientemente sólido; y, en vez de trabajar con ardor para substituirlo por uno mejor, permiten, desde hace más de veinticinco años, que absorban toda su atención las discusiones de pequeña política» (*Industria*, II, 221). No podía desinteresarse de las cuestiones morales puesto que para él la moral no es distinta de la política. «La política es una consecuencia de la moral. Esta consiste en el conocimiento de las reglas que deben presidir las relaciones entre el individuo y la sociedad, para que uno y otra sean lo más dichosos posible. Ahora bien, la política no es otra cosa que la ciencia de aquellas de esas reglas que son bastante importantes para organizarlas... Por ello la política deriva de la moral y las instituciones de un pueblo no son más que las consecuencias de sus ideas» (*Obras*, III, 30). Al mismo tiempo esboza, de manera muy firme, el plan de esta reorganización. Lo que caracteriza a las sociedades industriales es que, liberadas de toda idea teológica, se apoyan sobre bases puramente temporales. La única moral que pueda convenir a esas sociedades ha de tener el mismo carácter. También ella debe ser exclusivamente temporal, tanto por los principios sobre los que descansa como por los fines que asigna a la conducta humana. Debe estar autorizada por la sola razón, y no debe interesar al hombre sino en cosas de este mundo. «En una palabra, es preciso pasar de la moral celeste a la moral terrestre. Sin discutir aquí los inconvenientes que presenta el fundar la moral sobre la teología, basta con observar que, de hecho, las ideas sobrenaturales están destruidas en casi todas partes; que seguirán perdiendo su imperio día tras día y que la esperanza del paraíso y el temor al infierno ya no pueden servir de base para la conducta de los hombres... La era de las ideas positivas comienza; ya no se puede conceder a la moral otros motivos que intereses palpables, ciertos y presentes... He aquí el gran paso que va a dar la civilización: consistirá en el establecimiento de la moral terrestre y positiva» *(Industria*, III, 38).

Pero durante mucho tiempo se contenta con plantear el problema sin tratar de resolverlo. Y no es que, en ese momento, los fines morales, tal como él los concebía, no se distinguieran muy claramente de los fines puramente económicos. Le parecía que, en una sociedad bien organizada, el interés particular debía concordar espontáneamente con el interés general; por consiguiente, el egoísmo debería bastar para el orden moral, como para el orden económico. Cuanto era necesario es que cada cual cumpliera activamente su función, es decir, trabajara, y le parecía que la ética cabía por entero en la máxima que ordena el trabajo. Esta es la idea que está desarrollada en la *Introducción a los trabajos científicos*. En estas condiciones lo más urgente no era combatir o contener el egoísmo, sino hallar la organización social que permitiera utilizarlo. «Las opiniones, dice en las *Cartas de un habitante de Ginebra*, están divididas sobre la cuestión del egoísmo... La solución del problema consiste en abrir un camino que sea común al interés particular y al interés general» (I, 44, nota). Encontrar esa vía, ese es su objetivo y, desde este punto de vista, era natural que sintiera menos la necesidad de subordinar los preceptos económicos a preceptos propiamente morales. Pero en el *Sistema industrial* (1821) se deja oír una nota enteramente nueva. Se ha producido un cambio en el espíritu de Saint Simon. Comprende que el egoísmo no basta, ni siquiera en una sociedad perfectamente organizada. El espectáculo de los acontecimientos que se desarrollaban ante sus ojos parece haberle hecho comprener, que por sabio que sea el mecanismo social, los intereses particulares dividen más a los hombres de lo que los unen. «La sociedad, exclama, está hoy en un extremado desorden moral, el egoísmo hace espantosos progresos, todo tiende al aislamiento. Si las infracciones de las relaciones sociales no son mayores ni se han multiplicado, ello se debe únicamente al estado, muy desarrollado, de la civilización y de las luces; de ahí resultan, en la generalidad de los individuos, profundos hábitos de sociabilidad y el sentimiento de cierta comunidad de los intereses más groseros. Pero si la causa del mal se prolongara aún, esos hábitos y esa sensación serían insuficientes para poner freno a la inmoralidad general y particular» *(Sist. ind.,* VI, 51-52). La causa a la que atribuye el mal es que las antiguas creencias religiosas, que servían de contención al egoísmo, se han derrumbado sin que nada las reemplace. Los hábitos creados por ellas se mantienen aún durante cierto tiempo, pero, como van debilitándose, el porvenir es amenazador. Es importante, pues, «combatir el egoísmo», pues esta pasión «tendrá necesariamente como resultado final la disolución de la sociedad» *(Sist. ind.,* VI, 104). Es la primera vez vez que emplea tal lenguaje.

Pero, ¿qué oponerle? Sería impensable neutralizarlo subordinándolo a unos fines sobrenaturales. Saint Simon permanece fiel al principio que había sentado primitivamente: la moral de una sociedad industrial no puede tener más que fines terrenales. Así pues, habrá que buscar entre las cosas de este mundo el objetivo capaz de moderar y contener los móviles egoístas. Por utilizar la expresión empleada hace un momento por Saint Simon, la moral de una sociedad organizada enteramente por los productores no puede tener otros motivos que «intereses palpables, ciertos y presentes». Ahora bien, al margen del interés particular, sólo el de los otros hombres puede ser tomado como fin de la conducta. El único freno posible de los sentimientos personales en una moral racional y humana son, pues, los sentimientos que tienen por objeto a los otros. Lo que hay que oponer al egoísmo, para limitarlo, es la filantropía, y la regla fundamental de la moral es el aforismo cristiano «Amaos los unos a los otros», que Saint Simon inscribe por esta razón como lema en la primera página de su *Sistema industrial*. «El principio fundamental establecido por el divino autor del cristianismo manda a todos los hombres que se consideren como hermanos y que cooperen lo más completamente posible al bienestar de los otros. Este principio es el más general de todos los principios sociales» (*Sist. ind.*, VI, 229). Sin embargo, no basta con recogerlo pura y simplemente, tal como los primeros cristianos lo han formulado; hay que darle una amplitud que no ha recibido hasta el presente y que no podía recibir. Los fundadores del cristianismo hicieron de él, sin duda, la base de toda una doctrina, pero esa doctrina no tenía en ellos más que un carácter especulativo. Quedó establecido al margen del gobierno bajo el nombre de principio moral, pero no se convirtió en uno de los principios dirigentes de la sociedad. No engendró instituciones positivas que lo hicieran realidad, sino que perduró como exhortación dirigida a los grandes de la tierra, que podía, en la medida en que fuera seguida, atemperar parcialmente los rigores de la organización social, pero que no era el alma de ésta. «Era (por lo demás), dice Saint Simon, cuanto era posible obtener en esa época, y este triunfo, aunque incompleto, fue para la especie humana un beneficio inmenso (*Sist. ind.*, VI, 230). Pero han llegado los tiempos en que esa máxima debe cesar de ser puramente platónica; y la gran reforma moral, necesaria hoy, consiste cabalmente en «organizar el poder temporal conforme a este divino axioma», en hacer de él, no una simple recomendación, como ha sido hasta ahora, abandonada a la apreciación privada, sino el polo hacia el que ha de orientarse la evolución política. Es preciso, como conviene a una moral esencialmente terrestre, darle todas las consecuencias terrestres que él

214

implica. Así entendido, es susceptible de asumir otra forma que no es sino una traducción y como una aplicación de la precedente, pero que está más definida. La filantropía debe centrarse, naturalmente, en aquellos hombres que más la necesitan, es decir, en los miserables, los que sólo viven de sus brazos, los trabajadores no propietarios, los proletarios (la expresión es empleada por el propio Saint Simon). De ahí la regla siguiente: «Mejorar lo más posible la suerte de la clase que no tiene otros medios de existencia que el trabajo de sus brazos» (VI, 81). Tiene derecho a ello no sólo por ser la que más padece, sino también por ser la más numerosa. «Esta clase constituye la mayoría, en una proporción más o menos grande, en todas las naciones del globo. Por eso los gobernantes deberían ocuparse principalmente de ella, aunque, por el contrario, sea aquella cuyos intereses cuidan menos» *(Sist. ind.,* VI, 81). Esta misma idea reaparece a cada momento en el *Sistema industrial* y en el *Catecismo industrial,* en términos casi idénticos.

Por lo demás, al hacer así la caridad una regla obligatoria, Saint Simon no cree contradecir el principio, anteriormente sentado por él, en virtud del cual el interés particular y el interés general son naturalmente armónicos en las sociedades industriales (fr., *Sist. ind.,* V, 177). Estima, en efecto, que redunda en interés de los ricos preocuparse de los pobres, que a todos ha de beneficiar esta caridad ampliamente practicada. «Al mejorar la suerte de la masa, dice, se asegura el bienestar de los hombres de todas las clases». En efecto, no hay sino dos medios de mantener ligada a la sociedad la masa de individuos que nada poseen: la fuerza o el interés. Es preciso, o bien que se hallen en un estado de sometimiento que les impida materialmente rebelarse, o bien obrar de suerte que no sientan ese deseo; o bien imponerles coercitivamente el orden social, o bien hacerles amarlo. Durante mucho tiempo el único medio posible ha sido el

215

primero, aunque se haya empleado con creciente moderación. En efecto, los individuos que constituían la mayoría en las naciones se hallaban en un estado de ignorancia e imprevisión que no permitía contar con que pudieran percibir la utilidad que recibían del orden social. Ni siquiera eran capaces de administrar libremente sus propios asuntos. Era preciso, pues, que se les mantuviera bajo tutela, y las fuerzas sociales se dedicaban primordialmente a contenerlos y vigilarlos. Pero hoy su situación ya no es la misma. A partir de la Revolución la clase más numerosa probó que había alcanzado por sí misma la mayoría de edad. De sus filas salieron tanto los que en la industria agrícola han sucedido a los nobles desposeídos como los que, en la industria manufacturera, han reemplazado a las miles de empresas arruinadas por los sucesos revolucionarios, la ley del máximo y las guerras del Imperio. Gracias ellos no se interrumpieron a causa de esas crisis las funciones sociales más esenciales. El papel social que desempeñaron así es el primero de los progresos hechos por su inteligencia. No existe ya razón, pues, para tratarlos como a enemigos internos; se les puede interesar directamente en la tranquilidad pública, llamándolos a participar más en los beneficios de la asociación. Se les puede admitir en las filas de los socios propiamente dichos, es decir, convertirlos en gente que tiene cabida en la sociedad, y no porque no pueda obrar de otro modo, sino porque se halla espontáneamente ligada a ella. Y si se puede , se debe, porque es de interés común renunciar al sistema de opresión, costoso e improductivo; costoso porque exige un gran desplazamiento de fondos, improductivo porque no solamente no produce nada por sí mismo, sino que además no permite extraer de las energías sociales que oprime todo lo que éstas podrían producir. Las fuerzas que se economizan al abandonar estas antiguas prácticas pueden ser empleadas con mayor utilidad, y el trabajo de los individuos es más fecundo cuando es espontáneo. Ahora bien, la regla moral que se acaba de plantear tiende justamente a esa transformación. Es preciso mejorar la suerte de las clases laboriosas, con el fin de que, al aprovecharse de la organización social, la respeten sin que sea necesario imponérsela. «Como la minoría ya no necesita medios de fuerza para mantener subordinada a la clase proletaria, las combinaciones a las que debe consagrarse son aquellas mediante las cuales los proletarios estarán mayormente ligados por sus intereses a la tranquilidad pública» (X, 127). Y así cada cual estará interesado en no encerrarse en el puro egoísmo. Una paz social realmente fecunda tiene ese precio.

He aquí, pues, una forma nueva que se asigna a la actividad colectiva. La acción de los consejos directores de la sociedad no deberá tender solamente a regular la propiedad de manera que la industria sea lo más productiva posible; habría, además, que servirse de los productos así obtenidos para mejorar la suerte de los trabajadores. Pero también aquí, como en los casos anteriores, si Saint Simon plantea firmemente el principio de la reforma que reclama, no saca las consecuencias prácticas que han de realizarse más que de una forma titubeante y vaga. Aunque señala con insistencia la meta, es mucho más sobrio y mucho menos concreto en lo que a los medios atañe. «El medio más directo, dice, para operar la mejora moral y física de la mayoría de la población consiste en clasificar, como primeros gastos del Estado, los necesarios para procurar trabajo a todos los hombres sanos, con el fin de asegurar su existencia física; los que tienen por objeto difundir lo más rápidamente posible entre la clase de los proletarios los conocimientos adquiridos; y, por último, los que pueden garantizar a los individuos que componen esa clase los placeres y disfrutes apropiados para desarrollar su inteligencia» (X, 128). Grandes obras públicas, una instrucción gratuita y desarrollada, recreos intelectuales puesto a disposición de los trabajadores, son así los tres medios preconizados por Saint Simon. Pero en ninguna parte dice de modo explícito cómo serán esas grandes empresas, si serán privadas o si han de consistir en una especie de talleres nacionales, si para asegurar la existencia física de quienes estén empleados en ellas se fijará un salario mínimo, etc.

Sea cual sea el detalle de las medidas que permitirán realizar este principio, no caben dudas sobre su sentido. La cuestión a la que concede un lugar en su sistema es la cuestión de los ricos y los pobres. El sentimiento inspirador de toda esta parte de la doctrina es la compasión por los miserables, al mismo tiempo que la aprensión de los peligros que éstos pueden hacer correr al orden social; es una simpatía activa por los que más sufren con las desigualdades sociales, al mismo tiempo que un miedo a los odios y cóleras que pueden suscitarse en sus corazones, convirtiéndolos en enemigos de la sociedad. Encontramos aquí, pues, los sentimientos en que se basa el comunismo. Como habíamos anunciado, el socialismo, aunque se diferencia del antiguo comunismo, hereda los móviles que lo inspiraron. E incluso lo absorbe sin confundirse con él. Es perceptible, en efecto, que esta última preocupación está muy lejos de ser la única que determinó las tesis de Saint Simon, pues durante mucho tiempo estuvo totalmente ausente de ellas. Sin duda es plenamente natural. Desde el momento en que se plantea como principio que en la sociedad no hay sino intereses económicos, la única manera de vincular la masa de los trabajadores a la vida social consiste en que participen en la mayor medida posible de los productos de esta actividad económica, en tratar de mejorar su suerte. Pero esto no es sino una parte del sistema, que se superpuso al resto tardíamente. Todo lo que hemos dicho sobre el industrialismo, sobre la organización social destinada a devolver a la industria su preponderancia, está edificado a partir de este orden de consideraciones. E incluso, en el pensamiento de Saint Simon, la práctica de la máxima cristiana tiene importancia sobre todo con vistas a esta producción máxima. Esta máxima, modernizada, tiene como mira un bien totalmente económico y temporal.

La mejor prueba, por lo demás, de que el comunismo no se confunde con el socialismo es que, si se encuentra en él, es bajo formas totalmente nuevas. Según el comunismo, el único medio de prevenir al mal social estaba en hacer que todas las condiciones fueran mediocres. Para prevenir la hostilidad entre ricos y pobres había que suprimir a los ricos; había que enseñar a los hombres a despreciar el bienestar material, a contentarse con lo estrictamente necesario. Saint Simon, y tras sus huellas el socialismo, pretenden edificar una sociedad nueva sobre unas bases muy distintas. Se quiere acercar a las dos clases suprimiendo a los pobres. Lejos de ver en el bienestar temporal un factor insignificante, Saint Simon convierte en el único fin deseable y, por consiguiente, en la única manera de asentar la paz social y de producir el máximo de riquezas posibles para satisfacer el máximo de apetitos posibles y de la forma más completa posible.

Hemos acabado de exponer la organización de la sociedad industrial. En resumen, ésta se compone únicamente de trabajadores; a su frente tendrá un consejo que estará formado solamente por la *élite* de los productores. Ese cuerpo tendrá bajo su dependencia lo que hoy constituye el gobierno, pero ocupará su lugar sin emplear sus antiguos dogmas, sus métodos tradicionales. No tendrá que imponer las ideas ni siquiera las simples voluntades de un partido dominante, sino decir lo que está en la naturaleza de las cosas, y será obedecido espontáneamente. Su papel no será disciplinar a unos súbditos sino ilustrar sus espíritus. En cuanto al sentido en el que habrá de ejercerse esa acción, viene impuesto por la doble (?) meta que acabamos de exponer.

CAPÍTULO IX

LA DOCTRINA DE SAINT SIMON *(fin)*
EL INTERNACIONALISMO Y LA RELIGIÓN

(Lección undécima)

Sabemos lo que sería un pueblo que se organizara industrialmente, de cuáles elementos debería componerse, qué órganos lo dirigirían, la forma de funcionamiento de esos órganos y el sentido en el que se ejercería su acción. Pero en la propia naturaleza de esa organización está no encerrarse en los límites de una sociedad determinada; sus caracteres constitutivos son incompatibles con un estrecho particularismo, y tiende a adoptar una forma internacional.

En primer lugar, resulta materialmente imposible que ese gran trabajo de reorganización se produzca en un pueblo europeo cualquiera sin tener lugar simultáneamente en los otros. «El gran movimiento moral que debe hacer pasar a la sociedad del régimen arbitrario modificado al régimen más ventajoso para la mayoría de la sociedad sólo puede efectuarse siendo común en los pueblos más ilustrados» *(Sist. ind.* VI, 80). «La nación francesa no puede ser tratada y sanada aisladamente; los remedios que pueden sanarla deben ser aplicados a toda Europa» *(íbid.,* 100; cfr. *íbid.,* 23, en nota). En efecto, en primer lugar, un pueblo no puede adoptar una organización tan esencialmente pacífica más que si los otros están dispuestos a seguir su ejemplo. Sólo puede desarmarse si también sus vecinos renuncian al militarismo. Pero existe una razón más profunda para la necesidad del internacionalismo. Y es que hay, ya en este momento, tal solidaridad entre las diferentes naciones europeas que éstas tienen que marchar de continuo por la vía de la civilización. En efecto, no constituyen personalidades heterogéneas, ajenas unas a otras y cada cual con una vida distinta; hay entre ellas lazos invisibles que hacen que sus destinos sean mutuamente interdependientes. «Francia no tiene una vida moral que le sea propia, no es sino un miembro de la sociedad europea; existe una comunidad obligada entre sus principios políticos y los de sus vecinos» (VI, 112-113). «Francia se encuentra, dice en otro lugar, en una posición que la hace, hasta cierto punto, dependiente de sus vecinos, y que establece una especie de solidaridad política entre ella y los otros pueblos del continente» (p. 100). La razón está en que las sociedades europeas, desde la época en que se constituyeron, pertenecen a un mismo tipo social. Empezaron sometidas todas al régimen feudal, al mismo tiempo que practicaban una misma religión y obedecían a un mismo clero, sometido también a un jefe único, independiente de todos los gobiernos particulares. Ahora bien, cuando unas sociedades vecinas son tan similares, los cambios importantes que se producen en unas repercuten en las otras. En el momento en que surgen en uno de esos pueblos unas novedades que afectan a las bases de la constitución social, esa especie de atmósfera común, en cuyo seno vivían todos hasta entonces, resulta modificada por eso solo. Les es imposible, pues, dejar que uno de ellos se reorganice a su manera, como si esta reorganización no le concerniera sino a él y no debiera tener repercusiones más allá de sus fronteras. Se contienen todos mutuamente y no pueden, por consiguiente, transformarse más

221

que por un movimiento conjunto. De hecho, todas las grandes transformaciones que han tenido lugar en Europa desde la Edad Media fueron comunes a todas las sociedades europeas. Al igual que la organización era la misma en todas, en su origen, la desorganización ha avanzado en todas *pari pasu*. El régimen feudal empezó más o menos en el mismo momento a derrumbarse en todas partes y la religión cristiana perdió su unidad primitiva; la formación de la Santa Alianza es la manifestación más reciente de esta inevitable solidaridad (VI, 99 y 100). Es probable que este último hecho impresionara muy especialmente a Saint Simon. Jamás, en efecto, la imposibilidad de los diferentes países de Europa para aislarse unos de otros, la necesidad en que se encuentran de concertar sus esfuerzos si quieren tener éxito, se había visto afirmada con mayor evidencia.

Pero, entonces, parece que estamos encerrados en un círculo vicioso. Por una parte, el ideal sansimoniano no puede realizarse, y por consiguiente no puede desaparecer el régimen militar, más que gracias a una especie de acuerdo internacional; y, por otra, el régimen militar, mientras exista, obstaculiza tal acuerdo a causa de las rivalidades y odios que fomenta. La situación carecería, en efecto, de salida si no se desarrollara poco a poco, bajo el sistema feudal, el espíritu industrial, que actúa en sentido contrario, que acerca a los pueblos en lugar de enfrentarlos y abre el camino así a la organización que tan necesaria le es. En efecto, «la Industria es una», tiene por doquier los mismos intereses. Todos los que participan en ella, sea cual sea la sociedad a la que pertenezcan, «están unidos por los intereses generales de la producción, por la necesidad que todos tienen de seguridad en el trabajo y de libertad en los intercambios. Los productores de todos los países son, pues, esencialmente amigos; nada se opone a que se unan, y la coalición de sus esfuerzos nos parece la condición indispensable para que la industria obtenga todo el ascendiente del que puede y debe disfrutar» *(Industria,* III, 47). Como sabios, artistas e industriales tienen en todas partes el mismo ideal de paz, como también en todas partes aspiran legítimamente a asegurar la supremacía de las clases útiles y productoras sobre las clases improductivas, cooperan en una misma obra y, por consiguiente, es natural que se alarguen las manos por encima de las fronteras y se organicen para realizar el objetivo común que persiguen. Saint Simón no teme incluso declarar que existen más lazos entre clases similares de dos pueblos diferentes que entre dos clases diferentes de un solo pueblo. La Industria inglesa, dice, habría debido percibir que, «por la naturaleza de las cosas, sus intereses se hallaban más íntimamente ligados con los de los industriales de otros países que con los ingleses pertenecientes a la clase militar o feudal» *(Industria,* III, 147). Por lo demás, esas coaliciones internacionales entre trabajadores del mismo orden se han producido espontáneamente. «Al mismo tiempo que la acción científica se ha constituido y extendido cada vez más en cada nación europea considerada aisladamente, la combinación de las fuerzas científicas de los diferentes países se ha producido también cada vez más. El sentimiento de la nacionalidad ha sido (en este aspecto) totalmente descartado, y los sabios de todas las partes de Europa han formado una línea indisoluble que ha tendido siempre a hacer europeos todos los progresos científicos hechos en cada punto particular. Esta santa alianza, contra la que el antiguo sistema no tiene ningún método de resistencia, es más fuerte para operar la organización del nuevo sistema de lo que puede serlo, para impedirla o solamente para disminuirla, la coalición de todas las bayonetas europeas» *(Organizador,* IV, 141). Es cierto que esa misma combinación sólo se ha producido en mucho menor grado entre las capacidades industriales de las diferentes naciones europeas. Y es porque

223

«el sentimiento de rivalidad nacional, las inspiraciones de un patriotismo feroz y absurdo, creadas por el antiguo sistema y cuidadosamente mantenidas por él, han conservado aún, respecto a lo temporal, una enorme influencia» *(íbid.).* Pero se trata sólo de una supervivencia del antiguo régimen, que no puede tardar en desaparecer. Poco a poco el cosmopolitismo de los sabios entrañará el de los industriales (IV, 142). Se asistirá entonces a la constitución de un vasto partido que comprenderá todos los trabajadores de la sociedad europea y «de la organización de los europeos industriales en partido político resultará necesariamente el establecimiento del sistema industrial en Europa»*(Catec.,* VIII, 52).

El hecho sobre el que Saint Simon llama así la atención merecía, en efecto, ser señalado, pues es eminentemente característico de nuestra época. No cabe duda de que el intervencionismo, en proporciones y con modalidades diversas, se observa en todos los momentos de la historia, pues jamás ha existido ningún pueblo que haya vivido en un estado de hermético aislamiento. Esta sociedad ha tenido siempre algo en común con las sociedades vecinas a las que más se aproximaba y se ha visto inducida así a formar con éstas asociaciones más o menos estables, más o menos definidas, más o menos extensas que, fuera cual fuera su naturaleza, oponían un contrapeso al egoísmo estrictamente nacional. Así, en Grecia, por encima de la ciudad estaba la sociedad panhelénica; así, por encima de cada *arch'* (o tribu) cabileña está la confederación de las tribus parientes, etc. Solo que, hasta nuestros días, los lazos internacionales así formados tenían la particularidad de enlazar a todos los miembros de cada sociedad con todos los miembros de las otras, indistintamente. No se debían a que unas partes determinadas de estos diferentes conglomerados sociales se atrajeran más especialmente entre sí, sino que las afinidades que las originaban eran generales. La confederación helénica, por ejemplo, no se formó porque los patricios de las diferentes ciudades, sintiéndose especialmente solidarios entre sí, se unieran especialmente entre sí, mientras que los plebeyos, por su parte, siguieron ese ejemplo. Es un movimiento general el que arrastró a la totalidad de cada ciudad hacia el conjunto de las otras. La fusión no se produjo exclusivamente o con preferencia sobre ciertos puntos definidos: se produjo por igual en toda la extensión de las masas sociales existentes. Por ello, en general, lo que engendraba todas estas combinaciones internacionales era que pese a las diferencias que seguían distinguiendo a cada nacionalidad de las demás, había, sin embargo, suficiente número de sentimientos, intereses y recuerdos comunes por igual a todas las clases y a todas las profesiones de todas las sociedades que se unían así y que las inclinaban las unas hacia las otras. Pero, en nuestros días, ha aparecido un internacionalismo de un género totalmente nuevo, y es el internacionalismo profesional. El acercamiento ya no se opera exclusivamente entre un pueblo y otro pueblo, sino entre un grupo profesional y otro del mismo orden. Hemos visto cómo los trabajadores similares de países diferentes se unían directamente, formaban entre sí asociaciones más o menos duraderas, más o menos organizadas, a pesar incluso de las hostilidades nacionales, y cómo el acercamiento entre los pueblos era un resultado del precedente, en lugar de ser su causa inicial. Se han fundado sucesivamente sociedades internacionales de sabios, de artistas, de industriales, de obreros, de financieros, etc., que han ido especializándose cada vez más a medida que se multiplicaban y que, a causa de la creciente regularidad con que se pusieron a funcionar, se convirtieron pronto en un importante factor de la civilización europea. Así, mientras que antaño eran los pueblos en su conjunto los que convergían unos hacia otros, ahora son los órganos parecidos de cada uno de ellos los que tienden a unirse por encima de las fronteras y a unificarse directamente. Pero este internacionalismo nuevo no tiene solamente como rasgo característico la forma particular de las agrupaciones que nacen de él; se distingue también por una fuerza de resistencia y de expansión desconocida hasta ahora. En efecto, por grandes que sean las semejanzas entre pueblos vecinos, son muy poca cosa, en general al lado de las diferencias de lengua, de costumbres, de intereses, que siguen separándolos. Por lo tanto, mientras el internacionalismo no tenga otra base, cada nación corre un gran riesgo de perder su individualidad en el seno de las asociaciones más vastas en las que entra y de esta manera no pueden formarse sino confederaciones bastante endebles, a menos que una guerra hecha en común haya reforzado la unidad. En cambio los sentimientos e intereses profesionales están dotados de una universalidad mucho mayor; son mucho menos variables de un país a otro para una misma categoría de trabajadores, mientras que, por el contrario, son muy diferentes de una profesión a otra en el seno de un mismo país. El resultado es que el espíritu corporativo tiende a veces a enlazar más estrechamente a las corporaciones similares de las diferentes sociedades europeas que a las corporaciones diferentes de una misma sociedad. El espíritu nacional encuentra así frente a sí un temible antagonismo que desconocía hasta entonces, y por consiguiente las condiciones son excepcionalmente favorables para el desarrollo del internacionalismo. Cabalmente, Saint Simon pone de relieve esos dos caracteres del movimiento internacional contemporáneo en los pasajes que acabamos de citar, al mismo tiempo que trata de explicarlos. Y como entonces eran mucho menos marcados de lo que hoy lo son —acaban de nacer—, podemos decir que los presintió y previó, más de lo que los observó. Por la forma en que se expresa en ciertos lugares, diríase realmente que está profetizando la Internacional.

La realización de la sociedad industrial supone, así, el establecimiento de un concierto europeo, y dicho concierto se realiza por sí solo bajo la presión del espíritu industrial. En estas condiciones, la actitud del pensador y del estadista está perfectamente trazada. No cabe pensar en detener un movimiento que es irresistible y que, además, es necesario para que el industrialismo cumpla su destino. No hay sino tomar conciencia del grado de desarrollo al que ha llegado espontáneamente y buscar a continuación la manera en que pueda ser encaminado a su acabamiento definitivo. Lo que hace falta es encontrar una organización internacional de Europa que haga posible el establecimiento, en cada sociedad particular, del sistema industrial. Es incluso muy visible que, en el pensamiento de Saint Simon, esta organización no debía encerrarse en los límites del continente europeo, sino que estaba destinada a extenderse poco a poco y abarcar toda la humanidad. «El régimen industrial, dice, será la organización definitiva de la especie humana» (VI, 81). Vislumbra en el futuro la formación de una sociedad que comprenderá a todos los hombres y que emprenderá la explotación sistemática del globo, al que llama la propiedad territorial de la especie humana (*N. cr.*, VII, 145 y 146-147). Pero eso no es sino un sueño que le resulta muy querido y que de vez en cuando cruza su mente, sin que piense en realizarlo por el momento.

Pero, en la asociación europea, que sí es realizable desde ahora, ¿cuál será el lugar de las patrias particulares? Saint Simon no llega a exigir que desaparezan; les conserva una autonomía relativa. Pero es evidente que, en su opinión, deben perder la gran importancia moral que han tenido hasta el presente. El particularismo nacional no le parece sino una forma de egoísmo y por consiguiente no puede desempeñar en la moral venidera sino un papel secundario. «Sus moralistas, dice, se contradicen cuando prohiben el egoísmo y aprueban el patriotismo, pues el patriotismo no es más que el egoísmo nacional y ese egoísmo hace cometer de nación a nación las mismas injusticias que el egoísmo personal entre los individuos» *(Cartas de un habitante de Ginebra,* I, 43-44). La inferioridad moral de griegos y romanos se debió justamente a que no se liberaron de los sentimientos puramente nacionales. «El corazón humano no se había elevado aún a sentimientos filantrópicos. El sentimiento patriótico era el más general que experimentaban las almas más generosas, y al sentimiento patriótico estaba sumamente circunscrito, dada la escasa extensión de los territorios y la poca importancia de las poblaciones en las naciones de la Antigüedad» *(N. cr.,* VIII, 145). En cambio, uno de los mayores progresos que gracias al cristianismo hicieron las ideas morales, consistió en subordinar los afectos patrióticos al amor general a la humanidad. «El mejor código de moral sentimental que poseemos es el de la moral cristiana. Ahora bien, en ese código se habla mucho de los deberes recíprocos de los miembros de una misma familia; ese código prescribe a todos los hombres considerarse como hermanos, pero no empuja a los hombres a subalternizar sus sentimientos filantrópicos y sus sentimientos familiares al patriotismo» *(Catecismo,* VIII, 200). Los sentimientos domésticos estarían, en su opinión, más basados en la naturaleza de las cosas que el apego al país natal. Y es que, en efecto, si como admite Saint Simon, no hay intereses sociales al margen de los intereses industriales, como la industria es, por naturaleza, esencialmente cosmopolita, la lealtad nacional carece ya de razón de ser, mientras que el amor a la familia, pese a su carácter particularista, tiene al menos la superioridad de responder a un orden de sentimientos e intereses *sui generis* que el industrialismo no ha hecho desaparecer. Es bien sabido que los economistas, partiendo del mismo principio, han llegado a esta misma conclusión. El cosmopolitismo de los maestros de la Escuela no es menos intransigente. No obstante, en este caso como en todos los demás, en los que hemos tenido que señalar el parentesco de los dos sistemas, no es absolutamente total la concordancia. Ha de señalarse una divergencia, que ya hemos mostrado. Según los economistas, el reino internacional sólo necesita, para establecerse y funcionar, estar organizado y administrado conforme a un plan meditado. No hay sino declarar que no existen más fronteras, y dejar que los industriales anuden libremente sus relaciones en el mercado universal. Para Saint Simon, por el contrario, es preciso someter este régimen a una acción sistemática; hace falta una organización definida, un cuerpo de instituciones comunes a la sociedad europea, como a cada sociedad particular. «Toda reunión de pueblos, como toda reunión de hombres, necesita instituciones comunes, necesita una organización. Sin ello todo se decide por la fuerza» (I, 173). ¿Cuál será, pues, esa organización internacional?

La cuestión preocupa a Saint-Simon ya en sus primeros escritos; el cosmopolitismo y el industrialismo son tan estrechamente solidarios a sus ojos que jamás separa los dos problemas. Desde los inicios de su investigación los aborda de frente. Ya en las *Cartas de un habitante de Ginebra* (1803) expone un plan conforme al cual la dirección de la humanidad sería confiada a un consejo supremo de sabios llamado «Consejo de Newton», bajo la autoridad del cual funcionarían unos consejos nacionales e incluso provinciales, compuestos de la misma manera. Pero como Saint Simon nos expone ese proyecto en la forma de un sueño y como, por lo demás, no vuelve sobre él de manera expresa en sus otras obras, no cabe insistir sobre él, aunque en resumidas cuentas en él se encuentren, aunque en una forma concepcional, utópica y mística, ideas fundamentales de la doctrina sansimoniana. En el opúsculo sobre la *Reorganización de la*

Sociedad europea (1814), escrito en colaboración con Augustin Thierry, vuelve a ocuparse de la cuestión con más método y sangre fría. Como en ese momento el parlamentarismo le parecía la solución de todos los problemas políticos, pide que se empiece por establecer en todos los países Parlamentos nacionales y luego, por encima de ellos, un Parlamento general, que administrará los asuntos comunes, coordinará todas las empresas de interés general (y Saint Simon pone el ejemplo de la construcción de grandes canales que unan al Danubio con el Rin, el Rin con el Báltico, etc.), que establecerá un código de moral común a todos los pueblos y que, por encima de todo, se encargará de la dirección y la vigilancia de la instrucción pública en toda la extensión de Europa. De esta manera se formará poco a poco, un patriotismo europeo que será tan fuerte como lo es hoy el patriotismo nacional.

Como Saint Simon se despegó pronto del parlamentarismo, podemos tener la seguridad de que no tardó en considerar insuficiente esta constitución parlamentaria de la sociedad europea. Pero nunca abandonó la idea de que era posible enlazar entre sí, incluso en lo temporal, a los diferentes pueblos de Europa, pues así lo afirma aún claramente en el *Sistema industrial* (III, 53). Es cierto que en ninguna parte expuso directamente cómo debería modificarse su plan primitivo para armonizarlo con su nueva teoría (sobre el industrialismo). Pero no es difícil imaginar en qué debían consistir esas modificaciones que, en el fondo, no tienen nada de esencial. El principio en que se basaba el proyecto de 1814 se mantenía, pues es profundamente sansimoniano. Se formula así: Europa debe estar organizada sobre las mismas bases que las sociedades particulares (1. 179-180). El gobierno general y los gobiernos nacionales deben ser homogéneos. Por consiguiente, no hay sino reemplazar el Parlamento europeo del que acabamos de hablar por un sistema de consejos reclutados según las reglas que hemos indicado para los consejos nacionales, es decir, compuestos por industriales, sabios y artistas, y que administren los asuntos comunes de Europa con el mismo espíritu, para hacer concordar la constitución de la Confederación europea con los principios del industrialismo.

Se ha comparado a veces este proyecto con el que el abate de Saint Pierre había expuesto anteriormente en su libro sobre la *Pax perpetua*, deduciendo de esa comparación que uno y otro eran igualmente utópicos. Saint Simon, sin embargo, había tenido buen cuidado de señalar la diferencia que separaba a estas dos concepciones (I, 176 y ss.). El abate de Saint Pierre se limitaba a pedir que los soberanos de Europa conviniesen en someter sus diferencias a un Congreso permanente de plenipotenciarios nombrados por ellos y cuyas decisiones serían soberanas. Pero cada pueblo habría conservado en la Confederación su Organización presente. Ahora bien, dice Saint Simon, es una ingenuidad creer que los odios y rivalidades nacionales, mantenidos necesariamente por el sistema político actual, se borrarán como por ensalmo por el mero hecho de haberse constituido un concilio de diplomáticos en el que estarán representados todos los intereses antagonistas. Una asamblea que no comprende, por definición, sino elementos discordantes, no posee otra unidad que la del lugar donde se reúne y no puede llegarse a un acuerdo por el simple hecho del acercamiento interior. Incluso cada cual arrimará el ascua a su sardina, luchará porque predominen sus propios intereses y, suponiendo que acabara por establecerse artificialmente un equilibrio, éste sólo puede ser provisional. «No hay acuerdo, dice Saint Simon, sin puntos de vista comunes, y unos soberanos que tratan juntos o unos plenipotenciarios nombrados por los contratantes y revocables por ellos, ¿cómo van a tener otros puntos de vista que los particulares? (I, 177). Tal es la suerte que precedía de

231

antemano para el Congreso de Viena, que acababa de empezar y que realizaba en parte el sueño del abate de Saint Pierre (I, 170 ss.). Saint Simon no cree que el concierto europeo pueda realizarse de un plumazo, con ayuda de un procedimiento ficticio que se reduciría, en suma, a reunir unas cuantas firmas al pie de un pergamino. Si juzga que ese resultado no sólo es deseable, sino posible, se debe a que las sociedades europeas le parecen, en proporciones desiguales, animadas todas por un mismo talante, que tiende a aproximarlas, el espíritu industrial. Y es que hay ya una comunidad de opiniones e intereses que las contituciones que él reclama, y cuyos detalles acabamos de dar, servirán para sancionar, organizar y desarrollar, aunque serían impotentes para crearla si no existiese. Su proyecto está, pues, lejos de tener el mismo carácter utópico que el del abate de Saint Pierre. Hay utopía, en el sentido propio de la palabra, cuando un ideal deseable, pero complejo y de realización evidentemente laboriosa, se nos presenta como ejecutable en un abrir y cerrar de ojos y con ayuda de procedimientos de infantil sencillez. Se puede, pues, sin restricción alguna, tachar de utópico a un autor que, sin darse cuenta de lo estrechamente ligada que está la guerra con los rasgos esenciales de nuestra organización social, sin ver en ella, en cierto sentido, más que un efecto de la necedad humana, se imagina poder desembarazar de ella a la humanidad por medio de una feliz invención y de un artificio bien combinado, o incluso simplemente con unas cuentas exhortaciones. Saint Simon, por el contrario, tiene perfecta conciencia de que la guerra se basa en la naturaleza de las sociedades feudales y que la primera sólo puede desaparecer si las segundas se transforman; está muy lejos, pues, de llamarse a engaño sobre la gravedad de la empresa y sus dificultades. Sólo que como cree inminentes e incluso realizadas en parte esas profundas transformaciones del orden social, no ve nada imposible en esperar y solicitar una transformación paralela de las relaciones internacionales. Su cosmopolitismo no puede ser motejado de utópico más que en la medida en que se aplique a su industrialismo ese mismo calificativo.

Lo que da, además, a su concepción su verdadero significado es que éste le viene impuesto en gran parte por un hecho histórico, a saber el carácter internacional del poder papal. «Se ha utilizado la palanca, sin saber explicar lo que era una palanca... En política, como en cualquier tipo de ciencia, se ha hecho lo que había que hacer, antes de saber por qué había que hacerlo, y cuando, tras la práctica, han venido las teorías, lo que se ha pensado ha estado a menudo por debajo de lo que se había ejecutado por azar. Eso es lo que ocurre en esta ocasión. La organización de Europa, tal y como era en el siglo XVI, es infinitamente superior al proyecto del abate de Saint Pierre» (I, 179). «Fingimos, dice un poco antes, un soberbio desprecio por los siglos que se denominan de la Edad Media... no nos fijamos en que es la única época en la que el sistema político de Europa estuvo cimentado sobre una auténtica base... Mientras ésta subsistió, hubo pocas guerras en Europa y esas guerras fueron de poca importancia» (I, 174). Y señala, muy justamente, que las cruzadas fueron guerras de la entera confederación, en las que se consolidó el sentimiento europeo. Se trata, pues, no de imaginar una combinación sin analogía en la historia, sino simplemente de recoger y proseguir la obra histórica, armonizándola con los cambios ocurridos en la naturaleza de las sociedades. Las modificaciones que hay que introducir son de dos clases. En primer lugar, los bienes internacionales no podrían ser hoy de la misma naturaleza que en la organización papal, aunque sólo sea porque el principio del sistema social ha cambiado. Y además, deben y pueden ser completos. En la Edad Media los pueblos estaban ligados sólo en lo espiritual, ahora deben estarlo en lo espiritual y en lo temporal. «El lazo será más completo, dice, porque será a la vez espiritual y temporal, mientras que, en el antiguo sistema, sólo en el aspecto espiritual había un lazo entre los diferentes Estados de Europa» *(Sist. ind.,* VI, 53).

Lo que acabamos de ver representa el lado temporal de esta organización. Pero, por necesario que sea este complemento del sistema papal, no basta. «No hay que creer que el vínculo temporal, muy positivo y muy valioso, que existe entre ellos (los Estados europeos) hasta cierto grado, y que tienden a estrecharse cada vez más, puede dispensar de un vínculo espiritual» *(Sist. ind.,* VI, 53). Con otras palabras, no basta con organizar la vida económica de la sociedad europea, esta organización necesita un alma, es decir, un cuerpo de doctrinas, de creencias comunes a todos los europeos, que logre su unidad moral. No basta con que éstos cooperen industrialmente bajo la dirección de una administración común, es preciso también que exista entre ellos una comunión espiritual. Y, hoy como en la Edad Media, esta comunión sólo puede ser asegurada por una religión común a toda la humanidad.

Nos adentramos aquí, pues, en una nueva parte del sistema y a primera vista nos sorprende encontrarla. Cuando oímos al adversario del sistema teológico, al fundador de la filosofía positiva, reclamar la institución de una religión nueva, sentimos la tentación de creer que cierta revolución se ha producido, de camino, en su pensamiento, y que se ha vuelto infiel a sus principios. Esta hipótesis extrae cierta verosimilitud de que el *Nuevo cristianismo,* el libro donde están expuestas sus ideas religiosas (1824), es el último que haya escrito. La muerte ni siquiera le permitió terminarlo. Por eso algunos han atribuido esta obra a un debilitamiento intelectual de Saint Simon. Nada menos exacto, empero, que esta interpretación. No cabe duda, por el contrario, de que las ideas religiosas fueron muy intensas en todos los períodos del desarrollo intelectual de Saint-Simon. Hemos visto cómo, desde el principio, rompe con la irreligiosidad de Condorcet y de los escritores del siglo XVIII, que sólo veían en la religión un producto del error, mantenido por la astucia y la mendacidad de los sacerdotes. En todo momento tuvo una alta idea del papel que el cristianismo había desempeñado en el mundo. En un fragmento que se ha conservado, y que se supone que es de alrededor de 1818, narra en un hermosísimo lenguaje, el nacimiento de la idea cristiana y las primeras fases de su evolución. Ya en la *Ciencia del hombre* (1813), escribía: «La Institución religiosa, sea cual sea el espíritu con que se la considera, es la principal institución política... Pueblos que son vecinos y que tienen diferentes creencias están casi necesariamente en guerra» (XI, 158). Por lo demás, hay una idea que reaparece sin cesar en él, la de que la crisis actual es análoga a la que el mundo civilizado atravesó al pasar del politeísmo grecolatino al monoteísmo cristiano. «La época que presenta más analogías con la nuestra es aquella en la que la parte civilizada de la especie humana pasó del politeísmo al teísmo con el establecimiento de la religión cristiana» *(Sist. ind.,* VI, 61; cfr. *Industria,* III, 22). Por consiguiente, jamás Saint-Simon concibió la filosofía positiva y científica como excluyente de todo sistema religioso. Por el contrario, le parece que la una debe naturalmente conducir al otro.

Pero ¿cómo se enlazan estas dos partes del sistema?

Para responder a esta pregunta no tenemos sino comparar entre sí la concepción general que tuvo de la filosofía con la que se forma de la religión. La filosofía, tal y como la entiende él, consiste en una síntesis de las ciencias que sistematiza todos nuestros conocimientos buscando la idea fundamental y única de la que éstos se derivan. El objeto de la filosofía consiste en hallar la unidad de las cosas, mostrando cómo todas las leyes particulares no son más que corolarios de una ley primordial que domina el universo. Y esta ley, que es la clave del sistema del mundo, es, según Saint Simon, la ley de la gravitación. «La gravedad universal puede considerarse como la ley única a la que está sometida el universo» (I, 94). «Es posible organizar una teoría general de las ciencias, tanto físicas como morales, basada en la idea de la gravitación» (XII, 304). Ahora bien, la función de la religión es de la misma naturaleza; también ella tiene ante todo por objeto combatir el particularismo intelectual. Si ésta es necesaria es porque, desde que el cristianismo perdió su influencia, los hombres, al no tener ya una fe común de cuyo seno extraer el sentimiento de su solidaridad, se han sumido en estudios especiales y en investigaciones particulares, perdiendo de vista los principios generales que constituyen la unidad de las cosas y de la sociedad, llegando incluso a perder la afición a ellos». Desde la disolución del poder espiritual, resultado de la insurrección de Lutero, el espíritu humano se apartó de los puntos de vista más generales; se entregó a las especialidades, se ocupó del análisis de los hechos particulares, de los intereses privados de las diferentes clases de la sociedad y se asentó la opinión de que las consideraciones sobre los hechos generales, sobre los principios generales y sobre los intereses generales de la especie humana no eran sino consideraciones vagas y metafísicas, que no podían contribuir eficazmente al progreso de las luces y al perfeccionamiento de la civilización» (VII, 183). La religión debe reaccionar contra esta tendencia a la dispersión. Debe mostrar de nuevo a los hombres que el mundo, pese a su diversidad, es un caso que lo lleva hacia Dios. No tiene, pues, un papel diferente al que cumple la filosofía. No se opone a esta quimera como lo celestial a lo terrenal. Su verdadera misión no consiste en apartar a la especie humana de la realidad temporal para ligarla a un objeto supraexperimental, sino en darle simplemente la sensación de la unidad de lo real. Y eso es precisamente lo que hace que esté llamada a proporcionar el lazo espiritual que debe enlazar entre sí a los miembros de la sociedad humana. Ella es la que da a ésta la conciencia de su unidad. Mientras la humanidad esté concebida como compuesta por una pluralidad de seres y de principios distintos y heterogéneos, habrá varias humanidades ajenas y hasta hostiles entre sí, y entre las cuales por consiguiente no puede establecerse ninguna cooperación regular, ninguna asociación duradera. La historia lo prueba. El politeísmo antiguo fragmentaba al género humano en una multitud difusa de pequeñas sociedades enemigas unas de otras. Cada ciudad, cada pueblo consideraba a los hombres que vivían fuera de sus límites como fuera de la humanidad, por el mero hecho de suponer que acataban otros principios divinos, derivados de otro origen. Lo esencial de la revolución cristiana es que aportó al mundo una idea, la idea monoteísta, que podía servir de centro de reunión para todos los pueblos. «La religión cristiana hizo dar un gran paso a la civilización al reunir a todos los hombres mediante la creencia en un solo Dios, y mediante el dogma de la fraternidad universal. Gracias a ello fue posible organizar una sociedad más vasta, y unir a todos los pueblos en una familia común» (*Industria*, III, 33-34). Esta es la obra que hay que reanudar y que llevar más lejos, relacionándola con los cambios que se han producido en la civilización desde la fundación del cristianismo. Esa es la meta que debe proponerse el cristianismo nuevo, cuyo establecimiento cree necesario Saint Simon, y de ahí viene la singular analogía entre el período actual y el que siguió a la aparición del cristianismo. En ambos casos se plantea el mismo problema, aunque en condiciones diferentes. Se trata, pues, de dar a los hombres el sentimiento de la unidad del mundo, pero teniendo en cuenta los resultados a los que han llegado

237

las ciencias particulares, cuyas investigaciones han sacado a la luz la riqueza de la diversidad de las cosas. En seguida veremos los cambios que hay que aportar a la concepción cristiana para ponerla a la altura de su función.

Si tal es la naturaleza de la religión, vemos que al pasar de las especulaciones filosóficas y científicas a las especulaciones religiosas, Saint Simon no ha renegado de su primitivo pensamiento. Porque la religión así entendida no reniega de la filosofía. Tiene en ella sus raíces, e incluso es una cosa filosófica. Sería fácil demostrar, por otra parte, que la filosofía, tal y como la había entendido siempre él, en lugar de estar animada por un espíritu irreligioso o incluso arreligioso, tendía naturalísimamente a asumir una forma religiosa. Porque la ley única a la que se esfuerza por reducir todas las cosas, la ley de la gravitación es, desde el principio, presentada como la ley de Dios. «La idea de la gravitación no está en oposición con la de Dios, pues no es otra cosa que la idea de la ley inmutable mediante la cual Dios gobierna el Universo» (XI, 286). «Es posible, dice en otro lugar, organizar una teoría general de las ciencias... basada en la idea de la gravitación considerada como la misma ley a la que Dios ha sometido el Universo y con la cual lo rige» (XI, 303). La idea de Dios y la idea de la ley fundamental no son, pues, sino caras de una misma idea, la idea de unidad. Vista por un lado, ésta aparece en su forma más particularmente abstracta, científica, metafísica; vista por el otro, en su forma sensible y religiosa. Esta manera de interpretar el pensamiento sansimoniano nada tiene de hipotética. El mismo nos presenta su empresa como pudiendo ser considerada bajo este doble aspecto. Al hablar de «esa teoría científica general, basada en la idea de la gravitación», que estaba meditando, dice: «La consecuencia de esos trabajos será la reorganización de la Sociedad europea, por medio de una institución general común a todos los pueblos que la componen, institución que, según el grado de luces de cada uno, le parecerá científica o religiosa pero que, en cualquier caso, ejercerá una acción política positiva, la de poner un freno a la ambición de los pueblos y de los reyes» (XI, 310).

Pero aunque ciertamente no se ha producido un cambio súbito en su pensamiento, aunque jamás tuvo que pasar de un racionalismo irreligioso o arreligioso a un misticismo despreciador de la ciencia, hay sin embargo, una diferencia entre la forma primera de este sistema y la que adopta en sus últimas obras. Y es que, en los primeros escritos, el carácter científico de su doctrina es predominante y el carácter religioso está muy difuminado, mientras que, a partir del *Sistema industrial* y sobre todo en *El nuevo cristianismo*, la idea de Dios, hasta entonces un poco eclipsada por la idea de ley, pasa a primer plano. ¿De dónde procede este cambio, interesante e indudable? Es una consecuencia del que hemos señalado la última vez, a saber: se ha visto inducido a atribuir a los sentimientos propiamente morales un papel de creciente importancia. Mientras creía que el egoísmo era capaz de garantizar la marcha de las sociedades —con tal de que estuvieran bien organizadas—, una teoría unitaria, pero puramente abstracta del mundo podía parecerle legítimamente adecuada para dar a los hombres un sentido suficiente de su unidad. En efecto, no había por qué caldear especialmente la sensibilidad individual para inducirla a desempeñar su papel social, puesto que lo lograba espontáneamente en virtud de su propensión natural que la inclina al egoísmo. Siendo así, cuanto había que hacer era desembarazar a las mentes de las falsas ideas que podían impedir que el egoísmo produjera las consecuencias sociales y útiles que implica, naturalmente. Para ello bastaba con mostrar a los pueblos cómo, si se aislaban unos de otros, si se trataban unos a otros como otras tantas humanidades distintas, y si se negaban por consi-

guiente a asociarse y a cooperar, entraban en contradicción con la naturaleza de las cosas, porque no sólo el
género humano, sino el universo entero, es uno y está
ante todo sometido a la acción de una sola y misma ley.
Una idea fría y puramente científica como ésta bastaba
para servir de base racional a la cooperación de los egoísmos. Pero no podía ocurrir lo mismo a partir del momento
en que Saint Simon reconoció que, sin la caridad, el deber
mutuo, la filantropía, el orden social, y aún más el orden
humano, eran imposibles. Para inducir a los individuos a
desvivirse los unos por los otros, a proponerse como
objetivo otra cosa que ellos mismos, ya no basta con
darles un entendimiento meramente especulativo de la
unidad lógica de las cosas. La teoría abstracta de la gravitación universal no puede servir de fundamento al dogma
moral de la fraternidad humana. Tal noción era suficiente
para impedir a los hombres desconocer sus intereses hasta
el punto de no cooperar entre sí; pero no era suficiente
para obligar a cada cual a olvidar su propio interés para
pensar en el ajeno. Para que tuviesen una razón activa
para fraternizar había que hacerles sentir que hay entre
ellos un lazo positivo, una comunidad de naturaleza, una
única sustancia que los convierte en hermanos; que es la
misma vida la que circula por sus cuerpos, el mismo
espíritu el que anima todas las inteligencias; de manera
que se pueda debilitar la distinción entre el yo y el tú,
entre lo tuyo y lo mío, que es el escollo de los sentimientos filantrópicos. Ahora bien, para ello era indispensable que la idea de la unidad del mundo fuera presentada en su aspecto sensible, y he aquí cómo, por un
progreso normal, fue acentuándose el carácter religioso
del sistema.

Pero, como vemos, la religión no tenía en el sistema
un lugar de pieza añadida, agregada tardíamente, y que
no formaba cuerpo con el todo. Por el contrario, se
puede juzgar ahora que la doctrina de Saint Simon es

profundamente una; e incluso se puede decir que lo que mejor la caracteriza es ese sentimiento de la unidad universal que es su inicial punto de partida y su punto de llegada. Porque el pensamiento de Saint Simon se ha desarrollado en una sola dirección. Parte del principio de que hay que recobrar mediante la síntesis de las ciencias la unidad del mundo, para convertirla en la base de un *corpus* de nuestras creencias comunes; después, para hacer esa síntesis [completa], se ve obligado a instaurar las ciencias que faltan: la psicología y, sobre todo, lo que luego se llamará la sociología. Pero tras haber pasado por estos estudios especiales, vuelve a su proyecto inicial y, con los resultados obtenidos en el curso de esas investigaciones, emprende la construcción de esa síntesis unitaria que nunca había perdido de vista. Es así como su sistema se abre y se cierra en torno a la misma cuestión y por lo tanto permanece [animado] en toda su extensión, por una preocupación idéntica.

Lección duodécima

Hemos visto que el régimen industrial, tal y como Saint Simon lo entiende, no puede limitarse a ser estrictamente nacional. No puede establecerse en un país de Europa si este último no entra al mismo tiempo, como parte integrante y en calidad de provincia más o menos autónoma, en una sociedad más vasta, formada por todos los pueblos europeos y organizada según los mismos principios que cada uno de ellos. En otros términos, el industrialismo sólo es posible gracias a una organización internacional. Esta será a la vez temporal y espiritual. En lo temporal, consistirá en la institución de consejos, análogos a los de cada sociedad particular y encargados de administrar los asuntos comunes de Europa; en lo espiritual, en el establecimiento de una religión, nueva en parte, común a todos los europeos y abierta a toda la especie. Esta religión será el alma de todo el mecanismo industrial de la gran sociedad europea y asegurará su armónico funcionamiento. La religión constituye así la pieza clave del sistema pues posibilita la asociación internacional que es la condición necesaria del industrialismo.

Hemos mostrado, por otra parte, que Saint Simon pudo atribuirle esta función esencial sin negar los principios de su doctrina, pues el sistema religioso, tal y como lo entiende, no es sino otra cara del sistema filosófico, y ambos expresan la misma idea, la idea de unidad universal, uno por su aspecto sensible y práctico, otro bajo su forma abstracta y teórica.

Pero, ¿en qué consistirá esa religión? Es lo que Saint Simon debía exponer en su *Nuevo cristianismo;* el estado incompleto en que dejó este libro, interrumpido por la muerte, hace que desconozcamos el detalle de sus concepciones religiosas, si es que lo tenía claro en su mente. Pero sus principios pueden fijarse con cierta precisión.

En primer lugar, aunque la religión nueva deba tener su culto y su dogma, sin embargo, lo fundamental en ella será la parte moral. «El nuevo cristianismo, dice, tendrá su moral, su culto y su dogma; tendrá su clero y su clero tendrá sus jefes. Pero... La doctrina de la moral será considerada por los nuevos cristianos como las más importante; el culto y el dogma serán vistos por ellos como accesorios, cuyo objeto principal consistirá en centrar en la moral la atención de los fieles de todas las clases» (VII, 116). En estas condiciones, la teología propiamente dicha pierde toda importancia, pues las prácticas se convierten en secundarias, en este punto. El mejor teólogo será simplemente el mejor moralista. «El mejor teólogo es el que hace las aplicaciones más generales del principio fundamental de la moral divina... es el vicario de Dios en la tierra» (VII, 115). Conforme a su método, Saint-Simon se apoya en la historia para demostrar que la evolución religiosa debe proseguir en esta dirección. Con su sentido de la historia, había vislumbrado muy claramente esta ley que hoy se ha convertido en axioma: cuanto más nos acercamos a los orígenes del desarrollo religioso, más importancia tienen las prácticas rituales y materiales sobre las creencias y los preceptos puramente morales, mientras que estos últimos predominan cada vez más en la religión de los pueblos civilizados. «La parte material de la religión, dice, ha desempeñado un papel tanto más considerable cuanto más cerca de su fundación ha estado dicha institución». «Las prácticas religiosas, así como los razonamientos sobre la utilidad de estas prácticas, eran (entonces) las partes de la religión que debían ocupar más habitualmente a los ministros de los altares, así como a la masa de los fieles.» Por el contrario, «la parte espiritual ha ido adquiriendo preponderancia a medida que se ha desarrollado la inteligencia del hombre» (VII, 166). Lo que hubo «de verdaderamente sublime, de divino en el primer cristianismo, es la superioridad de la moral sobre todo el resto de la ley, es decir, sobre el culto y sobre el dogma» (VII, 103). Porque ese cristianismo cabe por entero en la máxima «que manda a todos los hombres conducirse como hermanos unos con otros» (VII, 120). Por desgracia el clero católico no ha sido fiel a los designios de Cristo. Los escritos religiosos se llenaron de «concepciones místicas» sin relación con «los principios de la sublime moral de Cristo» (VII, 123), con ritos materiales de todo tipo presentados a los fieles como la condición indispensable de la salvación (VII, 153). Por eso el cristianismo no puede servir de religión de la humanidad sino a condición de renovarse y regenerarse. El objeto del *Nuevo cristianismo* será liberar la idea cristiana, es decir, la idea moral, de todas esas mezclas que la desnaturalizan, restablecerla en su pureza original y convertirla en única base del sistema religioso. Como hemos dicho ya, Saint Simon se vio inducido a acentuar el carácter religioso de su sistema para dar una mayor eficacia a los sentimientos morales, a los móviles filantrópicos, pues la doctrina de la filantropía es, para él, lo más esencial de la religión. Por lo demás, él mismo nos dice que su finalidad, al escribir *El Nuevo cristianismo* ha sido «depurar (la moral), perfeccionarla, extender su imperio a todas las clases de la sociedad, aunque conservándole un carácter religioso» (VII, 103).

Pero en las concepciones ordinarias no se suele separar la idea de la religión de la de Dios. En realidad, la única manera de dar un carácter religioso a una moral consiste, evidentemente, en enlazarla con alguna noción de la divinidad que esté en armonía con ella. Por eso *El Nuevo cristianismo* empieza con estas palabras: «Creo en Dios». ¿Cómo tenía que estar representado Dios en la religión nueva? La respuesta a esta pregunta resulta embarazosa, porque Saint Simon no se ocupó de eso en su libro, explícitamente. Nos habla a cada momento de Dios sin decirnos expresamente cómo lo concibe. Por eso la mayoría de sus intérpretes se han creído en el deber de dejar sus ideas sobre este punto en la misma indeterminación. Sin embargo, nos parece que son susceptibles de ser determinadas, al menos en lo que tienen de esencial, sobre todo si admitimos que su último escrito se enlaza, sin contradicción, con sus primeras obras, y si, por consiguiente, consideramos legítimo servirnos de estas últimas para aclarar su teoría religiosa.

Podemos establecer con total certeza una primera proposición, y es que Saint Simon jamás se imaginó a Dios bajo la forma de una causa animada y personal. Siempre rechazó tajantemente cuanto pudiera asemejarse a una concepción antropomórfica. En la *Memoria sobre la ciencia del hombre* se expresa en estos términos, dirigiéndose a la escuela filosófica alemana: «Tenéis mucha razón al predicar que se necesita una teoría general y que sólo en su aspecto filosófico la ciencia es útil a la sociedad... pero os equivocais de medio a medio cuando queréis dar como base a vuestra filosofía la idea de una causa animada». Y agrega: «Lo que debe enlazar las concepciones de los sabios no es ya la idea de Dios, es la idea de la gravitación considerada como ley de Dios» (XI, 300). Este texto explica los pasajes del mismo libro donde Saint Simon parece rechazar radicalmente la propia idea de Dios, como cuando dice: «Presentaremos esta idea (la de la gravitación) como llamada a desempeñar el papel de idea absoluta y a reemplazar la de Dios» (XI, 276). Pero no declara inconciliable toda idea de Dios con su sistema filosófico, pues, diez páginas después (XI, 284), muestra que no existe ninguna contradicción entre la idea de Dios y la de la gravedad universal considerada como ley de Dios (cfr. p. 300 y 309-310).

Lo que parecía vicioso en las antiguas teorías era solamente que presentaran a Dios como una voluntad personal. «Animar la causa de todos los efectos producidos en el Universo», es, dice, proceder como el niño que, cuando tropieza con una piedra, se enfada con ella (XI, 163). Pero, ¿cómo concebir la gravitación universal como la ley de Dios? ¿No será que Dios no es sino la naturaleza divinizada? ¿No será también que, sólo con esta condición es posible atribuirle lógicamente esa impersonalidad sin la cual estaría en contradicción con los datos de la ciencia?

Una segunda proposición, que es ciertamente sansimoniana y que confirma la interpretación anterior, podría formularse así: todo, en la naturaleza, participa de lo divino. Lo físico y lo moral tienen igual dignidad. Denominando espiritualismo a «la tendencia de los moralistas a subalternizar al hombre moral» y materialismo a la tendencia inversa de los físicos, dice que, de estas dos tendencias, ninguna debe triunfar sobre la otra, que «la capacidad del espíritu humano en espiritualismo y en materialismo es igual; que moralistas y físicos deben situarse en un pie de igualdad fundamental». Lo sensible no es de naturaleza menos elevada que lo inteligible. «No debéis fijar la atención de los fieles sobre ideas abstractas, dice a los sacerdotes; empleando convenientemente las ideas sensuales... llegaréis a constituir el cristianismo, religión general, universal y única» (VII, 148). Nada, por lo demás, más concorde con el principio fundamental del sansimonismo, a saber que no hay dos mundos en el mundo, que el Universo es uno. Es preciso, pues, escoger. Si encierra lo divino, todo en él es divino, lo físico y lo moral, la materia y el espíritu. Pero para que sea así, es preciso, evidentemente, que el principio del yo esté en las cosas, que Dios sea inmanente al mundo. Porque si estuviera fuera de él, habría en la realidad seres que estarían más próximos a él, que habrían salido más directamente de él, y que participarían más de su naturaleza; otros, en cambio, que estarían más alejados y no recibirían sino sus reflejos más débiles. El cristianismo, precisamente porque ponía a Dios fuera de las cosas, podía distinguir dos tipos, entre las cosas: unas que están vueltas hacia Dios, que lo expresan y que son las únicas verdaderamente reales, y otras que se le oponen y que por consiguiente no representan sino formas más o menos disfrazadas de la nada; de un lado, lo espiritual, lo moral, lo ideal; de otro, la materia, los intereses temporales, las pasiones que éstos excitan. El espíritu alcanza a las primeras con ayuda de procedimientos *sui generis* de naturaleza mística; sólo la religión está cualificada para conocerlas, y para hablar de ellas. Las segundas están, por el contrario, abandonadas a la razón y a la ciencia de los hombres: *Deus tradidit mundum disputationi hominum*. Estos dos elementos son tan contradictorios que el cristiano concibe su asociación en forma de lucha, de un conflicto de todos los instantes que, por esa misma razón, no puede durar sino un tiempo. Lo divino, metido y como aprisionado en la materia, tiende sin cesar a liberarse de ella, para regresar a Dios, de donde viene. Por lo tanto, cuando se separa a Dios del mundo, esta dualidad se encuentra en el propio mundo, que se escinde en dos partes, según concierna más o menos a Dios. Ahora bien, tal dualidad es de lo más contraria al espíritu del sansimonismo, que está prendado, ante todo, de la unidad. Para Saint-Simon la moral es algo esencialmente terrestre; son sus propias expresiones. No aspira a ningún fin que sobrepase los intereses temporales, no es más que la ley de su organización. Por lo tanto, puesto que todo lo esencial de la religión cabe en la moral, tampoco ésta puede tener sino un objetivo terrestre. El pensamiento de Saint Simon no ha variado nunca en este punto. Tratando de «procurar a la especie humana el más alto grado de felicidad que pueda alcanzar en su vida terrestre es como llegaréis a constituir el cristianismo» (VII, 148). La finalidad de la fe nueva es «trabajar por este camino para el aumento del bienestar de la especie humana» (VII, 154). El verdadero medio de salvarse no está en entregarse a la disciplina, en reprimir la carne, sino en emprender grandes obras públicas. La primera doctrina cristiana, en virtud del falso axioma *«Dad al César lo que es del César»* se desinteresaba de cuanto concernía a lo temporal, precisamente porque no lo consideraba de orden divino. La nueva organización cristiana extraerá del principio: *«Los hombres deben conducirse como hermanos unos con otros»*, todas las consecuencias positivas y temporales que éste implica. «Dirigirá todas las instituciones, de la naturaleza que sean, hacia el aumento del bienestar de la clase más pobre» (VII, 113). Así, la religión nueva no tiene un objeto que le sea propio fuera de esta tierra. Es ella misma una cosa terrestre. Su reino es de este mundo. Es decir, Dios no es exterior a las cosas, sino que forma parte de ellas, se confunde con ellas. Todo nos lleva, pues, a la conclusión de que la

247

religión sansimoniana no podía ser sino un panteísmo, que afirmaba la identidad fundamental de todos los seres y divinizaba tanto la extensión como el pensamiento. Porque, por una parte, el Dios de tal religión, al comprender en sí todo lo real, es manifiestamente impersonal y satisface así la primera condición planteada. Por otro lado, como nada está fuera de él, todo tiene un valor y una realidad. Lo sensible cesa de estar excluido del círculo de las cosas que pueden servir de fines a la conducta de los hombres. Al mismo tiempo, nos explicamos mejor cómo la doctrina sansimoniana presenta la especie de ambigüedad que hemos señalado, cómo puede ser, sin contradicción, científica por un lado y religiosa por otro; es que, de manera general, el panteísmo, o al menos cierto panteísmo, posee también ese doble aspecto. Porque, como el Dios cuya existencia reconoce no forma sino uno con la naturaleza, puede ser considerado unas veces como la naturaleza que las ciencias estudia, y otras veces como la divinidad que la religión adora. No es necesario, por otra parte, mostrar cómo esta manera de imaginarse a Dios puede servir para justificar racionalmente una moral de la solidaridad. Porque está claro que si Dios es la misma realidad, si es todas las cosas, todos comulgamos en él y el principio de la fraternidad se funda en la naturaleza de las cosas.

CAPÍTULO X

SAINT SIMON *(fin)*

CONCLUSIONES CRÍTICAS

Lección duodécima (fin)

He aquí en qué debe consistir el nuevo cristianismo: una doctrina de la filosofía que tiene por base una concepción panteísta del Universo. Hemos llegado por fin al punto más alto del sistema sansimoniano. Desde ahí podemos percatarnos de toda su riqueza y toda su unidad. Nada más complejo, por una parte, pues en él se encuentra el germen de todas las grandes corrientes intelectuales que se han producido en el curso del XIX: los gérmenes del método que, con Augustin Thierry, discípulo de Saint Simon, y todos los grandes historiadores que lo siguieron, iba a renovar la ciencia histórica; de la filosofía positiva a la cual Comte, otro discípulo de Saint Simon, ligaría su nombre y que es, en suma, la mayor novedad filosófica de nuestro tiempo; del socialismo, que se presenta en él ya en sus formas más caracterizadas; por último, de esas aspiraciones a una renovación religiosa que, a pesar de ciertos períodos de sopor, nunca han permanecido totalmente ajenos al espíritu del siglo. Cuando seguimos en la historia de nuestra época el desarrollo de todas esas tendencias; cuando las estudiamos aisladamente unas de otras, nos parecen muy diferentes, como dirigidas hacia sentidos divergentes. Lo que prueba, sin embargo, que pese a su diversidad aparente no carecen de unidad y no hacen sino traducir en formas variadas un mismo estado social, es que las encontramos todas en Saint Simon, fundidas en un mismo sistema, y que es uno. Este se desprende, en efecto, de un mismo principio, que ya es hora de poner de relieve para comprenderlo bien y examinarlo.

Este principio es lo que Saint Simon denominaba industrialismo. Se enuncia así: Los individuos y los pueblos no deben perseguir más que intereses económicos; o, dicho de otra forma, las únicas funciones útiles son las funciones industriales. Todas las demás, militares o teológicas, son de naturaleza parasitaria; son restos de un pasado que debería haber desaparecido ya. Aceptad esta idea y deberéis aceptar el sistema, pues lo implica por entero. Si las sociedades no tienen más que intereses económicos, la vida económica es necesariamente una cosa social en su totalidad o en parte, a menos que digamos que no hay nada que sea vida propiamente social. Debido a ello, debe estar sometida a una acción colectiva y organizada en consecuencia. He aquí el principio económico del socialismo. Esta organización deberá naturalmente surtir el efecto de poner la dirección de la sociedad en manos de los representantes de los intereses industriales, pues son los únicos que tienen la competencia necesaria para administrar los asuntos comunes. Pero, por la misma razón de que tendrá ese carácter, su administración no procederá con el método ordinario de los gobiernos, que implica que hay amos y súbditos, inferiores y superiores, y la obligación para los primeros de obedecer a los segundos. Porque, como las relaciones sociales se reducen a relaciones de intereses, los directores de la sociedad no tendrán otra función que enseñar a los pueblos, en virtud de su competencia especial, lo que es verdadero y lo que es falso, lo que es útil y lo que no lo es; y como no es necesario obligar a la humanidad para inducirla a perseguir sus intereses, no sabrán qué hacer con una autoridad que los eleva por encima de los que tienen que dirigir. Toda coerción gubernamental carecerá de fundamento. He aquí el principio de la política socialista, he aquí el dogma anarquista. Siempre por la misma razón, puesto que no existen en el mundo más que intereses industriales, el único objeto que podrá perseguir esa administración colectiva será conseguir una producción de riquezas lo más fecunda posible, con el fin de que cada cual pueda percibir lo más posible y más especialmente los más desheredados de la fortuna. He aquí la moral socialista. Por último, como los intereses industriales son idénticos en todos los pueblos, como tienden naturalmente a coaligarse a pesar de las fronteras, el industrialismo desemboca en el internacionalismo como lógica consecuencia. Ni siquiera el carácter panteísta de la religión sansimoniana deja de derivarse de la misma fuente. Porque, para que los intereses terrestres pueden presentarse así como el único fin posible de la actividad humana, es preciso que adquieran un valor y una dignidad que no tendrían si se concibiera lo divino como al margen de las cosas de este mundo.

Esta exposición termina de poner en claro la profunda diferencia que separa el socialismo del comunismo, pues todos los caracteres distintivos del primero se derivan de un principio exactamente contrario al que sirve de base al segundo. En efecto, el axioma fundamental del socialismo es que no existen intereses sociales al margen de los intereses económicos; el del comunismo, que los intereses económicos son antisociales y que la vida industrial debe reducirse a lo estrictamente necesario para despejar el campo a otras formas de la actividad social, guerra, religión, moral, bellas artes, etc. Por ello las dos teorías se oponen y no sólo en su punto de partida, sino en el detalle de sus concepciones. Para el socialismo, son los representantes de la industria quienes son los directores designados de la Sociedad; para el comunismo estos últimos no pueden cumplir sus funciones más que liberándose de las preocupaciones económicas, y a menudo constituye una regla que deben ser escogidos fuera de la industria. Por ejemplo, Platón los elige entre los guerreros, y Campanella entre los metafísicos. Mientras que el socialismo tiene una tendencia anárquica, para el comunismo la coerción gubernamental es necesaria: es el único medio de mantener en un estado de subordinación a la vida económcia que, por sí misma, no soporta ninguna limitación. Mientras que la moral de los unos ordena aumentar y difundir lo más posible el bienestar, la de los otros, eminentemente ascética, tiende a reducirlo lo más posible, pues ven en él un peligro para la moralidad. Por último, el socialismo, cabalmente porque trata ante todo de intensificar la actividad económica, induce a los hombres a formar agrupaciones cada vez más vastas para que la cooperación sea más fecunda a causa del mayor número de cooperadores; incluso las grandes naciones europeas son demasiado pequeñas para sus deseos, y por eso solicita que salgan de su aislamiento y se fundan unas con otras, para que sus esfuerzos unificados sean más productivos. Hemos visto incluso que llega hasta soñar con un futuro en el que la humanidad entera no formaría más que un solo y mismo *taller*. El comunismo, en cambio, tiende a fragmentar las sociedades en grupos lo más pequeños posible, por miedo a que un horizonte demasiado amplio despierte los deseos, que una vida demasiado activa estimule las necesidades. Por otra parte, la inevitable diversidad que implica toda gran sociedad, aunque sólo sea porque comprende un gran número de elementos dispersados por un vasto territorio y situados, por consiguiente, en condiciones de existencia muy diferentes, es evidentemente incompatible con la absoluta homogeneidad, la similitud de ideas y sentimientos y la nivelación económica que supone todo comunismo.

Por lo demás, si en vez de estudiar estas doctrinas en sí mismas y en sus rasgos constitutivos, se busca su filiación histórica, es imposible pensar que Saint Simon haya sufrido, en cualquier punto, la influencia de las teorías comunistas. En ninguna parte habla de ellas; ni Platón, ni Moro, ni Mably, ni siquiera Rousseau le han preocupado. Cabría preguntarse si los ha leído. En cambio, es seguro que ha estudiado a los economistas: habla a menudo, y elogiosamente, de Smith y de J. B. Say; declara derivarse de ellos. Históricamente, pues, el socialismo aparece no como brotado del economismo, sino derivado de una misma fuente. Nacidos más o menos en la misma época, los dos sistemas deben corresponder evidentemente a un mismo estado social, que expresan de distinta manera. Y, en efecto, no sólo coinciden en algunos de sus caracteres secundarios, como hemos comprobado por el camino; no sólo hemos encontrado en uno y otro la misma tendencia anárquica, la misma tendencia al cosmopolitismo, la misma tendencia sensualista y utilitaria, sino también que el principio fundamental sobre el que se basan es idénticamente el mismo. Uno y otro son industrialistas; uno y otro proclaman que los intereses económicos son todos los intereses sociales. La diferencia estriba en que Saint Simon, y los socialistas tras él, llegan a la conclusión de que, al ser la única materia de la vida en común, deben estar organizados socialmente, mientras que los economistas se niegan a someterlos a ninguna acción colectiva y creen que pueden ordenarse y armonizarse en adelante sin otra reorganización previa.

La segunda de estas dos maneras de interpretar el principio es inadmisible, pues lo contradice. Si todo lo que es social es económico, es preciso que el terreno económico comprenda algo de social y, por otra parte, lo que es social no podría, sin contradicción, ser considerado y tratado como cosa privada. Los economistas no pueden eludir esta objeción más que sosteniendo que en el fondo nada es verdaderamente colectivo, que toda sociedad no es sino una suma de individuos yuxtapuestos y los intereses sociales una suma de los intereses individuales. Ahora bien, esta concepción no cuenta con muchos defensores, porque es inconciliable con los hechos. Por lo tanto, si consideramos como establecida la proposición fundamental en la que descansan las dos doctrinas, las tesis socialistas y sansimoniana se imponen lógicamente. Si los intereses económicos tienen la supremacía que se les atribuye; si a ellos, por consiguiente, se reducen los fines humanos, la única meta que pueda proponerse la Sociedad es organizar la industria de manera que obtenga el máximo rendimiento posible; y, a continuación, el único medio que posee para atraerse a los individuos consiste en repartir los productos así obtenidos de tal forma que todo el mundo, de lo más alto a lo más bajo de la escala, tenga suficiente o, mejor aún, reciba lo más posible.

Pero ¿cuál es el valor científico de este principio? Saint Simon lo estableció al demostrar que los poderes a los que hasta el presente había estado subordinada la industria estaban declinando, y que esa decadencia era justa. De ahí llegó a la conclusión de que la industria tendía y debía tender a una completa liberación, a una manumisión absoluta, que no debía ya subordinarse a nada que la sobrepasara, que en adelante debía ser en sí misma su propio fin y extraer de sí misma su propia regla. Ahora bien, esta conclusión era precipitada. Suponiendo que el particular estado de sometimiento en que se la mantuvo en el pasado no esté ya en relación con las nuevas condiciones de la existencia colectiva, no se desprende de ello que carezca de razón de ser cualquier otro tipo de dependencia. Puede ocurrir muy bien que la transformación actualmente necesaria consista, no en suprimir toda subordinación, sino en reemplazar la existente por otra; no en convertir los intereses industriales en una especie de absoluto por encima del cual ya no hay nada, y que nada, por consiguiente, limita, sino en limitarlos de otra manera y con otro espíritu que antaño. La hipótesis no sólo merece ser examinada sino que, de hecho, resulta fácil comprender que, en una organización social cualquiera, por hábilmente estructurada que esté, las funciones económicas sólo pueden concurrir armónicamente y mantenerse en un estado de equilibrio si están sometidas a fuerzas morales que las sobrepasan, las contienen y las regulan.

Y, en efecto, es una ley general entre todos los seres vivos que las necesidades y apetitos sólo son normales a condición de estar limitados. Una necesidad ilimitada se contradice a sí misma. Pues la necesidad se define por la meta a la que tiende y, si es ilimitada, no tiene meta, pues no tiene término. No es un fin tratar siempre, sin descanso, de tener más de lo que se tiene; ni lo es trabajar para sobrepasar el punto al que se ha llegado con la sola finalidad de sobrepasar aquél al que se llegará luego. Desde otro punto de vista, se puede decir que la persistencia de una necesidad o de un apetito en un ser vivo sólo se explica si consigue y procura al ser que lo siente alguna satisfacción. Ahora bien, un apetito que nada puede calmar nunca puede ser satisfecho. Una sed insaciable no puede ser sino fuente de sufrimientos. Hágase lo que se haga, nunca se calma. A todo ser vivo le gusta obrar, moverse; y el movimiento es la vida. Pero es preciso que note que su acción sirve para algo, que, al marchar, avanza. Y no se avanza cuando se marcha sin ninguna meta o, lo que viene a ser lo mismo, cuando la meta está situada en el infinito. La distancia que nos separa de éste es siempre la misma, por mucho camino que se haga, y todo transcurre como si nos limitáramos a agitarnos en el mismo sitio. También es un hecho sabido que la insaciabilidad es un signo de morbosidad. El

255

hombre normal deja de tener hambre cuando ha ingerido cierta cantidad de alimentos; el bulímico no puede saciarse. A los sujetos sanos les gusta andar, pero al cabo de cierto tiempo de ejercicio, les gusta descansar. El maníaco de la deambulación experimenta la necesidad de deambular perpetuamente, sin tregua ni descanso: nada lo contenta. En el estado normal, el deseo sexual despierta durante cierto tiempo, luego se calma. El erotómano no conoce límites.

En los animales esta limitación se produce por sí sola, porque la vida del animal es esencialmente instintiva. Todo instinto, en efecto, es una cadena de movimientos enlazados unos con otros, que despliega sus eslabones bajo el impulso de un excitante determinado, pero que se detiene cuando ha llegado al último. Todo instinto es limitado porque responde a necesidades puramente orgánicas y las necesidades orgánicas están rigurosamente definidas. Se trata siempre, o bien de eliminar determinada cantidad de materias inútiles o perjudiciales que estorban en el organismo, o bien de introducir determinada cantidad de materias que reparan las que el funcionamiento de los órganos ha destruido. La capacidad de asimilación de un cuerpo vivo es limitada y ese límite marca el de las necesidades correspondientes. Este está inscrito, pues, en el organismo y, por consiguiente, se impone al animal. Por otra parte, el medio para sobrepasarlo falta, porque la reflexión aún no está lo suficientemente despierta para anticipar sobre lo que es o ha sido y para presentar a la actividad fines nuevos por encima de los ya espontáneamente alcanzados. Por eso son raros los excesos. Cuando los animales han comido hasta hartarse, no piden nada más. Cuando su deseo sexual está satisfecho, entra en reposo. Pero en el hombre no ocurre lo propio, justamente porque los instintos desempeñan en él un papel menor. En rigor, puede considerarse determinada y determinable la cantidad de alimentos materiales que son estrictamente necesarios para el mantenimiento físico de una vida humana, aunque la determinación sea ya menos estrecha que en los casos precedentes y quede un margen mucho más amplio para las libres combinaciones del deseo. Porque, por encima de ese mínimo indispensable con el que la naturaleza está dispuesta a contentarse, cuando procede instintivamente, la reflexión, más despierta, permite entrever condiciones mejores que aparecen como fines deseables y que incitan a la actividad. Está claro, no obstante, que los apetitos de este tipo acaban chocando tarde o temprano con un límite que no pueden salvar. Pero, ¿cómo fijar la cantidad de bienestar, de comodidades, de lujo, que no debe superar un organismo humano? Ni en la constitución orgánica ni en la constitución psicológica del hombre se encuentra nada que marque un límite a tales necesidades. El funcionamiento de la vida individual no exige que se detengan aquí en vez de allá, que se contenten con poco o no lo hagan; la prueba es que a lo largo de la historia no han hecho más que desarrollarse, que se han aportado a ellas satisfacciones cada vez más completas y que, por lo tanto, la salud media ha mejorado y la felicidad media no ha decrecido. Pero, entonces, si no hay nada que contenga esos apetitos en el interior del individuo, es preciso que sean contenidos por alguna fuerza exterior al individuo, o se volverán insaciables, es decir, morbosos. O bien, al no tener límites, se convertirán en fuente de tortura para el hombre, excitándolo a desplegar sin descanso una actividad que nada puede satisfacer, irritándolo y enardeciéndolo en una persecución sin posible salida; o bien habrá, fuera del individuo, un poder capaz de detenerlos, disciplinarlos, fijarles ese límite que la naturaleza no les fija.

Esto es lo que parece habérsele escapado a Saint Simon. Cree que el medio de realizar la paz social es liberar de todo freno a los apetitos económicos, por una parte, y por otra satisfacerlos al colmarlos. Ahora bien, tal tentativa es contradictoria. Porque sólo pueden ser colmados si se los limita (para ser colmados parcialmente) y no pueden ser limitados más que por sí mismos. De ello se sigue que no podrán ser considerados como el fin único de la Sociedad, puesto que han de estar subordinados a algún fin que los supere, y sólo con esta condición son susceptibles de ser realmente satisfechos. Imaginemos la organización económica más productiva posible, y una distribución de las riquezas que asegure incluso a los más humildes una gran holgura; acaso tal transformación produjera, en el momento de establecerla, un instante de aplacamiento. Pero este aplacamiento no podrá ser sino provisional. Pues los deseos, calmados por un momento, se reforzarán pronto con nuevas exigencias. A menos que se admita una remuneración igual para cada uno —y tal nivelación, conforme al ideal comunista, es muy contraria a la doctrina de Saint Simon y a toda la teoría socialista—, siempre habrá trabajadores que recibirán más y otros que recibirán menos. Es inevitable, pues, que al cabo de algún tiempo los segundos no juzguen su porción muy escasa al lado de la que corresponde a los otros; y que, por consiguiente, no se alcen nuevas reclamamciones en todos los grados de la escala social. Y, además, al margen de todo sentimiento de envidia, los deseos excitados tenderán naturalmente a extenderse más allá del límite que les hubiera gustado alcanzar, y a superarlo, por la simple razón de que no habrá nada frente a ellos que los detenga; y hasta reclamarán mucho más imperiosamente una satisfacción nueva, porque las satisfacciones recibidas les habrán dado más fuerza y vitalidad. Y por ello los mismos que estuvieran en la cima de la jerarquía, y que por consiguiente, nada tendrían por encima que estimulara su ambición, no podrían conformarse con el punto al que habían llegado y seguirían atormentados por la misma inquietud que los corroe hoy. Lo que hace falta para que reine el orden social es que la mayoría de los hombres se contenten con su suerte; pero lo que hace falta para que se contenten, no es que tengan más o menos, es que estén convencidos de que no tienen derecho a tener más. Y, para eso, es absolutamente imprescindible que haya una autoridad cuya superioridad reconozcan y que invoque el derecho. Pues nunca el individuo, abandonado a la mera presión de sus necesidades, admitirá que ha llegado al límite extremo de sus derechos. Si no siente por encima de sí una fuerza que respete y que lo detenga, que le diga con autoridad que la recompensa que se le debía ya ha sido alcanzada, es inevitable que reclame como debido cuanto exigen sus necesidades; y como, en nuestra hipótesis, esas necesidades carecen de freno, sus exigencias son necesariamente ilimitadas. Para que no sea así, es preciso que haya un poder moral cuya superioridad reconozca y que le grite: «No debes llegar más lejos».

Tal es, cabalmente, el papel que desempeñaban, en la antigua sociedad, los poderes cuya progresiva decadencia comprueba Saint Simon. La religión enseñaba a los humildes a contentarse con la condición en la que estaban, enseñándoles a la vez que el orden social es providencial, que el propio Dios ha fijado la parte de cada cual, y haciéndoles vislumbrar en el más allá otro mundo en el que todo se compensará, y cuya perspectiva hacía menos sensibles las desigualdades de este mundo y les impedía sufrir por ellas. Y lo mismo hacía el poder temporal, precisamente porque, al tener bajo su dependencia las funciones económicas, las contenía y limitaba. Ahora bien, incluso antes de cualquier examen, es contrario a todo método suponer que, durante siglos, pudo estar en la naturaleza de los intereses económicos verse mantenidos en un estado de subordinación y que, en el futuro, los papeles debieran invertirse hasta tal punto. Eso equivaldría a admitir que la naturaleza de las cosas puede transformarse de cabo a rabo en el curso de la evolución. Puede considerarse, sin duda, como cierto que esa función reguladora ya no puede ser cumplida por los antiguos poderes, ya que nada parece detener su decadencia; tampoco, sin duda, esa misma función podría ser ejercida hoy de la misma manera y con el mismo espíritu que antaño. El órgano industrial, más desarrollado, más esencial que antes para el organismo social, ya no puede encerrarse en unos límites tan estrechos, ya no puede someterse a un sistema tan pesadamente opresivo ni ser relegado a una situación tan subalterna. Pero de ello no se deduce que deba ser liberado de toda regla, despojado de todo freno. El problema consiste sólo en saber cuáles debe ser, en las presentes condiciones de la vida social, esas funciones moderadoras que son necesarias y cuáles son las fuerzas capaces de desempeñarlas. El propio espectáculo del pasado no sólo nos ayuda a plantear el problema sino que nos indica también en qué sentido ha de buscarse la solución. ¿Qué era, en efecto, ese poder temporal y ese poder espiritual que durante tanto tiempo fueron los moderadores de la actividad industrial? Fuerzas colectivas. Además, poseían el carácter de que los individuos reconocían su superioridad, se inclinaban espontáneamente ante ellas, no les negaban el derecho a mandar. Normalmente no se imponían por la violencia material, sino por su ascendiente moral. En eso estribaba la eficacia de su acción. Así, pues, hoy como antaño, quienes deben ejercer esa influencia reguladora sin la cual los apetitos se desordenan y el orden económico se desorganiza son fuerzas sociales, autoridades morales. En efecto, desde el momento en que el freno indispensable no proviene de la naturaleza intrínseca de los individuos, no puede provenir más que de la sociedad. Sólo ésta está cualificada para contenerlos y sólo ella puede hacerlo sin utilizar perpetuamente la coerción física, a causa del carácter moral de que está revestida. En suma, la sociedad, por medio de la reglamentación moral que instituye y aplica, desempeña, en cuanto concierne a la vida supraorgánica, el mismo papel que el instinto cumple en lo que respecta a la vida física. La sociedad determina y regula lo que el instinto deja indeterminado. El sistema de los instintos es la disciplina del organismo, al igual que la disciplina moral es como el sistema de instintos de la vida social.

Se ve ahora en qué consiste, a nuestro parecer, el error de Saint Simon. Este describió a la perfección la situación presente e hizo una reseña histórica exacta. Demostró: 1.°) que la industria había estado hasta el presente situada bajo la dependencia de poderes que la sobrepasaban. 2.°) que esos poderes retrocedían irremediablemente. 3.°) que esta situación era malsana y que en ella estaba la causa de la crisis que sufrimos. Ahora bien, no es flaco mérito el haber planteado la cuestión en estos términos que, al menos, permiten ver su unidad. Esta vez no estamos ante un estudio simplemente crítico, como el que hemos encontrado en Sismondi y encontraremos de nuevo en Fourier, que consiste en enumerar los méritos y los defectos del orden actual y en deducir de ellos la necesidad de una transformación, como si esos defectos no estuvieran compensados por ventajas y como si pudiera establecerse objetivamente una balanza. Nos hallamos en presencia de una ley histórica que domina todo el desarrollo de nuestras sociedades y que —sin que haya que establecer entre las ventajas y los inconvenientes del régimen pasado esas comparaciones cuya conclusión depende necesariamente de nuestros sentimientos personales— debe por sí sola, si la interpretamos bien, revelarnos el secreto del futuro. La cuestión está sólo en saber si Saint Simon la interpretó bien. Al comprobar el progresivo debilitamiento de los antiguos poderes, llegó a la conclusión de que el malestar actual dependía exclusivamente de que aquéllos, aún no desaparecidos del todo,

261

obstaculizaban aún la actividad industrial. De ello resultaba que lo único que había que hacer era acelerar su caída, asegurar a la industria la supremacía a la que tiene derecho, y dedicarse a organizarla sin subordinarla a nada, como si tal organización fuera posible. En suma, nos parece que se equivocó sobre lo que, en la situación presente, es la causa del malestar, y que por ello propuso como remedio una agravación del mal. Y, en definitiva, tuvo, al parecer, cierta sensación de la insuficiencia de la solución industrialista. Porque si la religión, cuya institución reclama no contradice su sistema filosófico, es porque éste en sí no apelaba a la lógica, sino a la fe religiosa. La *supone* un poco artificialmente, porque Saint Simon sintió la necesidad de elevar alguna cosa por encima del orden puramente económico y que lo sostuviera. Aunque, en principio, su moral filantrópica fuera en el fondo puramente industrial, comprendió que, para asegurar el orden, era preciso ponerla en condiciones de dominar la esfera de los intereses industriales y, para ello, darle un carácter religioso. En esto hay algo que no concuerda perfectamente con el principio industrialista y quizá sea su mejor refutación. Aparte que la religión no responde completamente a las necesidades que hemos indicado, pues si contiene a los ricos asignándoles como fin el bienestar de los pobres, no contiene a estos últimos, y los deseos de éstos no deben ser menos regulados que las necesidades de aquéllos. Además, incluso en el caso de los primeros, es más que dudosa la eficacia del procedimiento. No es el sentimiento de la unidad cósmica, aunque se exprese en una forma sensible, lo que puede bastar para dominar los egoísmos y solidarizar activamente a los hombres.

Podemos preguntarnos, entonces, dónde están esas fuerzas morales capaces de instituir, de hacer aceptar o de mantener la disciplina necesaria. No es lugar éste para tratar tal cuestión. Sin embargo, podemos señalar que, entre las instituciones del antiguo régimen, hay una de la que Saint Simon no habla y que, transformada, sería susceptible de concordar con nuestro estado actual. Son las agrupaciones profesionales o gremios. En todas las épocas desempeñaron ese papel moderador y, por otra parte, teniendo en cuenta que fueron brusca y violentamente destruidas, estamos en nuestro derecho de preguntar si esa destrucción radical no ha sido una de las causas del mal. En cualquier caso, la agrupación profesional podría responder muy bien a todas las condiciones que hemos planteado. Por una parte, porque es industrial, no hará pesar sobre la industria un yugo demasiado gravoso; está lo bastante cerca de los intereses que tendrá que regular para no oprimirlos pesadamente. Además, como toda agrupación formada por individuos ligados entre sí por vínculos de intereses, ideas y sentimientos, es suceptible de constituir para sus componentes una fuerza moral. Conviértasela en un órgano definido de la sociedad, mientras que no es todavía sino una sociedad privada; transfiéransele algunos de los derechos y deberes que el Estado es cada vez menos capaz de ejercer y asegurar; que sea la administradora de las cosas, de las industrias, de las artes que el Estado no puede administrar, por su alejamiento de las cosas materiales; que tenga el poder necesario para resolver ciertos conflictos, para aplicar, según la variedad de los trabajos, las leyes generales de la sociedad, y, poco a poco, gracias al acercamiento que de ella resultará entre los trabajos de todos, adquirirá esa autoridad moral que le permitirá un día desempeñar ese papel de freno sin el cual no puede haber estabilidad económica.

Pero no es éste el momento de desarrollar estas teorías. Nos basta con haber mostrado que, planteada así, la cuestión social se presentaría con un aspecto muy distinto que de ordinario. Ya no opone la fuente del arte a la del poder como dos antagonistas que se excluyen, de suerte que el trabajo de reorganización posterior suponga este trabajo de destrucción previa. El uno no es sino la continuación del otro. No despierta hacia todo lo que es y que ha sido ningún sentimiento de odio subversivo; incita solamente a buscar las formas nuevas que el pasado debe adoptar hoy. No se trata de poner una sociedad completamente nueva en lugar de la que existe, sino de adoptar ésta a las nuevas condiciones de la existencia social. Por lo menos no esgrime ya esas cuestiones de clases, ya no opone los ricos a los pobres, los patronos a los obreros, como si la única solución posible consistiera en disminuir la parte de los unos para aumentar la de los otros. Pero afirma, en interés de unos y otros, la necesidad de un freno que contenga desde arriba los apetitos en las conciencias, y ponga así término al estado de desorden, de efervescencia, de agitación maníaca que no proviene de la actividad social, y que incluso la hace sufrir. Dicho de otro modo, la cuestión social así planteada no es una cuestión de dinero o de fuerza; es una cuestión de agentes morales. Lo que la domina no es el estado de nuestra economía, sino, en mayor medida, el estado de nuestra moralidad.

CAPÍTULO XI

ESCUELA SANSIMONIANA
CONCLUSIONES CRÍTICAS DEL CURSO

Lección decimotercera

Espíritu eminentemente vivo y ávido de saber, curioso de todas las novedades, dotado de una especie de simpatía intuitiva que le hace sensible a todas las aspiraciones de sus contemporáneos, Saint Simon consiguió hacer de su obra una especie de síntesis de todas las tendencias de su tiempo. Y como, por otro lado, estuvo siempre dominado por una misma idea fija, como, a través de todas las aventuras y accidentes de su carrera, jamás tuvo sino una meta, reconstruir sobre bases racionales y temporales, es decir, con ayuda de la ciencia y la industria, el sistema social que la ruina del antiguo régimen había descompuesto, los elementos que entraron sucesivamente en su doctrina acabarán agrupándose y cristalizándose con toda naturalidad en torno a esta idea maestra que le dio unidad. Su sistema nos presenta así, como en síntesis, una imagen del espíritu de su tiempo y, como es el propio espíritu del siglo XIX, entonces en trance de elaboración, no resulta sorprendente que hayamos encontrado en él el germen de todos los grandes movimientos intelectuales que simultanea o sucesivamente ocuparon nuestra época, del método histórico, de la filosofía positiva, de las teorías socialistas y, por último, de las aspiraciones a una renovación religiosa. Pero pese a su estrecho parentesco estas diversas corrientes no pueden coexistir en un mismo pensamiento y en una misma obra más que a condición de permanecer en una especie de semiencubrimiento. Con toda seguridad no existen entre ellas las marcadas divergencias que impresionan al observador cuando se les considera a cierta distancia de su fuente común; derivadas todas de un mismo estado colectivo, no pueden ser sino aspectos diferentes de una misma conciencia social. Pero como cada una de ellas era en sí muy compleja, no podían desarrollarse más que dividiéndose. La materia era demasiado rica. Por eso ninguno de sus sucesores continuó íntegramente su pensamiento, sino que se lo repartieron. Ya en vida de Saint Simon, primero Augustin Thierry y luego Auguste Comte se separaron de su común iniciador y emprendieron la prosecución de su obra histórica el uno, y de su obra filosófica el otro, al margen del maestro y de su influencia. En cuanto a las teorías sociales y religiosas, se convirtieron, tras la muerte de Saint Simon, en patrimonio de la Escuela que, porque estaba compuesta más especialmente por los amigos de última hora, tomó y conservó en la historia el nombre de Escuela sansimoniana. De ella nos ocuparemos ahora porque es la que, de la herencia de Saint Simon, tomó la parte que tiene más interés para nuestra investigación. Pero es importante observar que se formó por una especie de desmembración del sistema, y que por consiguiente, sólo lo continúa en parte.

Al morir Saint Simon no dejó una escuela propiamente dicha. Pero había logrado reunir en torno a sí cierto número de fieles amigos, los principales de los cuales eran Olinde Rodrigues, el jurista Duveyrier, el poeta Halévy y el doctor Bailly. El primero, sobre todo, muy activo, muy entregado a la obra, trabajó enseguida con ardor para realizar uno de los proyectos más queridos de Saint Simon: fundar un periódico de propaganda sansimoniana. Para conseguirlo, se dedicó ante todo a reclutar nuevas adehesiones a la doctrina. Buscaba sobre todo el concurso de escritores cuyo talento pudiera servir para el triunfo de la causa y hay que reconocer que tuvo buena suerte. Es entonces, en efecto, cuando descubrió y se atrajo a Bazard, Enfantin y Buchez. Los dos primeros estaban llamados a convertirse pronto en los jefes de la Escuela. Funda entonces *Le Producteur,* un semanario, cuya redacción era sobre todo sansimoniana, pero que acogía artículos de aspiraciones diferentes sobre la tecnología y la estadística industriales. Entre sus colaboradores se encuentran los nombres de Auguste Comte, que no había roto aún todo lazo con el sansimonismo; de Armand Carrel, Adolphe Blanqui, Adolphe Garnier, etc. Por posibilidades de éxito que pareciera presentar tal colaboración, la existencia del *Producteur* no fue muy larga. Sólo aparecieron cuatro volúmenes y un cuaderno del quinto. La publicación se interrumpió por no haber encontrado 8.000 francos.

Se podía pensar que era un golpe mortal para el sansimonismo, de hecho, la prensa filosófica del tiempo declaró con gran seguridad que la doctrina nueva se había acabado. Pero ocurrió todo lo contrario. *Le Producteur* había tenido tiempo de provocar, en su círculo restringido, pero de *élite,* una viva curiosidad y hasta ardientes simpatías. La prueba está en que al cortarse toda comunicación entre los representantes de las ideas nuevas y los lectores cuyo interés habían despertado, a causa de la desaparición del semanario, los lectores, deseosos de ser puestos más completamente al corriente de la nueva doctrina, entablaron relaciones personales con los ex-redactores. «Se iniciaron unas correspondencias verdaderamente apostólicas con los nuevos iniciados». Y es que entonces existía en los círculos cultivados un estado de ánimo muy particular que facilitaba la tarea de los nuevos apóstoles. Se estaba harto del presente, asqueado del pasado, cansado de las viejas teorías, curioso e inquieto por el futuro. Había una sensación general de desconcierto al mismo tiempo que una intensa aspiración a salir de él. «Estábamos, dice uno de los contemporáneos, Hippolyte Carnot, al acecho de todas las manifestaciones filosóficas que nos parecieran tener una tendencia religiosa». El libro del escritor neo-religioso Balanche gozaba de alta estima. Era también el momento (1824): Jouffroy escribía su famoso artículo *Cómo terminan los dogmas*, en el que muestra cómo las religiones mueren para renacer bajo formas nuevas. Esta sed de novedad y de desconocido induce entonces a cierto número de jóvenes —destinados todos a desempeñar un papel importante en la historia del siglo, Hippolyte Carnot, De Las Cases, los hermanos Roulleaux-Dugage, Louis de Montebello, Michel Chevalier, Montalivet, por no citar más que a los principales— a enrolarse en la Orden de los Templarios, con la vaga esperanza, pronto desilusionada, de encontrar la doctrina cuya necesidad sentían tan imperiosamente. Ya en 1821 se había fundado una sociedad, titulada *Sociedad de moral cristiana*, que tenía justamente por objeto desprender la moral cristiana del espíritu ultramontano y congregantista, y que contaba entre sus miembros al duque de Broglie, Casmir y Augustin Thierry, Perrier, Laffitte, Benjamin Constant, Guizot, Lamartine, de Rémussat, Montalivet. Había, pues, un estado general de expectación que iba a beneficiar, naturalmente, al primer sistema un poco coherente que se constituyera.

Por eso el fracaso material del *Producteur* surtió el efecto de avivar la curiosidad y la simpatía, en vez de debilitarlas. Cuando la falta de todo periódico impidió que la buena nueva llegara al público, fue el público el que, por sí solo, acudió a pedírsela a sus depositarios. Una acción directa y personal reemplazó a la influencia abstracta del periódico. Se escribieron, se visitaron, «poco a poco se hicieron reuniones... se establecieron centros de propagación en diferentes puntos». Se reunían en casa de Énfantin, de Comte, de Carnot; entonces es cuando este último se afilió a la Escuela, así como Michel Chevalier, Fournel, Barrault, los dos Péreire, Charles Dunoyer. Pronto, en 1829, hubo que buscar un local más amplio y se inició una enseñanza oral continuada en una sala de la calle Taranne. Bazard emprendió allí, en una larga serie de conferencias, una completa exposición de la fe sansimoniana que tuvo el mayor éxito y produjo numerosas adhesiones, en especial entre los alumnos o antiguos alumnos de la Escuela Politécnica.

Este magisterio de la calle Taranne constituyó un importante acontecimiento en la historia del sansimonismo. La doctrina de la que hemos hablado fue presentada allí, por primera vez, con una forma sistemática y de conjunto. En lugar de la multitud de escritos difusos en los que Saint Simon había esparcido su pensamiento, se tenía por fin un cuadro sinóptico de las principales teorías sansimonianas y se podía aprehender así su economía. Pero el papel de Bazard no se redujo a este trabajo de coordinación. Al mismo tiempo que las dispuso en un orden lógico, las transformó en más de un punto, dando así al sistema un aspecto nuevo. No es que añadiera nada a los principios sentados por el maestro, pero los desarrolló, los elucidó, los llevó a sus lógicas consecuencias, y al mismo tiempo los separó más radicalmente de los elementos puramente racionalistas y científicos que fueron a alimentar la doctrina de Auguste Comte. Esta enseñanza de la calle Taranne merece que nos detengamos en ella porque las ideas sansimonianas, con la forma que Bazard les dio, se generalizaron, extendieron su acción y, finalmente, fueron uno de los factores de nuestra evolución intelectual. Es, además, el momento en que el sistema llega a su madurez. En Saint Simon se hallaba más bien en estado de germen confuso e incompletamente organizado. Más adelante, cuando la influencia de Enfantin sea prepoderante, se desorganizará y entrará en decadencia. Con Bazard alcanzó su máximo de consistencia lógica y de plenitud. Por otra parte, esta exposición es, en sí misma, de lo más notable. Amén de que su forma sea bella, aunque excesivamente oratoria, el pensamiento sansimoniano se expresa y desarrolla en ella con una amplitud que hace comprender mejor sus consecuencias y su alcance. Vamos a bosquejarla, pues, insistiendo sobre todo en las novedades que contiene, según la redacción publicada en los tomos XLI y XLII de la edición general de la obra de Saint Simon y Enfantin.

El método seguido por Bazard bastaría por sí solo para advertirnos ya de que se ha producido un cambio en la orientación del sistema, que su espíritu se ha hecho más idealista y menos rigurosamente científico. Saint Simon había partido del pasado, de la observación de las sociedades feudales, y había mostrado cómo éstas necesitaban el advenimiento del industrialismo; cómo el industrialismo, a su vez, reclamaba como condición de su existencia el cosmopolitismo y como éste, por último, encontraba en el dogma de la unidad universal su remate y su garantía. Así, nos remontábamos progresivamente desde el pasado al futuro. Bazard sigue un camino contrario, o casi. Toma como punto de partida el que había sido punto de llegada de su maestro y la serie de ideas se despliega en un orden inverso a aquél en que estaban lógicamente encadenadas en el espíritu del fundador. Bazard empieza planteando la unidad fundamental de todas las cosas, deduce de ella el internacionalismo y, del internacionalismo, la organización industrial. Es decir, sus ojos están clavados en el futuro, más que en el pasado; trata menos de conocer las leyes de la historia que determinar las condiciones en las que deberá realizarse un ideal previamente elegido.

El mundo es uno. El orden, la armonía, son el estado normal de todas las cosas; las discordancias y los conflictos son contrarios a la naturaleza. Tal es el axioma del que parte. Leyéndolo se comprende incluso mejor lo que quería decir Saint Simon cuando declaraba que todas las leyes del universo no eran sino formas particulares de todas las leyes de la gravedad. Y es que, en efecto, la atracción molecular que da nacimiento a los cuerpos brutos, la atracción celular de la que resultan los organismos, la atracción social de la que han nacido las sociedades no son fenómenos diferentes en su naturaleza de esa atracción de los cuerpos astronómicos que formula la ley de la gravitación (XLI, 91). Es probable además que, al margen de la unidad lógica resultante de esta reducción de todas las leyes a una sola, Bazard viera, en esta conspiración universal de las cosas que tienden cada vez más a acercarse y encontrarse, una manifestación demostrativa de esa necesidad de unidad y equilibrio que para él era la propiedad fundamental de toda realidad. Constituye, además, un hecho notable el que esta ley puramente cósmica haya sido invocada con frecuencia por los teóricos del socialismo como principio científico de su doctrina. Veremos que Fourier le hizo desempeñar en su sistema un papel no menos importante que Saint Simon, sin que por ello pueda sospecharse que el primero tomó prestada la idea del segundo. La razón de esta particularidad está en que dicha ley es, en efecto, la imagen física y material de la solidaridad; tiene también la ventaja de vincular este último hecho, que es en apariencia totalmente humano, con el resto de la naturaleza y de hacer percibir mejor su irresistibilidad, pues en lugar de presentarla como un privilegio de nuestra especie muestra su necesidad en el reino biológico e incluso, todavía más abajo, en el mundo de los minerales. Al situar fuera del planeta y, por consiguiente, fuera del hombre el centro del Universo, nos inclina a admitir más fácilmente que es fuera del individuo donde se encuentra el centro del sistema social.

Pero, si esto es así, el estado natural de la humanidad es la unidad, es decir, la reunión de todos los hombres en una misma asociación universal, la combinación de todas las fuerzas humanas en una sola y misma dirección que, por consiguiente, no podrá ser más que pacífica. Y, en efecto, aunque la especie humana no haya llegado aún a ese ideal, la historia muestra que ésa es la meta a la que tiende y a la que se acerca cada vez más, aunque haya un estado contrario que la retiene rezagada, pero al que cada vez domina más completamente y del que se aleja cada vez más: es el estado del antagonismo que opone a los hombres en lugar de unirlos, que los arma a unos contra otros en lugar de convertirlos en colaboradores de una sola y misma obra. En el origen, mientras la asociación no es más que rudimentaria, lo que prepondera es el antagonismo. «Cuanto más retrocedemos hacia el pasado, dice Bazard, más estrecha es la esfera de la asociación, y más incompleta es la asociación dentro de esa esfera» (p. 183). La humanidad está entonces fragmentada en otros tantos grupos hostiles cuyo estado crónico es la guerra. Después, poco a poco, las familias se reúnen en ciudades, las ciudades en naciones, las naciones en confederaciones, y el resultado último de esta serie de progresos es la formación de «la gran alianza católica» que, cuando estaba en la plenitud de sus fuerzas, mantenía congregada bajo la autoridad de una misma creencia a una porción notable de la humanidad. Al mismo tiempo que se ensancha el círculo de la asociación, el principio de orden, de unión, de armonía, arraiga cada vez más profundamente en el interior de cada grupo. No sólo gana en extensión el campo de las relaciones pacíficas, sino que el propio carácter pacífico de estas relaciones va

272

acentuándose. «Los elementos de lucha encerrados en el seno de cada asociación se debilitan a medida que varias asociaciones se reúnen en una sola» (190). Cuando la sociedad no se extiende más allá de la familia la lucha es constante entre los sexos, las edades, los hermanos y hermanas, los mayores y los menores. Cuando aparece la ciudad, el matrimonio apacigua las relaciones sexuales, pero entonces aparece el antagonismo entre amos y esclavos, entre plebeyos y patricios; después, uno y otro se debilitan, el segundo desaparece por completo, el primero es sustituido por otro, mucho más suave, entre siervos y señores, que también va atenuándose cada vez más. Lo que determina este aplacamiento progresivo es la creciente disminución del papel de la fuerza en las relaciones sociales. Al principio, ella es la base de toda la organización social; ésta consiste en el sometimiento de los más débiles a los más fuertes, y por consiguiente, en la explotación de los primeros por los segundos. Pero va perdiendo terreno cada vez más, a medida que el hombre se percata de que la explotación de las cosas es más provechosa que la explotación de sus semejantes, es decir, a medida que la industria aparece como más productiva que la guerra.

«La explotación del hombre por el hombre, he aquí el estado de las relaciones humanas en el pasado; la explotación de la naturaleza por el hombre asociado con el hombre, tal es el cuadro que presenta el porvenir» (206).

No caben dudas, pues, sobre el fin que persigue y debe perseguir la humanidad. Debe tender hacia un estado en el que todos sus miembros, cooperando armónicamente, estarían unidos para explotar en común el globo. Está muy claro que aún nos hallamos bastante lejos de esa meta. Las luchas entre los pueblos están lejos de haberse extinguido y, en el interior de cada pueblo. ¡Cuántos conflictos de todo tipo! Pese a los progresos ya realizados, hay que hacer aún muchos para que la sociedad pueda considerarse constituida. Sin embargo, por indudable que sea esta comprobación, no bastaría por sí sola para demostrar la necesidad de una transformación inmediata de las sociedades civilizadas. Podría ocurrir, en efecto, que a pesar de estar aún muy alejadas de la meta que hay que alcanzar, éstas no tuvieran ni los medios ni el deseo de acercarse más. Porque hay momentos en la historia de cada pueblo en los que se llega al máximo de armonía, orden y paz de que entonces se es capaz. Son lo que Bazard llama las épocas o períodos orgánicos. Deben este privilegio a que un cuerpo de doctrinas, de creencias comunes, se encuentra constituido entonces, y es lo bastante extenso y generalmente lo bastante respetado para neutralizar el efecto de los antagonismos y hostilidades que persisten, para contener las tendencias dispersivas que de éstos resultan, es decir, para dominar los egoísmos y hacer que converjan todas las actividades particulares hacia un fin común. Lo que caracteriza externamente a esas épocas es el establecimiento de un dogma reconocido por todo el mundo y bajo el cual se encasillan espontáneamente, en cierto sentido, las teorías particulares que no son más que sus divisiones, y que aseguran así la unidad de las inteligencias y, por ende, de las voluntades. Como ejemplo de época orgánica se puede citar, en la historia de las sociedades cristianas, el período que se extiende desde el siglo XI al XVI, aproximadamente, es decir, casi hasta la Reforma; y, en la historia de las ciudades antiguas, aquellas durante las cuales el politismo grecolatino estuvo en todo su esplendor y que terminó en Roma con Augusto y en Grecia con Pericles. Cuando una sociedad ha llegado a esta fase de madurez que Bazard llama orgánica, no es deseable ni posible intentar transformarla. No es posible porque habría que destruir para ello ese sistema de creencias sobre el que descansa el orden social y éstas están demasiado vivas, demasiado fuertemente arraigadas entonces para ser aniquiladas en un instante. No es deseable porque no se debe derribar nada que no se pueda reemplazar y porque, para elaborar un dogma nuevo y hacerlo penetrar en la mentes, se necesitan siglos. Si nuestra época fuera orgánica, pues, se podría tratar de suscitar progresos nuevos, pero no reclamar una transformación radical. Pero en realidad nuestra organización, lejos de haber alcanzado su máximo de resistencia, está en ruinas. Lejos de ser todo lo que puede ser, ni siquiera tiene hoy los efectos bienhechores que tuvo antaño. La marcha de las sociedades hacia la asociación universal no es, en efecto, una absoluta continuidad. Hay momentos en los que se produce una especie de retroceso, en los que el orden y la armonía son menores de lo que eran anteriormente. Son los períodos críticos, que se oponen a los períodos orgánicos. Lo que los caracteriza es que, por efecto de unas fuerzas nuevas, el cuerpo de ideas que hasta entonces fusionaba los espíritus es discutido y severamente criticado. A medida que avanza esta obra de destrucción, los antagonismos, menos contenidos, se desarrollan cada vez más y se manifiesta la anarquía. Las actividades individuales dejan de estar agrupadas en haces, se dirigen en sentidos divergentes y, por consiguiente, chocan entre sí. Se desencadena el egoísmo debido a que la fuerza que lo mantenía a raya se debilita. «El sello de las épocas críticas, como el de las grandes derrotas, es el egoísmo» (113). Y el egoísmo conduce a la guerra. Otro signo externo por el cual se reconocen estos períodos es que las filosofías individuales, las opiniones particulares, ocupan el lugar que han tenido hasta entonces las religiones establecidas. Seguramente están lejos de ser inútiles, y si en cierto sentido constituyen un movimiento de retroceso, en realidad son condición indispensable de todo progreso. Porque, una vez llegadas al período orgánico, las sociedades se inmovilizarían para siempre si la crítica no cumpliera su papel, si no se aplicara a las ideas substraídas hasta entonces a todo examen y no revelara su insuficiencia. Es preciso que la crítica perturbe el equilibrio, para que éste no se consolide de una vez para siempre en la forma que ha adquirido en un momento dado. Pero, por otra parte, las fases críticas no pueden ser consideradas, mucho menos aún que las fases orgánicas, como el último término de la evolución. Porque la destrucción es la muerte, y la muerte no es un fin para la vida. Sólo se debe destruir para reconstruir. Los períodos críticos sólo son útiles, pues, en tanto que posibilitan nuevos períodos orgánicos. Y, en efecto, en la historia de la Antigüedad, el período crítico es el que se inicia con Sócrates, con el gran desarrollo de la filosofía griega y termina con el establecimiento del cristianismo. En la historia de las sociedades cristianas comienza con la reforma, con el cuarteamiento del dogma cristiano y no ha acabado aún. Todo, por el contrario, prueba que ha llegado a su máximo de actividad, porque jamás el individualismo anárquico ha adquirido tal grado de desarrollo. En el orden intelectual, cada cual tiene su sistema y esos sistemas contrarios luchan estérilmente unos contra otros; los sabios propiamente dichos están como empantanados en sus estudios especiales, que no se enlazan y han perdido todo sentimiento de su unidad. «Acumulan las experiencias, disecan la naturaleza entera... agregan hechos más o menos curiosos a los hechos anteriormente observados... Pero, ¿cuáles son los sabios que clasifican y coordinan esas riquezas acumuladas en desorden? ¿Dónde están los que ordenan las espigas de esta abundante cosecha? Se vislumbran algunas gavillas aquí y allá; pero están diseminadas por el vasto campo de la ciencia y, desde hace más de un siglo, no se ha producido ninguna gran visión teórica» (91). En la industria, el conflicto de los intereses individuales se ha convertido en la regla fundamental, en nombre del famoso principio de la competencia ilimitada. Las artes, por último, no expresan sino sentimientos antisociales. «El poeta no es ya el cantor divino puesto al frente de la sociedad para servir de intérprete al hombre, para darle leyes, para reprimir sus inclinaciones retrógradas, pare revelarle las alegrías del futuro... No, el poeta no halla sino cantos siniestros. Ora se arma con el látigo de la sátira, su inspiración se exhala en palabras amargas, arremete contra la humanidad entera... Ora, con voz debilitada, canta en versos elegíacos los encantos de la soledad, se entrega a la ola de los ensueños, pinta la felicidad en el aislamiento; y, sin embargo, si el hombre seducido por esos tristes acentos huyera de sus semejantes, lejos de éstos no hallaría más que desesperación» (113, 114). «Reconozcámoslo, las bellas artes ya no tienen voz cuando la sociedad no tiene amor. Para que el verdadero artista se revele, necesita un coro que repita sus cantos y reciba su alma cuando ésta se expansiona» (115). Por tanto, una reorganización de la sociedad no es sólo posible, es necesaria; porque la obra de la críticas ha llegado a su último término; todo está destruido, es preciso reconstruir, y como la causa de la destrucción ha sido la aparición de necesidades nuevas, la reconstrucción no puede consistir en una simple restauración del viejo edificio. Ha de hacerse sobre nuevas bases.

Esta distinción entre períodos críticos y períodos orgánicos estaba indicada ya en Saint Simon, pero Bazard la erigió en teoría independiente. Y constituye un progreso importante en la filosofía de la historia. Para los filósofos del siglo XVIII, los pueblos antiguos, infinitamente alejados de lo que parecía ser el fin verdadero de las sociedades humanas, constituían otros tantos monstruos, seres anormales, cuya persistencia y generalidad eran, por ende, difícilmente explicables. Por ello se decía de las instituciones de estos pueblos que más chocaban con el ideal moderno que sólo habían podido mantenerse por medios artificiales: la astucia y la violencia. Bazard, por el contrario, al distinguir, al margen de la perfección suprema que asigna como fin último a la humanidad, unos estados relativos de salud, de equilibrio estable natural, cuyas condiciones varían en los diferentes momentos de la historia, no estaba ya obligado a representarse a la humanidad como si ésta hubiera vivido perpetuamente al margen de la naturaleza. Podía admitir que en la historia de cada sociedad había habido momentos en los que ésta había sido todo lo que debía ser. Por otra parte, la ley así formulada es irrefutable, al menos en líneas generales. Por doquier se ve elaborarse sucesivamente sistemas de creencias, que llegan a un máximo de consistencia y autoridad para sucumbir progresivamente bajo la crítica. Lo que se le escapó a Bazard es que, cuanto más se avanza en la historia, más se ve prolongarse los caracteres del período crítico en el seno del período orgánico. En efecto, cuando más cultivado es un pueblo, menos el dogma que forja su unidad excluye el libre examen. La reflexión, la crítica se mantienen al lado de la fe, impregnan la propia fe sin arruinarla y van ocupando en ella un papel cada vez mayor. Así es como el cristianismo, incluso en su período orgánico, concedía mucho más a la razón que el politeísmo grecolatino en el período correspondiente; el cristianismo de mañana deberá, por consiguiente, ser aún más racionalista que el de ayer. Saint Simon tenía, por lo demás, en mucha mayor medida que sus discípulos, este sentimiento del racionalismo creciente de las creencias colectivas.

Sea como sea, puesto que estamos en el extremo límite de una fase crítica, hay que salir de ella; para ello es preciso: 1.°) Transformar las instituciones temporales de forma que armonicen con las necesidades nuevas que han salido a la luz y han arruinado el antiguo sistema. 2.°) Constituir un sistema de ideas comunes que sirvan de base moral a esas instituciones. Ahora bien, la novedad de las necesidades actuales de la humanidad consiste en un incremento de los sentimientos de simpatía, de fraternidad, de solidaridad, que nos hacen radicalmente intolerables los últimos vestigios del imperio que aún conserva la fuerza material de las antiguas potencias, todo lo que sobrevive de las viejas instituciones que permitían al hombre explotar al hombre. Hemos llegado a un punto en el que no puede bastarnos la búsqueda de simples atenuaciones del antiguo sistema, que es lo que han sido hasta el presente las únicas mejoras perseguidas por las sociedades. Porque ahora conocemos el ideal último hacia el que tiende la humanidad; y, desde que éste ha aparecido, nos hemos apegado a él hasta el punto de no poder desprendernos. Por eso los fines provisionales con que los hombres se han contentado hasta ahora carecen de atractivos y no pueden satisfacernos. El cristianismo ha sido el último esfuerzo en esta revelación progresiva del ideal humano. Ya nos había enseñado a conocer y amar una humanidad, unida por entero en lo espiritual; pero nosotros, ahora, nos hemos alzado a una idea más elevada de una humanidad, solidaria a la vez en lo espiritual y en lo temporal. en la acción y en el pensamiento y, por consiguiente, no podemos proponernos ya otras metas. No se puede pensar, sin duda, en alcanzarla de golpe; es demasiado elevada, por el contrario, para ser alcanzada por completo nunca y, por consiguiente, no hay que temer que el progreso llegue nunca a su término, y que la actividad humana carezca de elementos. Pero lo que se debe hacer es tenerla a la vista, sin nada que la enmascare; es obrar en consecuencia; es tratar de representárnosla en toda su integridad, descartando todas las fuerzas que la demoran, cuya hora ha pasado, y trabajar por conformar a ella la organización social.

Para llegar a ese resultado serían necesarias y posibles muchas reformas ya desde ahora. Pero hay una que parece imponerse a los sansimonianos de forma más urgente que las demás, y es la transformación del derecho de propiedad.

En efecto, lo que caracteriza a la propiedad tal y como está constituida hoy es que es transmisible al margen de toda capacidad social, en virtud del derecho de herencia. De éste resulta que los hombres nacen con el privilegio de no hacer nada, es decir, que viven a expensas del prójimo. La explotación del hombre por el hombre sigue siendo, pues, bajo esta forma, la base de nuestro sistema social, porque éste descansa por entero sobre la organización de la propiedad. Si esa explotación debe desaparecer, es preciso también que la institución que la perpetúa de manera crónica desaparezca a su vez. Hay quien objeta, dice Bazard, que el propietario no vive a costa de otros, porque lo que paga al trabajador no representa sino los servicios productivos de los instrumentos que se le han prestado. Pero, responde, la cuestión no está en saber si esos servicios deben ser remunerados, sino a quién ha de corresponder esa remuneración y si, atribuyéndola al propietario que no posee otro título que el azar del nacimiento, no estamos consagrando un privilegio de la fuerza material. Ahora bien, por el mero hecho de que un hombre sea propietario por derecho de nacimiento, tiene sobre los simples trabajadores con quienes entabla transacciones una superioridad que le permite imponer sus voluntades y que en nada difiere de la que pone al vencido en manos del vencedor. Porque el obrero, reducido a esperar su alimento de cada día del trabajo de la víspera, se ve obligado a aceptar, bajo pena de muerte, las condiciones que se le ofrecen. Además, la hereditariedad de la riqueza implica como contrapartida la hereditariedad de la miseria. Por eso hay en la sociedad hombres que, por el simple hecho de su nacimiento, no pueden desarrollar sus facultades, lo cual hiere todos nuestros sentimientos (p. 227).

Conforme al método de Saint Simon, Bazard se esfuerza por demostrar que, en realidad, la evolución histórica marcha espontáneamente en este sentido; que las sociedades, por sí solas, se han acercado muy sensiblemente a la meta que él les propone. En efecto, de manera general, «el dogma moral de que ningún hombre debería sufrir una incapacidad a causa de su nacimiento, ha penetrado desde hace mucho tiempo en los espíritus, y las constituciones políticas de nuestros días lo han sancionado expresamente» (p. 225). Ahora bien, no hay razón para no extenderlo al mundo económico. El propietario tiene una función social que consiste en distribuir a los trabajadores los instrumentos que les son necesarios para producir (247). ¿Por qué esa función va a ser más hereditaria que las otras? Y hay más: no sólo el derecho del capitalista está en contradicción con el fondo de nuestro sistema social, sino que va perdiendo progresivamente su importancia, pues se tiene la sensación de que debe desaparecer. Lo que le da, en realidad, esa importancia «es el privilegio de percibir una prima sobre el trabajo ajeno; ahora bien, esta prima, representada hoy por el interés y el arriendo, decrece sin cesar. Las condiciones que regulan las relaciones del propietario y del capitalista con los trabajadores son cada vez más ventajosas para éstos; en otros términos, el privilegio de vivir en la ociosidad se ha vuelto más difícil de adquirir y conservar» (pp. 235, 236). Así, lejos de sostener, como tantos teóricos del socialismo, que los derechos del propietario se han vuelto cada vez más exorbitantes y justificar así las reivindicaciones de las clases obreras, Bazard reconoce, por el contrario, que esta supremacía del capital se está templando cada vez más. Pero de esta disminución progresiva concluye que pedir su supresión radical y difícil equivale a no proponer nada que no sea conforme a la marcha natural y espontánea de las sociedades. Porque ve en ello la prueba de que esta medida es reclamada crecientemente por los sentimientos de la humanidad.

Para llegar a este resultado basta con un último cambio. Es preciso que «el Estado, y ya no la familia, herede las riquezas acumuladas, siempre que éstas formen lo que los economistas llaman el fondo de producción» (p. 236). Es preciso que sea una institución social, única y perpetua, la depositaria de todos los instrumentos de producción y la que presida toda la explotación material (p. 252) En estas condiciones, en efecto, ya no habrá en la sociedad superioridades que no correspondan a una mayor capacidad intelectual y moral. La fuerza material con que el capital arma a quien es propietario por derecho de nacimiento será abolida definitivamente. Además, el propio interés económico, como el sentimiento moral, reclama esa transformación. En efecto, para que el trabajo industrial llegue al grado de perfección al que puede aspirar es preciso: 1.°) Que los instrumentos de trabajo estén distribuidos en función de cada rama de industria y de cada localidad. 2.°) Que se entreguen a los más capaces, para que produzcan todos los frutos que cabe esperar. 3.°) Que la producción esté organizada de manera que sea lo más perfecta posible respecto a las necesidades del consumo, es decir, de forma que se reduzcan al mínimo los riesgos de carestía y de superproducción. Ahora bien, en el actual estado de cosas, ¿quién es el que procede a esta distribución de los instrumentos de trabajo? Son los capitalistas y los propietarios, porque son los únicos que disponen de ellos. Pero unos individuos aislados no están en condiciones de conocer bien a los hombres, ni las necesidades de la industria, ni los medios de satisfacerlas para cumplir convenientemente sus funciones. Cada uno de ellos, forzosamente, no percibe sino una pequeña porción del mundo social y no sabe lo que ocurre fuera de ésta. Ignora, pues, si en el momento en que él funda su empresa, otros se ocupan ya de responder a la necesidad que él se propone satisfacer y si, por consiguiente, todo su trabajo y todos sus gastos corren el riesgo de ser vanos. Y aún le resulta más difícil medir la extensión de esas necesidades: ¿cómo puede saber cuál es la importancia de la demanda en el conjunto del país, y cuál la parte que puede corresponderle? De ahí esas escuelas, esos tanteos que se manifiestan con crisis periódicas. Por último, ¿quién ha preparado a los capitalistas para la delicada función de elegir a los más aptos para utilizar los instrumentos de trabajo en interés común? ¿Cómo su cuna, por sí sola, los pondría en condiciones de estimar con cierta precisión el valor de las capacidades industriales? Y, sin embargo, como no prestan sus capitales más que a quien quieren, son ellos, en suma, quienes designan soberanamente cuáles deben ser los funcionarios de la industria? Trasladémonos ahora a un mundo en el que esta triple misión perteneciera no ya a unos capitalistas aislados, sino a una institución social. Esta, que por sus ramificaciones está en contacto con todas las localidades y todos los tipos de industria, ve todas las partes del taller industrial; puede, pues, advertir tanto las necesidades generales como las particulares, aportar brazos e instrumentos allá donde se deja sentir su necesidad, al mismo tiempo que está mejor situada para reconocer las verdaderas capacidades y apreciarlas en sus relaciones con el interés público.

Pero, ¿en qué debe consistir esta institución?

Bazard y Saint Simon antes de él, se habían quedado impresionados con el considerable papel que adquiría en las sociedades modernas la industria de los banqueros. Veían en ella un inicio de organización espontánea de la vida industrial. En efecto, la función de los banqueros es servir de intermediarios entre los trabajadores que necesitan instrumentos de trabajo y los poseedores de esos instrumentos que no quieren emplearlos por sí mismos. Los bancos substituyen, pues, a capitalistas y propietarios en la tarea de distribuir a los productores los medios de producción, y pueden desempeñarla con mucha más competencia que los individuos aislados. Colocados, en efecto, en una perspectiva mucho más central, en relación con diferentes puntos del territorio y diferentes ramas de la industria, pueden apreciar mejor la relativa extensión de las diferentes necesidades industriales. Son ya instituciones públicas, en el sentido de que abarcan porciones mucho más vastas del terreno económico que un simple capitalista. Y, al mismo tiempo, como la propia profesión de banquero consiste en descubrir las capacidades a las que los fondos de producción pueden ser confiados útilmente, los capitales que pasan por sus manos tienen muchas más posibilidades de ser entregados a los más aptos para sacar partido de ellos. Se entrevé, pues, que un simple desarrollo del sistema bancario podría dar la institución buscada.

Lo que hace que la organización actual sea insuficiente es que, en primer lugar, la centralización es muy imperfecta. Aunque los banqueros estén en mejor posición que los propietarios para juzgar las necesidades de la industria, no existe, sin embargo, un banco que sea el centro donde desembocan y se resumen todas las operaciones industriales, y que pueda, por consiguiente, verlas en conjunto y regular con pleno conocimiento la distribución de capitales. Además, cada banquero sigue siendo un empresario privado que ve las cosas desde su punto de vista personal y sólo se preocupa por obtener de los productos del trabajo el diezmo más grande posible, al igual que el propietario que le entrega sus fondos trata de sacarle las mayores ventajas que pueda. El privilegio del capital hereditario no queda, pues, suprimido. Para desembarazar a esta institución de sus inconvenientes y ponerla definitivamente a la altura de sus funciones se necesitan tres medidas, que serían suficientes: 1.°) someter a todos los bancos a la acción de un banco unitario y director que los domine; 2.°) confiar a este banco la administración de todos los fondos de producción; 3.°) especializar los bancos subordinados. He aquí cómo funcionaría el sistema. Una vez abolida la herencia, todas las riquezas mobiliarias e inmobiliarias pertenecerían al establecimiento central, que dispondría así de todos los instrumentos de trabajo. De este banco dependerían otros bancos de segundo orden, encargados de las ramas especiales de la industria y que se ramificarían a su vez en cada localidad con otros establecimientos del mismo género, pero más reducidos, en contacto inmediato con los trabajadores. Mediante estos cauces el primer banco estaría al tanto de las necesidades y de la capacidad productora de la industria en su conjunto. Decidiría en consecuencia de qué manera deberían repartirse los capitales entre las diferentes clases de empresas, es decir, que abriría a cada una de ellas un crédito determinado, proporcional a sus necesidades y a los medios de que dispone la sociedad. Cada banco especial tendría entonces la función de repartir entre los trabajadores de cada clase, por medio de los establecimientos locales, la parte de crédito concedida a la rama industrial que estuviera encargado de dirigir. Cada productor no es más que el gerente del taller o de los instrumentos que emplea. Por ello recibe un sueldo determinado, pero la renta de su industria no le pertenece y vuelve al banco local y, por medio de éste, al banco central. Dispone de su salario con plena libertad, es su pleno propietario; pero respecto a lo demás, es un contable. Cuando muere, los capitales que ha explotado se transmiten al que parece entonces más digno, por vía de ascenso administrativo. Así: constitución de un sistema unitario de bancos que centralice y reparta los medios de producción; atribución de estos últimos a unos gerentes que reciben remuneraciones en proporción a sus servicios, tales son las bases del sistema imaginado por Bazard. Gracias a esta sabia jerarquía, la condición de cada individuo en la sociedad viene determinada por su capacidad, conforme al axioma sansimoniano: «A cada cual según su capacidad, a cada capacidad, según sus obras.»

Saint Simon se hubiera asombrado, sin duda, de las últimas consecuencias sacadas de sus principios, y es sorprendente, en efecto, el gran camino que en unos cuantos años (1825-1828) recorrieron las ideas que él fue el primero en formular. Pero esta exposición de Bazard es interesante por otro motivo. Estamos en presencia de un plan completo de reorganización económica de indudable carácter socialista. Acabamos de encontrar fórmulas que anuncian las de Marx. Nos acaban de hablar de la vida económica como algo susceptible de ser centralizada íntegramente. Ahora bien, resulta que ni en su crítica del orden actual ni en su programa de reorganización Bazard alude para nada a la gran industria. Ni para justificar los cambios que reclama invoca los hábitos especiales que se le atribuyen, ni para establecer el carácter práctico de las reformas que propone se apoya en su ejemplo. Estos dos hechos son muy notables porque la organización de la gran industria, y sobre todo, su carácter centralista, era, parece, un argumento muy natural para demostrar que las funciones industriales pueden y deben centralizarse. Y, sin embargo, no se habla de ello. Evidentemente, pues, no para mientes en ella, ni siquiera cuando se alza contra el sistema de hoy, ni siquiera cuando construye el suyo. Ahora bien, esta misma observación habría podido hacerse a propósito de Saint Simon. Hemos visto, en efecto, que la única reforma económica grave que reclamaba concernía a la propiedad de la tierra; no a los capitales empleados en la industria, la manufactura o el comercio, que no veía inconveniente en dejar sometidos al régimen actual. También en Fourier veremos que la idea de la gran industria no es muy precisa. Es decir, ésta no desempeñó en la génesis del socialismo el papel que se le atribuye a veces. Es, ciertamente, uno de sus factores secundarios, simultáneo. Estos dos fenómenos sociales se desarrollaron paralelamente, sin que hubiera entre ellos una relación de causa a efecto. ¿Podría decirse, incluso, que el socialismo y la gran industria son producto de un mismo grado social? En cualquier caso, vemos que, si el socialismo no se constituyó sólo, al menos se constituyó el primero.

Lección decimocuarta

Hemos visto cómo, según Bazard, las sociedades modernas habían llegado al límite extremo de su período crítico, por lo que es precisa una transformación profunda de las instituciones temporales, con el fin de satisfacer las nuevas necesidades que han salido a la luz. Ante todo, ha de reformarse el régimen de la propiedad, porque contribuye, más que ninguna otra cosa, a mantener el antagonismo y la guerra, permitiendo al propietario nato explotar a aquellos de sus semejantes que no poseen nada. Es preciso, pues, mediante la supresión del derecho de herencia, retirar a ciertos privilegiados la fuerza material de que están armados por el mero hecho de su nacimiento y que les asegura una injusta preponderancia. Al mismo tiempo, la función que consiste en repartir entre los productores los instrumentos de trabajo dejará de estar abandonada en manos de individuos aislados, incompetentes y egoístas, para ser atribuida a una institución social. Esta reforma no es la única que Bazard reclama, empero; propone otras que atañen a la educación, la legislación, los tribunales. Pero como todas ellas dependen de la primera, no es necesario exponerlas con detalle.

Además, sea cual sea la importancia de estas medidas, no son lo más capital de la obra de reorganización. Porque las instituciones temporales sólo tienen la autoridad sin la que no podrían funcionar normalmente a condición de basarse en un conjunto de creencias comunes que sean como sus raíces en las conciencias particulares. En definitiva, un sistema de instituciones debe expresar un sistema de ideas. Por lo tanto, importa ante todo trabajar por constituir este último. Mientras le falte, la organización temporal más hábilmente dispuesta no puede tener sino una existencia artificial. Esta es la letra de la que aquél es el espíritu. Tan esencial es, que la veremos finalmente dar nacimiento a una institución *sui generis* en la que se encarnará más especialmente y que dominará a todas las demás. Así, no sólo, sin creencias que lo animen, el cuerpo de las instituciones sociales carece de alma, sino que ni siquiera es completo. Falta lo principal. El problema que queda por tratar es, pues, el más capital. Al resolverlo está consagrado el segundo volumen de la *Exposición*.

Puede formularse así: ¿en qué deben consistir las creencias que, dadas las necesidades y los sentimientos nuevos que se han manifestado en el corazón humano, podrán en adelante servir de vínculo entre los hombres?

En primer lugar, deberán tener un carácter religioso. En efecto, lo que distingue los períodos orgánicos de los períodos críticos es la religiosidad de los primeros y la irreligiosidad de los segundos. Nunca la humanidad ha logrado pasar del egoísmo anárquico y turbulento de los unos al equilibrio ordenado de los otros más que gracias a la constitución de un dogma nuevo. Solamente cuando una religión nueva ha sustituido a aquella que la crítica había arruinado definitivamente y con justicia, ha finalizado la incoherencia y las fuerzas sociales se han agrupado y concertado armónicamente de nuevo. No hay, pues, ninguna razón para creer que exista otro medio de salir de la crisis actual, que haya algún otro camino que los hombres han ignorado hasta el presente. ¿Cómo va a ser posible eso? Un pueblo no puede organizarse más que sistematizando sus concepciones, pues éstas son las que dominan las acciones. Mientras éstas se hallen descoordinadas no podrá haber orden en los movimientos. Una sociedad cuyas ideas no estén sistematizadas de manera que formen un todo orgánico y unificado es necesariamente presa de la anarquía. Pero para que las ideas que nos hacemos del mundo puedan recibir esta unificación es preciso que el mundo sea uno, o al menos que lo creamos tal. Ahora bien, no podemos representárnoslo como tal más que a condición de concebirlo como derivado de un sólo y mismo principio que es Dios. Por ello la idea de Dios es la base de todo orden social, porque es la única garantía lógica del orden universal. Si la irreligión y el ateísmo son el rasgo característico de las épocas críticas, es porque el estado de descomposición en que en ese momento se encuentran las ideas ha hecho que se desvanezca todo sentimiento de unidad. No hay ninguna razón para referirlo todo a un mismo ser cuando todo parece discordante. «La idea de Dios, dice Bazard, no es para el hombre sino la manera de concebir la unidad, el orden, la armonía, de sentirse con un destino y de explicárselo». Ahora bien, «en las épocas críticas, para el hombre no hay ni unidad, ni armonía, ni orden, ni destino» (XLII, 123). Pero entonces, a la inversa, no se puede pasar a una fase orgánica más que restaurando la idea fundamental, que es la condición de toda sistematización. En otros términos, la religión no es otra cosa que la expresión del pensamiento colectivo propio de un pueblo o de la humanidad. Pero, por otra parte, todo pensamiento colectivo tiene necesariamente un carácter religioso.

Esta tesis chocaba tanto con las críticas racionalistas del siglo XVIII, que aún contaban con representantes, como con la famosa ley de los tres estados, que acababa de formular Comte en *Política positiva*. Bazard refuta fácilmente a los primeros, que tendían a presentar toda idea de Dios como inconciliable con la ciencia. Establece sin dificultad que la ciencia, para proceder a sus explicaciones, se ve obligada a postular un orden en las cosas, ya que su único objeto es buscarlo. Ahora bien, el orden, sin Dios, es ininteligible. La otra objeción era más embarazosa, cuanto más que parecía tener en su favor la propia autoridad de Saint Simon. ¿Acaso no había declarado el maestro que la humanidad había pasado sucesivamente de la edad teológica a la edad metafísica, y de ésta por último al régimen de la ciencia, a la edad positiva? Siendo así, ¿no parecía que la era de las religiones había periclitado, a menos que la civilización retrocediera? Bazard sale del trance con una ingeniosa distinción que, además, no deja de encerrar cierta verdad. Se habla de esos tres estados, dice, como si correspondieran a las tres edades de la humanidad tomada en su conjunto, y se llega a la conclusión de que los hombres, tras haber alcanzado la segunda, no pueden regresar a la primera, ni a la segunda una vez llegados a la tercera, lo mismo que el individuo, una vez adulto, no puede volver a la infancia, ni la madurez a la juventud. Pero, en realidad, esta ley expresa solamente la serie de transiciones por las cuales pasa un pueblo determinado desde la fase orgánica a la fase crítica. La edad teológica es el período de equilibrio, la edad positiva es la época de descomposición, la edad metafísica es intermedia, es el momento en que el dogma empieza a resquebrajarse. Ahora bien, es sabido que el ciclo formado por esos períodos recomienza sin cesar, que a los estados críticos suceden nuevos estados orgánicos; es falso, pues, afirmar que las creencias religiosas no son sino supervivencias de un pasado llamado a desaparecer. La verdad es que se las ve, alternativamente, morir para renacer luego, sin que tengamos derecho a fijar un término a la serie de alternancias que así se suceden. La Ley de Auguste Comte traduce exactamente la manera en que se han desarrollado las sociedades modernas desde el siglo X hasta el XIX; pero no se aplica a toda la evolución humana. Por eso no puede utilizarse para inferir el futuro. Pero, al igual que la edad teológica que representan las sociedades de la Edad Media ha sucedido a la época del ateísmo a la que corresponde la decadencia de las ciudades antiguas, cabe creer que la irreligiosidad actual no constituye el último término de la historia.

Estas alternancias son, en efecto, indudables; constituyen, pues, una objeción muy seria a la teoría de Comte. Pero no le bastaba —ni podía bastarle— a Bazard con haber demostrado que la religión está sujeta a renacimientos. Necesitaba además mostrar que, en cada uno de sus retornos, gana terreno en lugar de perderlo; si no, su tesis fundamental no podía considerarse como establecida. Como, según él, la humanidad tiende hacia un estado de armonía y paz cada vez más perfectas y como, por otra parte, la armonía social se desarrolla como la religión en que se basa, debemos constatar que la organización colectiva a medida que se vuelve más armónica, se impregna más de religiosidad; y que, por consiguiente, las sociedades se vuelven cada vez más religiosas. ¿Confirma la historia esta hipótesis? Bazard intenta probarlo, pero su argumentación resulta muy débil en este punto. Se contenta con distinguir tres fases en la evolución religiosa: el fetichismo, el politeísmo y el monoteísmo; y, con mostrar que en cada una de ellas practican la religión sociedades cada vez más extensas. Bajo el fetichismo, el culto está encerrado en la familia; con el politeísmo, se convierte en una institución de la ciudad; con el monoteísmo cristiano, se extiende a la humanidad entera. De ahí concluye, no sin sofisma, que el carácter social de la religión se hace cada vez más marcado. Pero ¿cómo no ha visto que lo que da a la religión su importancia social no es el número de individuos que a ella se adhieren, sino el número de instituciones cuyo fundamento es ya las que marca con su impronta? Una sociedad minúscula puede ser más profundamente religiosa que una inmensa asociación; pues muy bien puede ocurrir que en la primera todo el detalle de las relaciones sociales esté reglamentado religiosamente y que, en la segunda, en cambio, no se dé o se dé muy poco, ese carácter. Poco importa que la humanidad entera tenga una misma fe; esta fe sólo desempeñará un papel social muy secundario si no se extiende más que a una pequeña porción de la vida colectiva, si ésta es laica en su mayor parte. Ahora bien, en realidad, a medida que se avanza en la historia, a medida que se pasa de las sociedades inferiores a la ciudad, de ésta a los pueblos cristianos, se observa, de forma muy regular, que la religión se retira crecientemente de la vida pública. Con que aunque sea cierto que hasta el presente se la ha visto renacer siempre después de cada período de declive, hay que agregar que a cada renacimiento ha ido perdiendo importancia como institución social. Mucho dista, pues, la historia de ser favorable a la proposición de Bazard. Está lejos de mostrarnos un paralelismo constante entre la marcha de la religiosidad y los progresos de la armonía colectiva. Por consiguiente, no nos autoriza a esperar del futuro un sistema social aún más esencialmente religioso que los del pasado.

Pero aceptamos esta proposición como demostrada. De ella se desprende que la sociedad pacífica hacia la que tendemos y debemos tender sólo será posible si se funda una religión nueva. Por otra parte, como cada término del progreso no es ni puede ser más que un perfeccionamiento del término precedente, esta religión nueva no podrá ser sino un cristianismo perfeccionado. ¿Cuáles son, pues, las transformaciones que debe sufrir la religión cristiana para ponerla a la altura de la misión que ha de incumbirle en el futuro?

El gran error cristiano es haber lanzado un anatema sobre la materia y, sobre todo, lo material. No solamente la Iglesia ha situado lo sensible fuera de la religión, no sólo le ha negado todo carácter sagrado, sino que llegó incluso a convertirlo en el propio principio del mal. Admite, sin duda, que por el pecado original el hombre fue desposeído a la vez en su espíritu y en su carne; pero en la elaboración de su dogma se vio reducida a dejar en la sombra la decadencia del espíritu para poner de relieve, casi exclusivamente, la de la carne, que acabó por ser considerada única fuente del pecado. Por ello la mayoría de sus prescripciones morales tienen por objeto reprimir las necesidades materiales y todo lo que a éstas se refiere. Santifica el matrimonio, pero lo considera un estado inferior, prescribe abstinencia y mortificaciones. Pero lo que mejor muestra esta aversión a cuanto es materia , es que el Dios cristiano es concebido como espíritu puro. Como resultado, todas las modalidades de la actividad temporal se desarrollaron al margen de la Iglesia y de su influencia. La industria siempre le ha sido ajena; incluso la despojaba de toda razón de ser al poner la pobreza y las privaciones físicas en la primera fila de las virtudes y, si ha asimilado el trabajo a la plegaria, es porque veía en el trabajo una penitencia y una expiación. Asimismo, aunque la ciencia nació en los monasterios, mientras permaneció en ellos se mantuvo estacionaria y sólo empezó a desarrollarse cuando se liberó de ese medio, que no era el suyo, y se hizo laica. Por último, el arte, en la medida en que expresa la vida, ha sido siempre tratado con desconfianza e incluso como enemigo por los representates del pensamiento cristiano. Y ocurrió entonces que esas fuerzas sociales, al organizarse al margen de la Iglesia y de su ley, se volvieron con toda naturalidad contra ella, una vez que fueron adultas. Precisamente porque se habían desarrollado a pesar del dogma, a medida que adquirieron importancia se alzaron como protesta viva contra aquel dogma que había renegado de ellas, y renegaron, a su vez, de él. Como la Iglesia, por su desprecio del mundo, lo había abandonado a sí mismo, el mundo se le fue escapando y acabó por rebelarse contra ella. Ahora bien, en tal lucha, no podía ser sino derrotada, porque tenía en contra a toda la civilización humana, que había expulsado de su seno. Así es como el antagonismo entre el orden temporal y el orden religioso provocó la ruina de éste.

Por consiguiente, para que la religión nueva esté exenta de este vicio constitucional y para que pueda estar segura del futuro, es indispensable que, desde el principio, renuncie a esta dualidad y a este exclusivismo, es preciso que se extienda a todo lo real, que consagre igualmente la materia y el espíritu, lo sensible y lo inteligible; es preciso, en una palabra, que convierta al mundo en su reino. «El aspecto más impresionante, más nuevo del progreso general que la humanidad de hoy está llamada a hacer, consiste en la rehabilitación de la materia» (282). En lugar de proscribir las investigaciones de los sabios, las empresas de la industria, los trabajos de los artistas, en lugar de concederles a lo sumo una tolerancia desdeñosa, la religión debe declararles cosas santas, obras pías, y convertirlos en la propia materia del culto y de la fe. Sólo así escapará a ese duelo en el que, como el cristianismo, sucumbiría tarde o temprano. Además, el proclamar esta homogeneidad de todas las cosas, no hará sino conformarse al principio fundamental de la unidad y la armonía universales; como la antinomía cristiana era una violación de éstas, el cristianismo sólo se puede mantener si se transforma.

Pero no hay sino un medio de rehabilitar la materia, y es hacerla entrar en el mismo Dios (p. 301). Para que todas las cosas tengan el mismo valor es preciso que todas sean divinas, o que ninguna lo sea. Descartada la segunda hipótesis, porque constituye la negación de toda religión, queda la primera. Pero para que todos los seres participen por igual de lo divino es preciso que Dios está en todos. Tal es, en efecto, la concepción a la que llega Bazard, que nos da la siguiente definición de Dios: «Dios es uno. Dios es todo lo que es; todo está en él.

Dios, el ser infinito universal, expresado en su unidad viviente y activa, es el amor infinito, que se manifiesta a nosotros con dos aspectos principales, como espíritu y como materia, o lo cual no es sino expresión variada de este doble aspecto, como inteligencia y como fuerza, como sabiduría y como belleza» (293-294). He aquí los gérmenes del panteísmo que habíamos encontrado en Saint Simon, llegados esta vez a su pleno desarrollo. Es cierto que Bazard no aceptaba sin reticencia este epíteto de panteísta, pero era por razones tácticas. Era para evitar que se confundiera la concepción nueva con viejas doctrinas, desprestigiadas, además. Pero reconocía que «si esa palabra no tuviera otro sentido que el de su etimología», no tendría «ninguna razón para rechazarla»; y agregaba: «Si consideramos sólo de manera abstracta el progreso religioso del hombre hacia la unidad y hacemos entrar en él el progreso nuevo que nosotros anunciamos, no se puede decir, con exactitud, que los términos generales que comprende son el politeísmo, el monoteísmo y el panteísmo» (306).

De estas especulaciones abstractas y filosóficas saldrán grandes consecuencias prácticas. Si la religión se extiende a todo, todo en la sociedad debe depender de la religión. No cabe concederle sólo su parte. «Todo orden político es, ante todo, un orden religioso» (299). La proposición no significa sin duda que la sociedad deba estar subordinada a la religión, que deba perseguir fines transcendentes, ajenos a sus fines temporales. Tal subordinación es imposible porque, en la doctrina, la religión no tiene un terreno fuera del orden espiritual. Bazard pretende solamente decir que todo lo que es social es religioso, y por eso mismo, y a la inversa, que las cuestiones teológicas y las cuestiones políticas son idénticas, «y no presentan, hablando con propiedad, sino dos facetas diferentes bajo las cuales pueden ser consideradas hechos de la misma naturaleza (298), al igual que Dios y el mundo no son sino dos aspectos de una sola y misma realidad. Y como la ciencia es el estudio del universo, es el conocimiento de Dios, y puede ser denominada teología. Como la industria tiene por objeto actuar sobre el globo, mediante ella el hombre entra en relaciones externas y materiales con Dios. Se concierte en culto. No es menos cierto que, si esto es así, al igual que Dios es la expresión eminente del mundo, el representante de Dios, o sea, el sacerdote, debe ser el funcionario eminente del orden social. Tal es, efectivamente, la manera en que, según Bazard, los anteriores principios deben traducirse al sistema político. Puesto que no hay en las sociedades función más vital que la que consiste en asegurar su unidad, y como la idea de Dios es la única que debe servir de polo al sistema social, estará en mejores condiciones de dirigir la vida común quien tenga un más vivo sentimiento de Dios; «de ello resulta que los jefes de la sociedad no pueden ser sino los depositarios de la religión, los sacerdotes» (335). A ellos corresponderá hacer converger hacia un mismo fin todas las actividades particulares; el cuerpo sacerdotal servirá de lazo entre los hombres y las funciones sociales. De ahí resulta todo el detalle de sus atribuciones. Puesto que hay dos grandes funciones sociales, la ciencia y la industria, la teoría y la práctica, el sacerdote tendrá ante todo que enlazar entre sí industria y ciencia, en su generalidad, velará por su desarrollo armónico, de manera que la teoría se preocupe de las necesidades de la práctica y la práctica siente la gran necesidad que tiene de la teoría. Este papel será el del sacerdote de jerarquía más elevada. Pero, a su vez, la ciencia por un lado y la industria por otro comprenden infinidad de ramas particulares. La ciencia se resuelve en multitud de investigaciones especiales, la industria en una pluralidad de empresas diferentes. Para hacer que estos trabajos particulares marchen de acuerdo, tanto en el orden científico como en el intelectual, se necesitarán otros intermediarios. Ese cuidado corresponderá a otros sacerdotes, inferiores al primero y subordinados a él. Los unos harán concurrir a las diversas ciencias de manera que se sirvan entre sí, intercambien sus servicios, perciban perpetuamente su relación, manteniendo así la unidad del trabajo intelectual; los otros harán lo mismo con las diferentes clases de industrias, de forma que cada una de ellas tenga su punto justo de desarrollo y que todas tiendan al mismo fin. En definitiva, toda la religión se reducirá a recordar perpetuamente a los trabajadores el sentimiento de su unidad. Para poder cumplir esta misión, se escogerá a los sacerdotes entre los hombres con mayor capacidad de simpatía. Porque la simpatía es la facultad unidora por excelencia. Será más capaz de enlazar unos con otros a los seres quien sea más capaz de congregar al mayor número posible en un igual sentimiento de amor, pues su alma contiene una parte mayor del universo, y ése está también más próximo a Dios.

Era exacto, pues, decir que este sistema social no puede comprenderse sin el sistema religioso que le da su unidad, pues la función sacerdotal es la que domina y unifica a todas las demás. Gracias al sacerdote la industria y la ciencia están unidas y convergen; es el sacerdote el que señala a cada cual el lugar que le conviene, es decir, el que distribuye las tareas según las capacidades y retribuye las capacidades según las obras. La sociedad industrial sólo se encuenta en equilibrio al adoptar una forma teocrática. A primera vista, tal concepción parece muy alejada de las que hemos encontrado en Saint Simon. Por eso se ha dicho a veces que la Escuela sansimoniana tenía más afinidades con las teorías de Joseph de Maistre que con las de la Escuela liberal (Janet, 111). Pero eso equivale a no reconocer el carácter original de esta teocracia, que tiene por objeto principal desarrollar la ciencia y los asuntos industriales. Equivale a olvidar que su razón de ser no es oprimir los intereses temporales, sino consagrarlos. Sus fines, aunque religiosos, son exclusivamente terrenales, como los del viejo racionalismo liberal. En realidad, la doctrina de Bazard no contiene otras ideas que las de su maestro. Pero esas ideas se encuentran en ella con una especie de aumento que permite entenderlas mejor, y, sobre todo, que hace más perceptible su defecto fundamental. Esta organización teocrática, que en cierto sentido parece sobreañadirse externamente al socialismo industrialista de Saint Simon, manifiesta, por el contrario, con más evidencia, sus caracteres propios, al mismo tiempo que hace resplandecer su insuficiencia.

Sabemos, en efecto, que el error de Saint Simon consistió en querer edificar una sociedad estable sobre una base puramente económica. Como empezaba por sentar el principio de que no hay más que intereses industriales, se veía obligado a admitir que éstos podían equilibrarse por sí solos, gracias a sabios ajustes, sin que interviniese ningún factor de otra naturaleza. Para ello bastaba con organizar la industria de manera que, al producir lo más posible, pudiera satisfacer lo más completamente posible el mayor número de necesidades posible. Pero hemos visto que tal proyecto era irrealizable, porque da por supuesto que los deseos de los hombres pueden satisfacerse con cierta cantidad de bienestar; que, por sí mismos, tienen un límite, y que se aplacan una vez que lo han alcanzado. Ahora bien, en realidad, todas las necesidades que superan las simples necesidades físicas son ilimitadas, porque nada en el organismo les impone un término. Por tanto, para que no sean sin límites, es decir para que no estén siempre descontentas, tiene que haber fuera del individuo, y por consiguiente, en la sociedad, fuerzas que las contengan, que puedan, con una autoridad reconocida por todos, señalar dónde está la justa medida. Y para poder contener y regular así las fuerzas económicas se necesitan fuerzas de otra naturaleza. Es indispensable, pues, que haya en la sociedad otros poderes que los derivados de la capacidad industrial. Son los poderes morales. Hemos visto, por lo demás, que el propio Saint Simon había percibido, al final de su vida, la insuficiencia de su sistema en este punto, y que eso lo había llevado a acentuar su carácter religioso. Lo que el considerable desarrollo de la religión en el sistema de Bazard prueba, por consiguiente, es que la Escuela había ido comprendiendo la necesidad de completar la organización puramente industrial con otra que la superase. En efecto, una de las funciones de la religión ha sido siempre poner un freno a los apetitos económicos. Ahora bien, acabamos de comprobar que, en Bazard, el sacerdote, elevado muy por encima de los consejos profesionales que para Saint Simon eran los poderes supremos de la Sociedad, se ha convertido en regulador soberano de toda la vida económica. Parece, pues, que la laguna señalada ha sido colmada. Pero, en realidad, y justamente porque esa misma religión tiene una base puramente económica, vamos a ver que es puramente nominal e incapaz de cumplir el papel que se le querría encargar; que este sistema no es teocrático más que en apariencia y que, aunque Bazard pudo dar un barniz místico a la doctrina industrialista, no introdujo en ella el elemento que faltaba. Tan cierto es que el industrialismo no puede salirse de sí mismo, por mucho que lo necesite.

¿Qué es, en efecto, esta religión? Tiene por teología a la ciencia y por culto a la industria, según la expresión de Bazard; y como la ciencia no tiene razón de ser más que si es útil a la industria, es ésta, en definitiva, la que constituye el fin último de la sociedad. A fin de cuentas los hombres no tienen otra meta que prosperar industrialmente, y el papel de los sacerdotes se reduce a hacer concurrir las diferentes funciones científicas e industriales de manera que aseguren esa prosperidad. ¿Dónde está, en todo esto el freno que contiene las pasiones? No se perciben en ninguna parte más que por intereses económicos, directos o indirectos, sin que se vea cómo, de uno de ellos, pudiera desprenderse un poder que los domine. ¿Se dirá que está la idea de Dios, y que el sacerdote se halla investido de una autoridad *sui generis* que lo sitúa por encima de los productores de todo tipo, porque está más cerca que ellos de la divinidad, porque la encarna en más alto grado? Pero eso equivale a olvidar que Dios, en este sistema, es el mundo, que es un simple nombre dado a la totalidad de lo real y que, por consiguiente, encarnar a Dios más eminentemente que a la multitud es lisa y llanamente comprender mejor el mundo, captar mejor la unidad de la diversidad y las relaciones de las cosas gracias a una conciencia más desarrollada. El sacerdote no está, pues, marcado por ningún carácter singular que lo haga sin par; no es sino un hombre más cultivado, una mayor inteligencia unida a una más amplia simpatía. El soberano pontífice de tal religión es el trabajador más adecuado, por su sentido de los hombres y de las cosas, para estimular los negocios y los estudios útiles para los negocios. Por eso se pudo decir de él, con toda justeza, que era el papa de la Industria. Si el cristianismo pudo cumplir su papel social es porque, totalmente al revés de la teoría sansimoniana, ponía a Dios fuera de las cosas. Siendo así, había una fuerza moral, ilusoria o no, no importa, fuera y por encima de los hombres, de sus deseos, de sus intereses, una fuerza, por consiguiente, capaz de contenerlos, al menos por intermedio de quienes eran considerados como sus representantes titulares, los sacerdotes. Pero si Dios se confunde con el mundo, como nosotros dominamos el mundo tanto como éste nos domina, como el mundo en sí no es una fuerza moral, estamos a la par que la divinidad y, por consiguiente, no es de ahí de donde puede venir la disciplina indispensable. Si, como admite el dogma cristiano, los intereses materiales son inferiores a los intereses espirituales y deben estar subordinados a éstos, los primeros hallan en los segundos un límite muy natural. Pero si están en el mismo plano, si tienen el mismo valor, y si no hay otros, ¿cómo podría constituirse una reglamentación que se imponga tanto a los unos como a los otros? Tal nivelación imposibilita toda autoridad reguladora.

Lo que sin duda hace que Bazard no haya percibido esta dificultad es que, para él, el origen de los conflictos sociales está principalmente en esa injusta distribución de las funciones y los productos, causa de que la situación de los individuos no esté en relación con su capacidad. Por consiguiente, en cuanto se estableciera un régimen que clasificara a los trabajadores según su exacto valor y que los remunerara conforme a sus servicios, la armonía estaría asegurada. Ahora bien, él estima que el cuerpo sacerdotal, reclutado según las reglas que ha planteado, estaría en condiciones de proceder lo mejor posible a esa clasificación y esa distribución. Admitámoslo, aunque, evidentemente, las objeciones serían fáciles. Dista mucho de poderse cegar de esa manera la fuente de las luchas y de los descontentos. Porque el mismo principio que se invoca para reclamar esta reforma se invocará muy pronto, y con todo derecho, para reclamar otras que implica realmente. En efecto, se parte de la idea de que no está bien ni es justo que unos individuos tengan privilegios de nacimiento. Pero la inteligencia, el gusto, el valor científico, artístico, literario e industrial son también fuerzas que cada uno de nosotros recibe de nacimiento y cuyos autores no somos, en amplia medida, como no es el propietario el creador del capital que ha recibido al venir al mundo. Conque la proposición según la cual han de suprimirse los privilegios hereditarios tiene un corolario, y es que todo el mundo debe ser remunerado de la misma manera, es que el reparto debe ser igual, con independencia del mérito. Bazard no imagina, por otra parte, por las necesidades de la causa, esta tendencia a no asentar en el activo o el pasivo de los individuos sus disposiciones naturales, sean buenas o malas. Existe desde ahora; es la que nos inclina cada vez más a dulcificar las penas que inflingimos a los criminales; esta indulgencia consciente no es sino una aplicación del principio en cuyo nombre reclama Bazard la supresión de la herencia. Por lo tanto, si la guerra social tiene verdaderamente por causa principal la existencia de desigualdades congénitas, la paz sólo podrá restablecerse gracias a una organización estrictamente igualitaria y comunista. ¿Llegaremos a esta consecuencia extrema? Se tropieza con auténticas imposibilidades; la vida social sería imposible si no hubiera una prima para las capacidades. ¿Restringiremos la aplicación de este principio moral en nombre de la utilidad colectiva? ¿Nos negaremos a extenderlo a las aptitudes innatas de los individuos para no lesionar demasiado gravemente los intereses sociales? Pero, entonces, ¿tenemos la seguridad de que la herencia no puede ser defendida, también ella, por la misma razón? ¿Tenemos la seguridad de que la transmisión hereditaria de las riquezas carece de ventajas económicas? Y, si no las tuviera, ¿se habría mantenido de forma tan general? Si es la familia la que sucede, dicen, los instrumentos de trabajo no van seguramente a los más capaces; pero, si fuera el Estado, ¡Qué despilfarro! Desde el punto de vista puramente económico es muy difícil establecer un equilibrio. Además, cuando una institución, contraria a un principio moral, se defiende sólo por razones utilitarias, está condenada y no puede vivir mucho más. No es con consideraciones de este género como se podrá jamás contener y detener las aspiraciones de la conciencia pública, pues esos cálculos no hacen mella en ésta. Por lo tanto, si se plantea que lo más esencial que hay que hacer es negar toda sanción social a las desigualdades hereditarias, que esa debe ser la base de la reorganización social, se desencadenan necesidades que no se pueden satisfacer y se excitan nuevos descontentos en el mismo momento en que se creía apaciguarlo todo. No pretendemos, por lo demás, llegar a la conclusión de que no haya que intentar una atenuación del efecto de todas esas desigualdades; está claro, por el contrario, que los sentimientos de simpatía humana, que cada vez se hacen más vivos, nos empujan crecientemente a dulcificar sus consecuencias —las de esa desigual repartición de los dones y las cosas— en lo que tienen de más doloroso o más indignante. E incluso damos por seguro que esta aspiración a una moral más justa y generosa afectará progresivamente al derecho sucesorio. Pero digo que tal principio no puede servir de fundamento a un sistema social, ni puede tener sobre la organización de las sociedades más que una influencia secundaria. No puede ser el fundamento porque no es en sí un principio de orden y paz. No aporta consigo ese contentamiento medio con la suerte que es la condición de la estabilidad social. Tiene su importancia, seguramente, y ésta va en aumento; pero si puede y debe corregir, atenuar en sus detalles las instituciones sociales, no puede ser la base sobre la que éstas descansan. Esta ha de buscarse en otro lugar, en la institución de poderes morales, capaces de disciplinar a los individuos.

El sistema de Bazard viene a confirmar así las críticas que dirigimos al de Saint Simon, y a mostrar mejor su generalidad. Es una tentativa muy vigorosa del industrialismo para elevarse por encima de sí mismo, pero la tentativa abortó. Porque cuando se parte del axioma de que no hay más que intereses económicos, se es prisionero de éstos y no se puede ya superarlos. Bazard intentó en vano someterlos a un dogma que los dominara. Ese dogma no hace más que traducirlos a otro lenguaje. No es sino otro aspecto de ellos. Porque la única religión posible en tal doctrina es un panteísmo materialista, pues lo material y lo espiritual deben ser puestos en el mismo plano. Ahora bien, el Dios de tal panteísmo no es sino otro nombre del Universo, y no podría constituir un poder moral cuya utilidad reconociera el hombre. Incluso, al desarrollar así el carácter religioso del industrialismo, Bazard no hizo sino hacer más perceptibles sus lagunas y peligros. Porque, en Saint Simon, el aspecto racionalista que conservaba el sistema le daba un aire de severidad que disimulaba las consecuencias que implicaba. Pero, cuando se santifican abiertamente las pasiones ¿cómo podría pensarse en contenerlas? Si son cosas sagradas, no queda sino dejarlas obrar. Por ello, el único móvil al que se remite Bazard es el amor que, según él, ocupa cada vez más el puesto del respeto. Son las espontaneidades del amor las que deben sustituir a la autoridad. Asimismo, cuando se diviniza la materia y las necesidades materiales, ¿con qué derecho se les va a imponer un freno y una regla? Al impregnar de religiosidad la vida industrial, Bazard no puso nada por encima de ella, sino que, por el contrario, la puso por encima de todo. Reforzó el industrialismo en vez de subordinarlo. Tal doctrina no podía desembocar sino en un sensualismo místico, en una apoteosis del bienestar, en una consagración del desenfreno. Eso fue, en efecto, lo que le ocurrió y lo que la perdió. Su historia, a partir de esa época, es una verificación experimental de la discusión precedente.

Estas consecuencias, sin embargo, no se manifestaron de inmediato. La rigurosa lógica de Bazard sirvió durante algún tiempo para impedir el desarrollo de estos gérmenes de desorden y descomposición. La época que sucedió inmediatamente al magisterio de la calle Taranne marca, incluso, el apogeo del éxito de la Escuela. Se fundaron, sucesivamente, dos periódicos para difundir las ideas sansimonianas: *Le Globe* y *Le Producteur* (1831). El resultado fue un vivo impulso de proselitismo. A esta fecha corresponden las iniciaciones de Clapeyron, de Bureau, ministro de Finanzas con Napoleón III; de

Adolphe Jullien, después director del ferrocarril París-Lyon-Marsella; de Avril, director de la Escuela de Ingenieros de Caminos; de Lambert, convertido luego en el Bey Lambert. Se acercaban a la doctrina familias enteras, los Rodrigues, los Péreire, los Guéroualt, los Chevalier, Fournal, director del Creusot y su mujer, Charles Lemonnier y la suya, Jules Renouvier, hermano del filósofo, el historiador Charton; los De Eichtal; Lamonicière, que llevó consigo a diversos camaradas del ejército, etc. Pero el movimiento no estaba localizado en las clases cultivadas. «La afluencia de prosélitos, dice H. Carnot, hombres y mujeres de todas las clases y todas las profesiones, era tan considerable que en Francia podían contarse por millares. Ya no era una escuela, era una población consagrada a su gobierno». Por eso, la Escuela adoptó una organización oficial. Había tomado el nombre del sacro colegio y reconocido como jefes, es decir, como supremos sacerdotes, a Bazard y Enfantin. Cuando los iniciados fueron demasiado numerosos se estableció, a modo de noviciados, colegios preparatorios, de segundo y tercer grado, formando así viveros donde se reclutaba el sacro colegio. Su sede se estableció en una casa de la calle de Monsigny. Bazard y Enfantin vivían allí. Los sansimonianos del exterior acudían a menudo a hacer sus comidas en común. Se daban saraos y sus salones estaban muy solicitados, sobre todo por los sabios y artistas. En ellos se veía a Listz, Adolphe Nourrit, al doctor Guépin, E. Souvestre, Felicien David, Raymond Bonheur, etc. Los centros de propaganda y enseñanza, por último, se multiplicaban en París y y en toda Francia.

Pero a pesar de estas brillantes apariencias, la Escuela estaba próxima a su declive. Aunque Bazard, de mente fría y templada, se resistía a los gérmenes de misticismo sensualista que hemos observado en el sistema, Enfantin, por el contrario, genio tumultuoso y apasionado, más interesado por el corazón que por la cabeza, se complacía en exceso en esta misma tendencia. De ahí los conflictos, que acabaron por estallar a plena luz. El cisma se produjo sobre la cuestión de las mujeres y el matrimonio. Bazard, con toda la Escuela, reclamaba que en el matrimonio la mujer fuera tratada como igual del hombre. Pero Enfantin iba mucho más lejos y su teoría no era sino una consagración del amor libre y casi de la prostitución sagrada. Reconocía que el matrimonio era el estado que mejor conviene a los hombres y mujeres, cuyo humor es constante y fiel; pero que hay otros temperamentos refractarios a él a causa de su extremada movilidad. Es preciso, pues, acomodar la sociedad conyugal o, como dice Enfantin, la religión del amor, a las necesidades de estos últimos y, para ello, darle la flexibilidad y la movilidad necesarias. Puesto que Dios ha dado a ciertos seres el don de la inconstancia, ¿por qué no utilizarlo? Se le utilizará autorizando a esos corazones volubles a cambiar a placer de situación conyugal. La irreglamentación, base de la doctrina producía así sus consecuencias naturales. Cuando Enfantin se atrevió por vez primera a expresar estas ideas, hubo una gran conmoción en el sacro colegio. Durante días enteros prosiguieron las discusiones, tan animadas como no podemos hacernos idea. Los ánimos, tan sobreexcitados que entre los asistentes se produjeron crisis extáticas. A consecuencia de estas luchas intelectuales el cerebro de Bazard resintió: en plena controversia se desplomó afectado de una congestión cerebral. Cuando se restableció, se separó de Enfantin. Y entonces se inició la desbandada.

Enfantin quedó al frente del centro de la calle Monsigny; bajo su influencia la religión sansimoniana se desbordó. «La carne fue solemnemente rehabilitada; se santificó el trabajo, se santificó la mesa, se santificaron los apetitos voluptuosos... El invierno de 1832 fue una larga fiesta en la calle Monsigny. La religión se coronó de rosas, se manifestó en los vapores del ponche y en las ruidosas armonías de la orquesta... En estas reuniones aparecieron algunas mujeres elegantes, jóvenes... que bailaban por bailar... sin entrever el lado religioso de esas danzas y esos placeres» (Reybaud, *Et. s. l. Réformateurs*, 107).Semejantes gastos entrañaron dificultades financieras. Al mismo tiempo la policía prohibió la continuación de la enseñanza sansimoniana que se daba en la calle Taibout. Se suscitaron discusiones entre Enfantin y Olimde Rodrigues, que acusaba al primero de promiscuidad religiosa y se separó de él. *Le Globe,* falto de fondos, dejó de aparecer, y al final Enfantin se vio obligado a abandonar el inmueble de la calle Monsigny. Fue a establecerse en Ménilmontant, en una finca de su pertenencia. Era el final. Es inútil contar las últimas convulsiones de la Escuela, que corresponden a la historia anecdótica y no a la historia de las ideas. Un proceso contra Enfantin en 1832 terminó con una condena de cárcel. Fue la señal de la dispersión definitiva. Pero las ideas sansimonianas no murieron tan pronto. Habían marcado profundamente a todas esas generaciones y siguieron obrando en los espíritus durante mucho tiempo. Los hombres distinguidos o eminentes que se habían adherido al sansimoninsmo las llevaron a las distintas carreras por las que se distribuyeron, y sólo se fueron deshaciendo de ellas muy lentamente. Es probable que su influencia hubiera sido más duradera aún de no ser por el ridículo en que cayó la secta de Enfantin, que las desacreditó.

CONCLUSIONES DEL CURSO

Nos hemos entretenido mucho tiempo con el estudio del sansimonismo. Pero es que, amén de haber pocas doctrinas más ricas en ideas fecundas, esta Escuela presenta, en ciertos aspectos, un interés muy actual. Su estudio sirve para que comprendamos mejor las circunstancias en que nos hallamos hoy. Son impresionantes, en efecto, las analogías entre el período que acabamos de estudiar y éste en que vivimos. Lo que caracteriza al primero desde el punto de vista intelectual es que en él se produjeron simultáneamente las tres ideas siguientes: la idea de extender a las ciencias sociales el método de las ciencias positivas, de donde salió la sociología, y el método histórico, ese indispensable auxiliar de la sociología; la idea de una renovación religiosa; y, por último, la idea socialista. Ahora bien, es indudable que desde hace unos diez años [escrito en 1896], hemos visto cómo estas corrientes volvían a formarse con la misma simultaneidad y adquirían creciente intensidad. La idea sociológica, que había vuelto a la sombra hasta tal punto que la propia palabra era desconocida, se ha difundido de nuevo con suma rapidez; se ha fundado una escuela neorreligiosa y, por vagas que sean sus concepciones, es innegable que gana más terreno del que pierde; por último, son bien sabidos los progresos hechos por la idea socialista durante estos últimos años. Cuando se consideran estas corrientes desde fuera parecen rechazarse entre sí e incluso quienes más activamente están mezclados en ellas no ven sino antagonismos. El movimiento religioso se presenta como una protesta contra las ambiciones de la ciencia positiva; el movimiento socialista, porque aporta consigo una solución más o menos definida de los problemas sociales que nos preocupan, no puede aceptar la sociología más que si ésta se sitúa bajo su dependencia, es decir, si renuncia a ser ella mismo, una ciencia independiente; parece, pues, que entre estas diferentes tendencias del pensamiento contemporáneo no hay sino contradicción y antinomia. Pero aquí es donde el estudio retrospectivo que acabamos de hacer resulta instructivo. Porque el que dos veces, en el curso de este siglo, se hayan producido y desarrollado al mismo tiempo esas tendencias no puede deberse a un simple accidente, tanto más cuanto que se las ve igualmente desaparecer juntas de 1848 a 1870, aproximadamente. Eso significa que entre ellas hay lazos que no se perciben. Confirma esta hipótesis la unión en que las hemos encontrado en el seno del sistema de Saint Simon. Esto nos induce a preguntarnos si lo que hace que esas tesis parezcan y se consideren como contradictorias entre sí no provendrá simplemente de que cada una expresa un solo aspecto de la realidad social y que, al no tener conciencia de este carácter, se cree única y, por consiguiente, inconciliable con cualquier otra. ¿Qué significa, en efecto, el desarrollo de la sociología? ¿De dónde proviene que experimentamos la necesidad de aplicar la reflexión a las cosas sociales, sino de que nuestro estado social es anormal, y la organización colectiva, resquebrajada, no funciona ya con la autoridad del instinto, pues eso es lo que determina siempre el despertar de la reflexión científica y su extensión a un nuevo orden de cosas? ¿Qué atestiguan, por otra parte, el movimiento neorreligioso y el movimiento socialista? Es que si la ciencia es un medio, no es un fin, y como el fin que hay que alcanzar está lejos, la ciencia no puede llegar a él sino lenta y laboriosamente, y los espíritus apasionados y apresurados se esfuerzan por captarlo de entrada. Sin esperar a que los sabios hayan progresado suficientemente en sus estudios, se emprende la búsqueda del remedio por instinto; nada sería más natural si no se erigiera este método en procedimiento único y si no se exagerase su importancia hasta el punto de negar la ciencia. Esta, por lo demás, tiene mucho que aprender de este doble movimiento que expresa dos de los aspectos diferentes de nuestro estado actual, unos que toman las cosas bajo un aspecto moral y otros bajo un aspecto económico. Porque lo que constituye la fuerza del primer movimiento es ese sentimiento que nos hace creer en una autoridad que contenga las pasiones, que haga converger los egoísmos y los domine, y que se deberá a una religión, sin ver exactamente con qué se la puede constituir. Lo que constituye la fuerza del segundo movimiento es que ese estado de desconcierto moral tiene consecuencias económicas y las pone de relieve. Porque si las causas objetivas de los sufrimientos no son más intensas que antaño, el estado moral de los individuos los hace más sensibles y, por ende, más impacientes. Las necesidades, al no estar contenidas ya, son más exigentes, y las crecientes exigencias ya no permiten al hombre contentarse con su suerte de antaño. Ya no hay razón para aceptarla, someterse a ella y resignarse. Nuestra conclusión es, pues, que si se quiere hacer avanzar todas estas teorías prácticas que no han dado muchos pasos desde comienzos del siglo, hay que limitarse, por una cuestión de método, a tener en cuenta estas tendencias diferentes y a buscar su unidad. Eso es lo que Saint Simon había intentado; hay que proseguir su empresa y, a este respecto, su historia puede servir para mostrarnos el camino. Lo que originó el fracaso del sansimonismo es que Saint Simon y sus discípulos quisieron extraer lo más de lo menos, lo superior de lo inferior, la regla moral de la materia económica. Eso es imposible. El problema, pues, ha de plantearse así: buscar mediante la ciencia cuáles son los frenos morales que pueden reglamentar la vida económica y, a través de esa reglamentación, contener los egoísmos y, por consiguiente, permitir la satisfacción de las necesidades.

Puede decirse, en resumen, que [la oposición de todas esas escuelas]... depende de una doble causa: el esfuerzo de los unos para regularizar la vida económica, el esfuerzo de los otros para liberarla. La unidad de esas diversas corrientes, consiste en averiguar cuál es el elemento de esta situación que es la causa del mal. Para los economistas y los sansiomonianos el mal proviene de que las [almas piras?] no son [entendidas por todos?] y el remedio sólo puede consistir en organizar la vida económica en sí misma y por sí misma, creyendo los unos que esta organización puede establecerse espontáneamente y los otros que ha de ser dirigida cada vez más por la reflexión. Respecto esta solución existe otra que consiste en averiguar por procedimientos racionales cuáles son las fuerzas morales que pueden [superponerse?] a las que no lo son. Amén de las diferentes vías en las que [gastamos] nuestras fuerzas, hay otra que puede intentarse. Nos basta con haberla indicado (1).

---

(1) Todo este final del curso es apenas legible. No hemos tratado de reconstruirlo enteramente. Indicamos con puntos suspensivos lo que no hemos podido descifrar, y entre corchetes lo que es dudoso. Está claro que Durkheim alude a su teoría del grupo profesional, inspirada por la ciencia social, coincidente con el socialismo y que funda una moral.

BIBLIOGRAFIA

1. Obras de Durkheim

Montesquieu, sa part dans la fondation des sciences politiques et de la science des societés, en «Revue d'Histoire politique et constitutionnelle», 1937.

De la Division du travail social, París, Alcan, 1893, 1.ª ed. Trad. cast. *La división del trabajo social*. Akal Editor. Madrid, 1982.

Les Régles de la méthode sociologique. París, Alcan, 1895. Trad. cast. Akal Editor. Madrid, 1985.

Le Suicide. Etude de sociologie. París, Alcan, 1897. Trad. cast. Akal editor. Madrid, 1976.

La Sociologie dans l'enseignement secondaire. Opinión de... París, Girad et Brière, 1900.

Sociologie et sciences sociales. París, Alcan, 1909.

Les Formes elementaires de la vie religieuse. Le Système totèmique en Australie. París, Alcan, 1912. Trad. cast. Akal Editor. Madrid, 1982.

La sociologie, con Marcel Mauss. París, Larousse, 1915, en *La science française*.

Education et sociologie. París, Alcan, 1922. Trad. cast. Península, 1975.

313

L'éducation morale. París, Alcan, 1923.

Sociologie et philosophie. París, Alcan, 1925.

Le socialisme. Sa definition, ses débuts, la doctrine saint-simonienne. París, Alcan, 1928. Trad. cast. Ediciones Akal. Madrid, 1987.

Leçons de sociologie. Phisique des moeurs et du droit. París, 1950.

Montesquieu et Rousseaus, précurseurs de la sociologie. París, Rivière, 1953.

La Sociologie Formaliste, estudio publicado en la obra de Armand Cuvillier: *Oú va la sociologie française?* París, Rivière, 1953.

Pragmatisme et sociologie. París, Vrin, 1955.

L'annèe sociologique, 1.ª serie, 1.º y 12 années. P.U.F.

2. Obras sobre Durkheim

G. Aymard, *Durkheim et la science économique.* L'apport de la sociologie à la théorie economique moderne. París, P.U.F., 1962.

H. Alpert, *Emile Durkheim and his sociology.* N. York, 1939.

C. Bouglé, *Bilan de la sociologie française contemporaine.* París, Alcan, 1938.

G. Davy, *Sociologues d'hier et d'aujourd'hui.* París, P.U.F., 1950, 2.ª ed.

J. Duvignaud, «*Durkheim, sa vie, son oeuvre*». París, P.U.F., 1965.

P. Fauconnet, *The Durkheim school in France,* en «Sociological Review», 1927.

G. Gurvitch, *La Vocation actuelle de la sociologie.* París, P.U.F., tomo I, 1957, tomo II (2.ª edición), 1963.

R. Lacombe, *La Méthode sociologique de Durkheim.* París, 1926.

C. Moya, *Emile Durkheim: La autonomía metodológica*

de la Sociología y los orígenes del análisis estructural-funcional, en «Revista Española de la Opinión Pública», núm. 8, 1967.

C. Moya, *Sociólogos y sociología.* Siglo XXI. Madrid, 1970.

R. C. Merton, *Teoría y estructuras sociales.* F.C.E. 2.ª r. Méjico, 1970.

T. Parsons, *Theories of Society.* Londres, Collier-Mac Millan, 1965, nueva edición.

J. Vialatoux, *De Durkheim à Bergson.* París, Bloud et Gay, 1939.

Kurt H. Wolff y otros, *Emile Durkheim, 1858-1917. A collection of essays.* Columbus, Ohio University Press, 1960.

Annales de l'University de Paris, núm. 1, 1960. Centenario del nacimiento de Emile Durkheim, con textos de G. Davy, A. Lalande, R. Aron, G. Gurvitch, H. Levy-Brhl, G. Lebras, Cl. Levi-Strauss.

R. Aron, *Les étapes de la pensée sociologique.* Editions Gallimard, París, 1967.

INDICE